U0504633

股市操练大全

第三册

——寻找最佳投资机会与选股练习专辑

（第 53 次印刷，总印数 42.2 万册）

主　编　黎　航

副主编　理　应　王利敏

马炳荣　马　刚（昔人）

上海三联书店

内 容 提 要

　　本书是畅销书《股市操练大全》第一册、第二册的姐妹篇,是一本以边学习、边训练、边提高的方式引导投资者正确选股的专著。它与其他介绍选股技巧的书的最大不同之处是:(1)不是泛泛而谈选股技巧,而是将投资者在选股中碰到的问题,巧妙地设计成各种训练题,以一课一练,循序渐进的方法来启发投资者思考,让投资者能从根本上理解和掌握选股技巧;(2)把选股视为股市中的一个系统工程,将基本面、心理面、市场面、技术面融为一体,多层次、多角度、全方位来介绍选股技巧,分析投资者在选股中常犯的错误,揭露主力庄家设置的各种选股陷阱,通过有针对性的强化训练,帮助投资者提高选股的综合分析和综合运用能力;(3)设计了大量场景式的对话,把原本枯燥无味的股市理论学习,变成了生动有趣的知识讨论、悬念迭起的精彩故事,这样既增加了本书的可读性,又达到了寓教于乐的目的。

　　本书资料翔实,语言通俗易懂,方法简单实用,它既可作为新股民学习股市操作技巧的入门向导,又可帮助老股民通过强化训练来提高操盘水平,是一本不可多得的股票操练实用工具书。

《股市操练大全》编写组名单

策　划： 黎　航　任　惠

主　编： 黎　航

编　委：

凤　珠　杭　婧　晶　瑷　建　林

沈　敏　文　沛　炳　仪　丽　娟

红　莹　粉　红　厚　华　栋　卿

正　天　闻　晋　桂　芹　蓓　琳

黎　航　任　惠　理　应　晓　莹

李　峻　王　蓓　北　英　建　伟

海　源　仁　杰　爱　珍　大　路

秫　翔　常　琳　炳　乾　三　因

金　花　李　琳　晓　鸣

卷 首 语

　　凡是你想要知道的选股秘密,本书都为你想到了,并对此作了充分的披露;

　　凡是你想要识别的选股陷阱,本书都为你提醒了,并对此作了深刻的剖析;

　　凡是你想要了解的投资者常犯的选股错误,本书都为你列举了,并对此作了全面的分析。

　　为了这几个"凡是",我们竭尽了全力,致使不该"讲的",不该"公开的",都由我们讲了、公开了。这样,自然有些人会不高兴,不过,我们已顾不得这些了。现在,我们最大的愿望和最终的目的就是:

　　第一,无论如何不能让购买《股市操练大全》第一册、第二册,期盼《股市操练大全》第三册早日出版的几十万读者感到失望,如果我们辜负了这些支持、厚爱我们的读者朋友,将一辈子感到内疚。

　　第二,要让每一个阅读本书的读者都感到生动有趣,真正做到:读之,耳目一新;学之,铭记不忘;用之,效果显著。

　　第三,要让每一个阅读本书的读者都学有所获,通过有针对性的学习和训练,尽快成为一个选股高手。

本 书 特 点

● 独 创 性

开创股市操作强化训练之先河,运用一课一练、场景式对话等方式对投资者进行全方位强化训练。

● 翔 实 性

资料翔实,信息密集。书中所有资料、图例都来源于沪深股市、国际股市,真实可靠。书中的案例之多为同类书之最。

● 实 用 性

书中每一项内容、每一道题都是针对实战需要设计的,它是一本专为广大中小投资者编写的实用性极强的操盘工具书。

● 科 学 性

应用现代科学教学方法,将系统学习和操盘训练有机结合,通过循序渐进,反复练习,让投资者真正掌握选股技巧,达到学以致用的目的。

目　录

答 读 者 问

（代前言）

问：听说《股市操练大全》第一册、第二册卖得很红火，你能介绍一下销售情况吗？

答：可以。《股市操练大全》第一册、第二册推出一年多时间里，总销量已超过 30 万册。据新华书店和民营书店反馈来的信息，今年股市行情低迷，但他们对《股市操练大全》一直看好，要货、添货络绎不绝。

问：读者对《股市操练大全》有何评价？

答：我们每天都要收到全国各地读者来信，从读者来信中可以看出他们对该书情有独钟。

据统计，96％的来信对《股市操练大全》都作了较高评价。如读者来信说[注]：

1. "我是一位新入市的小股民，自从买了《股市操练大全》后，就离不开这本书了，翻了又翻，看了还看，越来越深信自己的眼光没错，选对了书。该书各项技术指标分析，讲解得既明确又科学，没有浮华之语，实用性极强，对像我这样的新股民真是再适合不过了。"

[注] 读者来信很多，这儿摘录的是其中的一小部分。有道是："假作真时真亦假"。现在股市里造假的现象十分严重，致使真的东西也使人不敢相信了。有鉴于此，笔者在此承诺，若上述读者来信的话有造假之处，笔者愿承担一切法律责任和经济赔偿责任。现在这些读者来信的原件我们都保留着，欢迎广大读者、新闻媒体和有关部门监督检查。

2."我是一位刚刚涉足股市的新股民,一个偶然的机会,我在书店里看到了《股市操练大全》这本书,就信手翻阅了几页,真是不看不知道,世上真奇妙,书店里竟有这样编写之新颖、文字之简练、内容之丰富,通俗又易懂的良书佳作。"

3."《股市操练大全》确实是一本操作性极强的好书,尤其对于有一定操作体验,但并不成熟的入市者来说真是及时雨。"

4."《股市操练大全》非常值得阅读。阐述详细,重点突出,经验和教训都强调非常清楚,相同和不同的对比非常明确。易读易懂,容易记住。"

5."《股市操练大全》内容很实用,语言通俗易懂,读后有如'字典'的感觉,对我们中小散户炒股帮助很大。"

6."读过《股市操练大全》,我有一种茅塞顿开的感觉,以前,我也读过不少有关股市方面的书籍,但从没有本书这样具体,有针对性。"

7."我对《股市操练大全》的评价是:(1)技术图形丰富;(2)测试题给人印象深刻;(3)内容深入浅出,可操作性强;(4)难得的好书。"

8."《股市操练大全》能从实际操作出发,对炒股有很好的指导性。内容详实、层层深化,是难得的一本好教材。"

9."《股市操练大全》这本书非常好,重点突出,深入浅出,易懂易记,较同类书有独到之处。读此书犹如进了'重点中学',有了'高级教师',学业顿觉长进明显。可以说,这是一本对'股民教育'的极好教材,倾注了对股民的关爱,反映了作者理论与实践结合的高水平。"

10."读了《股市操练大全》后,感动万分,本来自己已被股海快淹没了,现在找到了一盏指路明灯。"

11."初入股市,股市书看得不少,唯一感觉就是《股市操练大全》才能使人提高。只可惜身处山区,相见恨晚!"

12.“《股市操练大全》新颖、翔实、易懂,特别是第二册中增加的'股市操作经验漫谈',融辩证思维和操作技巧于一体,读后受益匪浅。该书非常适合我这样的新股民。”

13.“《股市操练大全》特别好,不是一般地好,本人研究股市 5 年多,深感《股市操练大全》读得进去,百看不厌,并且能用得上。它已成为我天天读的书了。”

14.“《股市操练大全》内容翔实、条理清晰、易学易用,是难得的一本股市'人间指南'! 我先后看过许多股票书,只有这本书值得珍藏!”

15.“本人认为《股市操练大全》第二册是实为难得的好书,语言通俗易懂,还配合习题练习,电脑操盘,读后犹如上了一期股市培训班,使自己受益匪浅。”

16.“《股市操练大全》的内容确实不同于其他同类书籍,最大的特色在于新颖、独特,阅读后就有深刻的认识,这是同类书籍无法与之相比的。”

17.“我只读了《股市操练大全》第二册前面的 140 页,就认为非常出色。以前我学习了许多技术分析书籍,可以肯定地说,这本书是最好的。”

18.“已出版的两册《股市操练大全》,无论是内容编排和选例都非常好,书中的道理剖析得很透彻,能使读者在心理上自然地接受,不用死记硬背。该书的逻辑性也很强,文辞流畅严谨,看得出编写组确实为此付出了艰辛的劳动。”

19.“《股市操练大全》第一册,是我现存 10 多本有关股市图书中最好的一本书,也是对股票操作最有用处的一本书。”

20.“我是一个刚刚涉足股市的新股民。本月初,我到省城出差,有幸买到了《股市操练大全》第二册,如获至宝,我如饥似渴地学习、演练,吸取书内最精华、最有营养的成分,使我受益匪浅。我认为此书语言通俗易懂,资料翔实,图文并茂,方法简便实用,特别是练习题针对性、实用性极强,它是一本非常独特,不可多得的操盘实用工具书。在此我对上海三联书店奉献这样一本好书,表示衷心的感谢。"

……

当然,读者的这些鼓励话,对我们出版社和作者而言,不能以此沾沾自喜,不思长进,而要把它看成是鞭策我们编写出更好的书来回报读者的一种动力。但同时,有了读者对《股市操练大全》的如此评价,使我们更加有信心,也能更加理直气壮地大力宣传、推广《股市操练大全》,让《股市操练大全》走进千家万户,更好地为全国广大投资者服务。

问:读者为什么如此看好《股市操练大全》呢?

答:第一,阅读本书有耳目一新的感觉,能给读者带来许多新鲜、实用的知识。我们调查了许多读者,他们几乎一致认为,《股市操练大全》是一本题材新颖,构思独特,很有创意的股票书。当然光新奇、光有创意还不行,股票书的生命力在于它的实用。本书实用性也有目共睹,读者来信已作了评价,就用不着我们说了。正是新奇、实用这两个特点吸引了广大读者,使他们对《股市操练大全》产生了强烈的购买欲望。现在有一种现象,很多读者看了《股市操练大全》第一册后,要求购买第二册,或是看了第二册后,要求购买第一册,当地缺货,这些读者就直接来信给出版社,有的还把钱寄来了(当然,这样做不好,钱款容易丢失)。更有人看了《股市操练大全》第一册、第二册后,向出版社预约《股市操练大全》第三册,要求出版社出版《股市操练大全》第三册时,无论如何都要早点通知他们,让他们先睹为快。读者对《股市操练大全》如此厚爱,使我们出版社和本书编写组全体人员都非常感动。

第二,《股市操练大全》通俗易懂,可读性较强。我们曾做过一些调查,凡是具备初中文化程度的人都能看懂《股市操练大全》。

书中深入浅出的比喻,或以幽默风趣的调侃解释股市术语、概念、操作方法,其形式很受读者欢迎。《股市操练大全》第二册中的"股市操作经验漫谈",说古(股)论今(经)更是得到了读者的好评。

问:为什么说阅读本书后能较快提高股市操作水平?

答:看过这本书,做过练习的读者都会有一个感觉,对股市中的现象看得更明白,想得更深了,操作起来也比以前成熟多了。其实读者有这样的感觉,并不是我们出版社和作者有什么高明之处,关键是我们抓住了强化训练这一条。因为世界上很多东西光讲是不行的,主要是练。练则明、练则精、练则通。而有些投资者股票书买了一大堆,股市操作技巧文章也看了不少,但就是操作水平没提高,问题就出在平时没有经过有针对性的强化训练。从现代教学理论来说,人们要掌握一门知识和技巧,强化训练是必不可少的。譬如,要掌握开车技术,就先要在练车场接受一套严格技术的训练,只有在练车场过关后,才能正式到马路上开车;又如,学生参加高考,事先都要有针对性复习,做大量练习题,并进行反复多次的模拟考试训练,高考才能取得好成绩。但是,这种在现代教育中屡试不爽的强化训练,一到股市就被人遗忘了,丢弃在一边。试想有些人看了很多股票书,但从来没有做过什么股市练习(就像光看数学书,不做数学题一样),怎么可能掌握好股市操作技巧,又怎么可能不输钱呢? 可见,缺少股市操作强化训练,对投资者,尤其是对广大中小散户会造成多么严重的伤害啊!

而平时接受过股市操作强化训练的人就不一样,他们的应变能力特别强。用读者的话来说,受过股市操作强化训练后的投资者,"专家未开口,抄底逃顶早知道"。例如,今年夏天我们在外地讲课遇见一个大户,他就是看了《股市操练大全》和做了练习题后,发觉今年6月份沪市的走势与书本上做过的见顶练习非常类似,他预感情况不妙,就把筹码全部抛了,保住了几十万元的胜利成果。

类似这样的例子很多,这里就不一一列举了。

　　问:刚才你说了,投资者看了《股市操练大全》第一册、第二册,对底部、顶部就能大致作出一个比较明确的判断,你能举出这方面的例子吗?

　　答:可以。通常,无论大盘或个股见顶回落或见底回升都有一个过程。在这一过程中会出现许多卖出信号或买进信号。而这些信号90％以上在《股市操练大全》第一册、第二册书中都有过明确提示,因为在股市中,"历史常常有惊人的相似之处"。一般来说,如果你把《股市操练大全》第一册、第二册练习题都做了,并做到心领神会,那么以后再碰到这种图形自然就会引起警惕,就会知道在什么情况下应该卖出,在什么情况下应该买进,操作起来就会临阵不乱,进退自如。我们这里以2001年1~3月沪市大盘走势为例,说明投资者是如何根据《股市操练大全》的提示进行逃顶和抄底的。

　　先说逃顶:

上海股市蛇年春节前后大盘见顶卖出信号示意图

　　说明:上海股市2001年春节前后形成了一轮暴跌,走势图上明显地出现了七、八处卖出信号[注],这些卖出信号在《股市操练大全》第一册、第二册中都有过明确提示。读者只要识别其中二、三个卖出信号,就能在大盘见顶时顺利退出。这些卖出信号全部标在一张图中不易看清楚,故而我们将它复制成4张图(见图1~图4),分别注明有关卖出信号。读者只要将这些卖出信号与《股市操练大全》第一册、第二册习题中的有关内容仔细对照,一切就可以明白了。

　　[注]　无论是大盘或个股下跌,在股价走势图上都会有明显的卖出信号出现。其规律是:当第一个卖出信号出现时,下跌概率为60％,当第二个卖出信号出现时,下跌概率就增加到70％,卖出信号越多,日后下跌的可能性就越大。

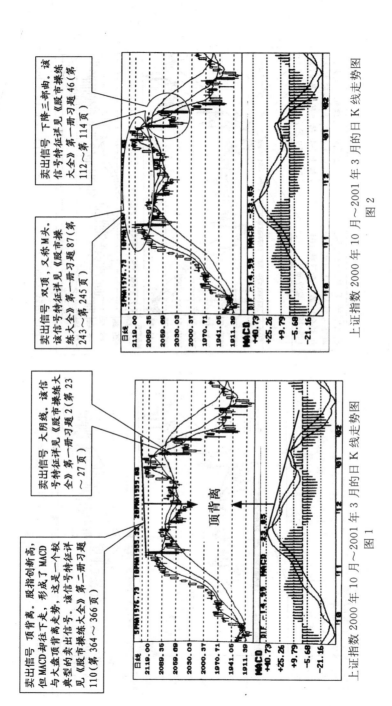

卖出信号 下降三部曲。该信号特征详见《股市操练大全》第一册习题 46（第 112～第 114 页）

卖出信号 双顶，又称 M 头。该信号特征详见《股市操练大全》第一册习题 87（第 243～第 245 页）

卖出信号 大阴线。该信号特征详见《股市操练大全》第一册习题 2（第 23～第 27 页）

卖出信号 顶背离。股指却往下走，形成了 MACD 与大盘顶背离走势，这是一个较典型的卖出信号。该信号特征详见《股市操练大全》第二册习题 110（第 364～第 366 页）

顶背离

上证指数 2000 年 10 月～2001 年 3 月的日 K 线走势图
图 2

上证指数 2000 年 10 月～2001 年 3 月的日 K 线走势图
图 1

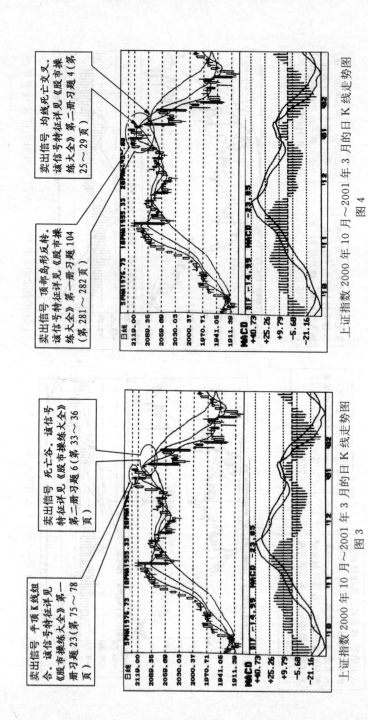

卖出信号 均线死亡交叉。该信号特征详见《股市操练大全》第二册习题4(第25～29页)

卖出信号 顶部岛形反转。该信号特征详见《股市操练大全》第一册习题104(第281～282页)

上证指数 2000 年 10 月～2001 年 3 月的日 K 线走势图

图 4

卖出信号 死亡谷。该信号特征详见《股市操练大全》第二册习题 6(第 33～36 页)

卖出信号 平顶 K 线组合。该信号特征详见《股市操练大全》第一册习题 23(第 75～78 页)

上证指数 2000 年 10 月～2001 年 3 月的日 K 线走势图

图 3

再说抄底：

上海股市蛇年春节前后大盘见底买进信号示意图

说明：上海股市 2001 年春夏期间形成了一轮强劲的上涨行情，在走势图上明显地出现了七、八处买进信号，这些买进信号在《股市操练大全》第一册、第二册中都有过明确提示。读者只要识别其中二、三个买进信号[注]，就能在大盘见底时及时买进。这些买进信号全部标在一张图中不易看清楚，故而我们将它复制成 4 张图（见图 5～图 8），分别注明有关买进信号。读者不妨将这些买进信号与《股市操练大全》第一册、第二册习题中的有关内容仔细对照，就会深刻领悟到：赢利机会就在其中。

这里需要说明的是：我们现在分析 2001 年沪市大盘走势，不是做事后诸葛亮，因为书早已出了，不可能随意更动，而股市走势又是活的，在不断变化。书中的信号能和现实的走势对上号，这不是巧合，这只能说明股市是在不断重复过去的故事。正因为如此，所以认真阅读《股市操练大全》，并做过这方面的练习，了解过去故事的投资者，就能在股市实践中大显身手，比别人领先一步，成为股市赢家。

问：以什么方法学习《股市操练大全》才能达到预期训练效果？

答：第一，先要把基本概念弄清楚，也就是说，要把书中每一章节的"概述"和"一览表"的内容弄懂记住。这就跟做数学题前先要把有关的概念、定义、公式记住，才能做好数学题的道理是一样的。

第二，做习题时先不要看答案。实在想不出再看答案，这样做习题就会印象深、记得住、用得上。

[注] 无论大盘或个股上涨，在股价走势图上都会有明显的买进信号出现。其规律是：当第一个买进信号出现时，上涨概率为 60%，当第二个买进信号出现时，上涨概率为 70%，买进信号越多，日后上涨的可能性就越大。

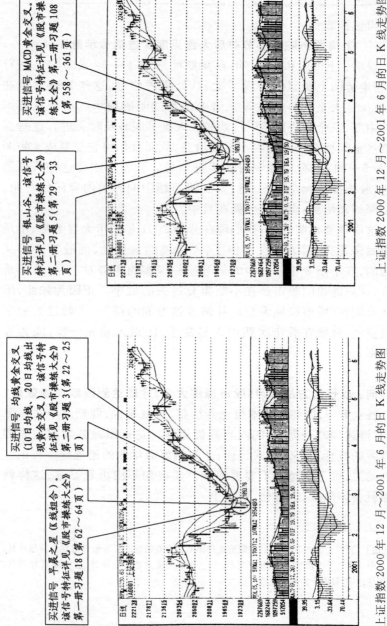

买进信号 银山谷。该信号
特征详见《股市操练大全》
第二册习题 5（第 29～33
页）

买进信号 MACD 黄金交叉，
该信号特征详见《股市操
练大全》第二册习题 108
（第 358～361 页）

上证指数 2000 年 12 月～2001 年 6 月的日 K 线走势图
图 6

买进信号 均线黄金交叉
（10 日均线、20 日均线出
现黄金交叉）。该信号特
征详见《股市操练大全》
第二册习题 3（第 22～25
页）

买进信号 早晨之星（K 线组合）。
该信号特征详见《股市操练大全》
第一册习题 18（第 62～64 页）

上证指数 2000 年 12 月～2001 年 6 月的日 K 线走势图
图 5

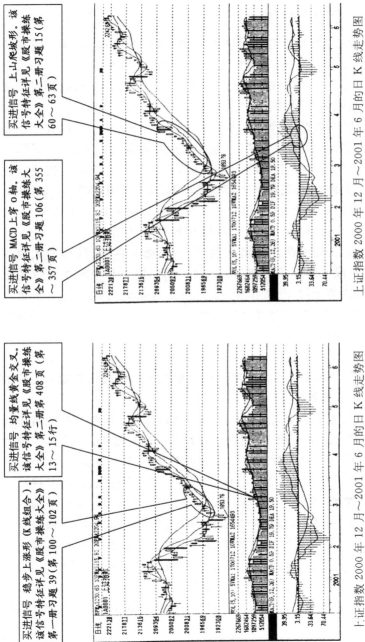

買進信号 上山爬坡形。该
信号特征详见《股市操练
大全》第二册习题 15（第
60～63 页）

買進信号 MACD 上穿 0 轴。该
信号特征详见《股市操练大
全》第二册习题 106（第 355
～357 页）

上证指数 2000 年 12 月～2001 年 6 月的日 K 线走势图

图 8

買进信号 均量线黄金交叉。
该信号特征详见《股市操练
大全》第二册第 408 页（第
13～15 行）

買进信号 稳步上涨形（K 线组合）。
该信号特征详见《股市操练大全》
第一册习题 39（第 100～102 页）

上证指数 2000 年 12 月～2001 年 6 月的日 K 线走势图

图 7

第三,把书中的练习题做完后,再做测验题,如测验成绩不理想(少于 60 分),先不要忙于买卖股票,回过头来重新学习,反复练习,待第二次测验成绩提高后再积极参与股市操作,这样投资收益就会有很大的提高。

第四,若想正确分析大盘和个股的短期走势,不仅要学会观察它们当时的日 K 线走势图,还要学会观察其分时 K 线走势图;若想正确分析大盘和个股的中期走势,不仅要学会观察它们近阶段的日 K 线走势图,还要学会观察其周 K 线走势图;若想正确分析大盘和个股的长期走势,不仅要学会观察其经压缩后的日 K 线走势图,还要学会观察它们的周 K 线和月 K 线走势图。

第五,当上面几件事都做好后,再做一件事,随意取大盘或个股的一段走势进行分析,看看能不能分析出其上涨或下跌的理由(可参照笔者对 2001 年 1～5 月沪市大盘走势的分析方法进行分析),如果 10 次中有 8、9 次分析对了,那就可以在股市中进行真刀真枪的操作。

问:《股市操练大全》第一册、第二册、第三册、第四册之间的内容有无连贯性?

答:《股市操练大全》是一个整体,每一分册之间在内容上当然有连贯性。第一册主要讲的是 K 线、技术图形,这是最基础的知识,投资者必须要掌握的。K 线也看不懂,怎么能做好股票呢?

第二册内容比第一册深了一步。第二册重点讲述了移动平均线、趋势线、成交量、MACD、乖离率这 5 个指标。这 5 个指标是从几十种常见技术指标中挑选出来的,是非常重要的技术指标。为什么说它们重要呢?因为掌握了这些指标,投资者分析、判断大盘和个股的走势,差错率就可以大大减少。有人可能要问,《股市操练大全》第二册的这几个指标,同《股市操练大全》第一册的 K 线、技术图形之间又有什么关系呢?打个比方吧,我们通过 K 线,技术图形分析看到的股价走势图,就像看到的是用 B 超机扫出来的图像,如果我们在 K 线、技术图形分析的基础上,再结合移动平均线、趋势线、成交量、MACD、乖离率的分析,那么这时看到的股价走势图,就像看到的是用 CT 机扫出来的图像,清晰度就大大提高了。

《股市操练大全》第三册主要是讲选股。选股是投资者的基本功。对个人投资者而言,股市最大的风险不是大盘下跌或走熊,最大的风险是选错了股票。在牛市中有熊股,1999 年"5·19"行情后,沪市综指从 1 047 点摸高到 2 245 点,股指翻了一番,而有的股票不涨反跌,股价拦腰斩掉一半。反之,在熊市中也有牛股,沪深股市 10 年来风风雨雨,经历了几次大的熊市,但有的上市公司并没有因股市走熊而衰败下去,相反,它们有了很大的发展,在沪深股市里随手都可以找到一些 10 年来股价上涨几十倍,甚至几百倍的股票。可见,寻找最佳投资机会与选好股票是我们必须强调的一个大问题。

选股单靠技术不行,还必须结合基本面、市场面、心理面进行综合分析、评判,这样才能选出能为投资者创造赢利的股票来。从某种意义上说,选股是股市中的一个系统工程,它涉及政治、经济、文化、科技、心理、财务、市场、技术各方面知识,谁掌握的知识越多,谁就能在选股时胜人一筹。当然,投资者对所选出来的股票的技术走势是必须要重点考虑的,这样就可以把握好股票的买卖时机。说到这里大家就清楚了,《股市操练大全》第三册是在《股市操练大全》第一册、第二册基础上展开的。如果《股市操练大全》第一册、第二册不学习好,光看《股市操练大全》第三册,效果就要大打折扣。

《股市操练大全》第四册现在正在积极编写中,内容同前面三册肯定有连贯性。但现在我们还不能说,因为盗版太猖獗了。《股市操练大全》第一册问世不久,就在全国各地发现了很多种《股市操练大全》第一册的盗版本,《股市操练大全》第二册刚出版半个月,该书的盗版本就在地摊上出现了。盗版本印制粗糙,内容错误百出,读者买后就有一种上当受骗的感觉。因此,我们建议要买《股市操练大全》就到正规的书店去买。作为我们出版社和作者来说,也有必要采取一些自我保护措施,所以《股市操练大全》第四册的题目、内容,在该书未正式出版前只好暂时保密,希望读者能予以谅解。

问:《股市操练大全》第三册和《股市操练大全》第一册、第二册在编写风格上有何不同?

答:该书编写方式与前面二册最大不同就是采用了广播节目中常用的场景式对话方式。通常,问话的形式有两种:一种是直来直去,问什么答什么,这种问话形式在逻辑性较强的题目中用得比较多,尤其是一些数理化题目,用的大多是这种问话形式。而在形象思维较强,或逻辑思维、形象思维兼有的题目里,这种直来直去的问答,阅读起来就会给人带来一种呆板无味的感觉,甚至会直接影响读者阅读的兴趣。而《股市操练大全》第三册讲选股时与前二册不同,要涉及到很多人文知识,里面有大量形象思维的东西在里面,因此用这种直来直去的问话形式就不适宜了。故此,我们在问话时有意设计一个场景,或编一个故事,由此自然而然地把问题引出来。这样提问的时候形式活泼多样,回答问题时也就能做到生动有趣了。这用教育界的行话来说,叫"寓教于乐"。学习股市操作理论本来是一件枯燥无味的事,如果能做到寓教于乐,该书的可读性就会大大增强,这是我们写书人必须考虑的问题。

问:《股市操练大全》第三册与市场上其他介绍选股技巧书有何区别?

答:主要区别是:

(1)其他讲授选股技巧的书,讲到基本面选股时就只讲基本面,讲到技术面选股时就只讲技术面。基本面、技术面水火不相容。《股市操练大全》第三册把选股视为股市中的一个系统工程，将基本面、心理面、市场面、技术面融为一体，多层次、多角度、全方位来介绍选股技巧，分析投资者在选股中常犯的错误，揭露主力庄家设置的各种选股陷阱，通过有针对性的强化训练，帮助投资者提高选股的综合分析和综合运用能力。

（2）其他介绍选股技巧的书都是从正面进行叙述的，道理讲了很多，但未考虑在选股问题上对投资者进行什么训练，也没有设计什么练习题让读者去做。《股市操练大全》第三册不是泛泛而谈选股技巧，而是将投资者在选股中碰到的问题，巧妙地设计成各种训练题，以一课一练，循序渐进的方法来启发投资者思考，让投资者能从根本上理解和掌握选股技巧。

问：学习《股市操练大全》第一册、第二册、第三册总共要花多少时间？

答：根据我们测算，如果你是一个新股民，每天学习一个半小时，四个月时间就可以把《股市操练大全》3 册书全部学完（包括做练习题），并能达到很熟练的程度。当然，如果你是一个老股民，已积累了一定的操作经验，或早先已经学过一些技术分析、基本分析，那么，学习时间就可以大大缩短。

问：《股市操练大全》丛书编写、出版时，曾得到哪些人的帮助？

答：《股市操练大全》丛书能编写成功，顺利出版。第一，要感谢厚爱本书的广大读者，很多读者来电、来信提出了许多富有建设性的意见，使我们少走了许多弯路；第二，要感谢上海、深圳、山东等地证券界的朋友，特别要感谢联合证券董事长王世宏先生、联合证券上海总部副总经理李济生先生。正是他们对本书的大力支持和帮助，才使本书能早日与读者见面。

引　言

大凡做股票的人都会有这样的一个感觉,在股市中,最使人感到困惑不解的就是选股。何以如此呢? 因为,选股的标准一直在变,忽而"选股如选妻",忽而"选股如选美",忽而"选股如选大众情人"。变来变去,越变越使人感到不可捉摸,越变越使投资者觉得似乎被浇了一头雾水。

选股如选妻,这是最先听到的一个权威说法。说到选妻,那自然要选一个对爱情忠贞不渝的人做妻子。但在股市中,又有哪个股票可以和投资者"白头到老"呢? 远的,如在前几年,被一些股市权威人士称之为"一旦拥有,别无他求"的"深发展",竟成了大牛市中一路套人的大熊股;近的,如在最近一、二年被一些股市专家捧为"中国第一蓝筹股的'银广夏'",其所作所为,连欺世盗名的大骗子都自叹不如。

选股如选美,这比前面的选股标准又更加现代化了一步。然而最美的,能成为选美冠亚军,都是经过一番乔装打扮后,包装上市的。"金玉其外,败絮其中","一年绩优、二年绩平、三年绩差"的现象比比皆是。前有"ST 康赛"、"ST 幸福";后有"广州冷机"、"桦林轮胎"。昨天是个"美人鱼",今天却成了"丑八怪",越看越使人寒心。

选股如选大众情人,这是当今一些股评人士谈及选股标准时一种最时髦的说法。原以为在我们这个讲社会主义文明的社会里,情人总要躲躲闪闪,不能公开亮相。现在好了,"情人"竟可以为大众所共有,这真让人们大开眼界了。然而,名词尽管很时髦,但大众情人带给投资者的不是幸福和欢乐,而是伤心和眼泪。想

— 1

当初,当"四川长虹"成为沪深股市一面绩优股大旗时,市场一片叫好;看现在,在"综艺股份"成为新世纪中国股市网络股明星时,市场更是一片欢腾。要说大众情人,它们绝对合格,当之无愧。但结果呢?又是那样出人意外,凡是和它们谈情说爱的,最后都发觉为了攀上这些"大众情人",付出的代价竟如此沉重。

但是话得说回来,或许这些股市权威、专家、股评人士制定的选股标准都没有错,只不过是中国股市还太年轻,太不成熟,当他们把世界上其他股市"成熟"的选股标准套在中国股市上,竟会变得如此不合时宜,这恐怕也是他们自己都始料不及的。

总之,分析中国股市不能离开中国的国情,在中国股市选股也一定要有自己的特色。这个特色是什么呢?这就是本期股市强化训练班要重点讨论的问题。亲爱的读者,如你不感到见外,从现在起,我们将真诚地邀请你参加股市强化训练班的选股大讨论。经过讨论,你就会发现:

第一,选股是没有固定标准的,它一切都在永恒的动态变化之中。比如,牛市选股、熊市选股和平衡市选股的标准是截然不同的,如果投资者在熊市中以牛市选股的标准进行选股,或在牛市中以熊市选股的标准进行选股,那就会犯大错误,最终成为输家。

第二,选股的关键是思路,在股市中,投资者的功败垂成都能从选股思路正确与否中找到答案。比如,市场崇尚风水轮流转,那你就要记住:今朝的牛股到明朝就可能变成熊股。反之,今朝的熊股到明朝也可能变成牛股。投资者千万不要因为喜欢某一股票,就对她"从一而终"。这里顺便说一句,本书为了说明某种选股方法或某个观点常常会提到一些个股,但书中所列举的个股都是为举例用的,不能作为投资者将来选股时的参考对象,因为股市的变数很多,某个股票在此时此地可能是一个牛股,但在彼时彼地就有可能变成一个熊股。因此,投资者初学选股技巧时,主要精力要放在选股方法上,而不是具体个股上。

第一章 依据基本面寻找最佳投资机会与选股练习

第一节 从国家经济政策取向中寻找投资机会与选股练习

习题 1 股市强化训练班开学了,张老师在课堂上说:同学们,这学期安排的课程是投资者怎样选好股。今天是第一堂课,我要和大家讨论的题目是:如何依据基本分析来选股。基本分析包括的内容很多,有国内和国外经济形势分析、国家经济政策分析、行业发展前景分析、企业财务状况和经营状况分析,等等。那么,作为普通投资者,尤其是中小投资者要选好股,应首先从哪一方面着手呢?请举例说明。

参考答案 记得小时候我们经常唱的一句歌词就是"戴花要戴大红花,听话要听党的话"。众所周知,在我们国家,你若要做好一件事情,尤其是关系到自己生存和发展的大事,一定要听党的话。就说炒股吧,你听党的话,就可做到多赢少输,否则就很难做好股票。因此,从这个意义上来说,股市基本分析方法无论有多少种,作为我们中小投资者首先要学会根据政策来选股。这其中的关键是要对党和国家的重大经济政策有深刻的理解,只有这样,投资者才能制定出一个正确的投资策略。而目前令人遗憾的是,我们股市中有很多投资者还缺少这方面的认识,所以,炒股自然就失去了方向,在选股时,要么选股选错了,要么选对了也抓不住(因为他不知道手中的股票在政策上有某种优势,具有黑马相,最后还是在主力的震仓洗盘下,将筹码轻易抛掉了)。

那么,如何来学习和掌握党和国家的经济政策呢?对专业工作者来讲,当然要认真地多看一些党和国家领导人的原著、讲话,看中央和地方级大的报刊或杂志(如《人民日报》、《求是》杂志、《解放日报》等)里面的一些重要文章。但对普通投资者来说,一般就没有必要这样做了,因为,这样做也不现实,一来他们没有这么多时间,二来在收集材料和阅读分析上都不可能做到像专业人士那样。因此,普通投资者要想及时学习和了解党和国家的政策,必须另辟蹊径。这里我给大家介绍两种比较实用的方法:

第一,自我研读法。根据一些股市高手的操作经验,投资者只要看看《上海证券报》、《中国证券报》等证券报刊的头版,特别是有高层重要讲话的头版,把整篇文章仔仔细细研读几遍,并把每一次高层的讲话、社论、评论员文章、研讨会演讲稿、新闻发布会内容等等诸如此类的信息装订成册,吃透其精神就行了。如果你能做到这样,那么,你已经和机构、主力、庄家等所谓的大户站在同一起跑线上了。这样紧跟政策选好个股也就有了明确的方向。

第二,借脑法。借谁的脑袋呢?当然是借学有专长的人的脑袋。借脑最简便的方法就是去听经济专题讲座。为什么要大家去听经济专题讲座(注意这和一般股评讲座有本质区别)呢?因为股市中大多数人不具备经济学方面的专门知识,如果仅靠他们自己收集新闻媒体和网上的信息,要一下子深刻理解和掌握党和国家的经济政策就会遇到很多困难,如信息难以收全,理解上会出现偏差等等。但听经济专题讲座就不同,一般来说,能来讲课的人大多是经济界的学者或权威,他们收集的信息要比一般人齐全、准确得多,对党和国家的经济政策的理解也会表现出相当的水平,另外,他们既然能出来开专题讲座,那肯定是有备而来的。好的经济专题讲座,会使你有"听君一席话,胜读十年书"的感觉。因此,我们主张无论你是散户、中户还是大户,有条件的话,尽可能多听一些经济学家的专题讲座[注]。这是投资者快速学习和理解党和国家经济政策的一种非常有效的方法。

这里我向大家说一个真实的例子。笔者有一位姓赵的朋友,以前认识他的人,看他做股票跑进跑出忙得不亦乐乎,也没有赚到什么钱。说来你也许不相信,尽管他有时捉到了一个好股票,然而赚的钱还不如替券商打工上交佣金和交印花税的钱多。但自从前一阶段他参加了某图书馆举办的经济专题讲座,回来后就判若两人,做股票不再热衷跑进跑出了,尤为难能可贵的是他在底部捉进的"金丰投资"和"泰山旅游"这两个股票,竟一直捂着,直到见顶回落时才出手,光从这两个股票中赚的钱就比他在十年股市中赚的还要多。

我曾问他你怎么会想到买这两个股票的,他说,我听专家在报告中讲,前几年,国家制定的经济政策主要是对付通货膨胀,而现在我国经济实现了软着陆,通货膨胀消除了,但新的经济矛盾又形成了,市场出现了通货紧缩,生产出来的东西卖不出去,这是一个非常严重的问题。这个问题不解决,就会直接影响到我国经济的发展,影响到我国现代化的建设。为了解决这一个问题,党和国家又及时制定了一系列的经济政策来刺激消费,搞活市场。例如,放开住房贷款,搞活房产市场;延长节假日的假期,形成假日消费热潮,等等。随着这些经济政策的一一落实,买房的人越来越多,房价开始从低谷逐步回升。原本波澜不兴的房产市场又重新活跃了起来,假日延长后,全国出现了前所未有的假日旅游热潮。我把经

[注] 现在这类讲座很多,有图书馆举办的,有各大研究机构举办的(从报纸上或网上的广告中可以查找到举办讲座的信息)。只要你留个心眼去寻找,想听这些讲座还是比较容易的。

济学家报告的内容与股市中的各个板块的走势进行对照,看出了一些名堂。于是,我把选股目标锁定在"金丰投资"和"泰山旅游"这两个股票上。

我又问老赵,你为什么要选这两个股票。他说,"金丰投资"是近两年房产交易市场中涌现出来的新秀,你只要走进上海房产市场,到处都可以看到他的身影。"金丰投资"的网上房产交易,为买房人提供的公平、快捷服务,得到了社会各界的好评,再加上该股票是从上海本地一个纺织类的股票转型过来的,它在资产重组时曾经受到上海市政府的大力支持。在老赵买进"金丰投资"这一股票的时候,该股在技术上已经发出了明显的买进信号(见图9)。那么,老赵又怎么会看中"泰山旅游"这个股票的呢?其理由也很简单,因为泰山是我国著名的风景区,随着我国假日经济消费热潮的出现和旅游资源对外开放格局的形成,去著名风景区旅游的人会越来越多,"泰山旅游"这个股票"钱途"一片光明,它被主力相中,

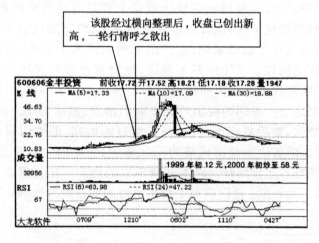

"金丰投资"1999 年 1 月~2001 年 4 月的周 K 线走势图

图 9

行情向上发动是迟早的事。再说,该股长期处于低位盘整,一直没有涨过,向上的空间自然要比向下的空间大。老赵经过一番深思熟虑后,觉得介入这个股票机会大于风险,值得一搏。于是,他在这个股票均线出现"再次粘合向上发散形"[注]时,重仓杀了进去(见图 10)。之后,他就一直捂着这个股票,几个月捂下来,还真让他捂出了一个金娃娃。

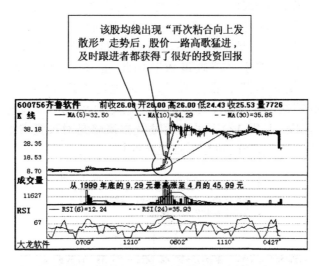

该股均线出现"再次粘合向上发散形"走势后,股价一路高歌猛进,及时跟进者都获得了很好的投资回报

"泰山旅游"(现改名为"齐鲁软件")
1999 年 1 月~2001 年 4 月的周 K 线走势图
图 10

后来,我还问过老赵,既然你如此看好房产板块、旅游板块,而且"金丰投资"、"泰山旅游"这两个股票又给你带来了丰厚的投资回报,那么你现在为什么不把这两个股票继续捂着,而把它们抛掉了呢? 他说,做股票要顺势而为,我们看好某个板块、某个股票,不

─────────────

　　[注]　关于均线"再次粘合向上发散形"的特征和技术含义,详见《股市操练大全》第二册第 49 页~第 52 页。

是说就一直把它们捂着不放。当这个板块的股票经过大幅上涨之后,就要考虑到一个问题,主力获利如此丰厚,随时都可能往外出逃。特别是在它见顶回落,主力把手中大量筹码往外派发时,你不跟着主力一起出货,煮熟的鸭子也会飞掉。股票涨高了顺势派发,这在任何时候都应该想到。再说随着经济形势的不断变化,党和国家的经济政策也会进行不断地调整,上市公司的基本面也不可能保持一成不变,因此,对一个炒高后阶段性见顶的股票,采取暂时退出,不仅可以将账面利润及时兑现,还可以避开许多意想不到的风险。但这并不是说我们不再看好它们,如果这些股票经过一段时期调整后,国家经济政策依旧如此,上市公司基本面继续向好,在他们重新展开上涨行情时,再买进也不迟。"金丰投资"和"泰山旅游"这两个股票,我都是在它们走势出现明显疲态滞涨时派发的(见图11、图12)。采取适时做空策略是对投资者的一种很好的自我保护,这个问题是不难理解的!

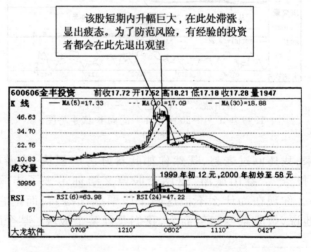

"金丰投资"1999 年 1 月～2001 年 4 月的周 K 线走势图

图 11

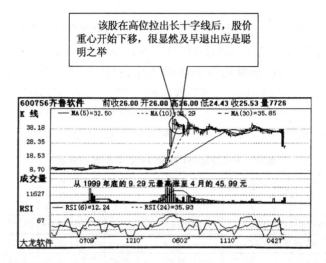

该股在高位拉出长十字线后，股价重心开始下移，很显然及早退出应是聪明之举

"泰山旅游"（现改名为"齐鲁软件"）

1999 年 1 月～2001 年 4 月的周 K 线走势图

图 12

老赵的炒股经历对广大投资者有什么启示呢？首先，要想炒股获得成功，千万不可仅凭运气，在股市中瞎碰乱撞。其次，只有花大力气深刻理解党和国家的重大经济政策，并认真贯彻在整个股票买卖的过程中，投资才能获得成功。如果广大中小投资者能根据政策来选股，同时又花功夫通过市场调查来了解上市公司的基本面，再学会用技术分析选好买点，那就不愁在股市中赚不到大钱。

习题 2 证券班张老师说，刚才我们介绍了赵先生选股经验，即炒股要跟着党和国家的政策走，这一点是非常重要的。为了加深对政策的理解，我现在向大家提几个问题：去年（即 2000 年）什么板块涨幅最大？为什么会出现这种现象？通过对这一现象的分析大家有何感想?

◆◇◆◇◆◇◆◇◆◇◆◇◆◇◆◇◆◇◆◇◆◇◆◇◆◇◆◇◆◇◆◇◆◇

参考答案 去年涨幅最大的是 ST 板块。在 2000 年中,沪深股市的 50 只 ST 个股均有不俗的表现,就连停牌 4 个月的"ST 郑百文"涨幅也在 21.48%。ST 板块的平均涨幅为 85.75%,涨幅达到 100% 以上的有 16 家(见表1)。这也就是说:无论谁在 2000 年初时买进 ST 股票,到年底卖出,都成了股市中的大赢家。

表 1 沪深股市 ST 股票 2000 年表现一览表

代码	简 称	流通 A 股 (万股)	摊薄 2000 年中期每股收益(元)	2000 年市场表现(元·%)				
				开盘	最高	最低	收盘	涨幅
0004	ST 深安达	4 165.72	0.075 6	8.55	35.50	8.36	33.00	287.78
0504	ST 港澳	8 675.59	−0.063 8	5.33	20.84	5.31	17.34	227.17
0602	ST 金马	4 355.75	−0.243	9.45	27.24	9.30	25.65	171.43
0030	ST 英达 A	4 026.00	−0.16	5.92	18.18	5.78	15.35	161.95
600762	ST 金荔	2 704.00	0.066	10.60	26.78	10.60	26.78	152.64
600658	ST 京天龙	9 507.60	−0.085	7.25	18.90	7.13	17.21	138.70
600818	ST 永久	1 495.00	−0.11	7.50	18.48	5.80	17.28	134.15
0014	ST 深华源	4 522.04	−0.184	6.25	23.13	5.83	14.50	131.26
600806	ST 昆机	6 000.00	−0.012	8.00	18.90	7.61	17.69	129.74
0518	ST 振新	7 590.00	0.267	7.42	18.20	7.42	16.19	129.00
0555	ST 黔凯涤	2 189.33	−0.0927	11.56	27.81	10.09	25.56	111.24
0522	ST 白云山	15 646.47	0.108 3	4.40	9.97	4.40	9.08	106.36
0658	ST 海洋	9 972.00	−0.127	5.68	15.38	5.05	11.66	105.28
0506	ST 东控	14 431.35	0.007 1	6.10	14.50	5.90	12.45	104.10
0592	ST 中福	8 681.14	0.022	5.20	11.15	4.62	10.47	102.91
600137	ST 包装	1 740.00	−0.266	10.60	22.76	9.59	21.58	102.06
600845	ST 钢管	1 320.00	−0.12	10.72	25.41	9.57	21.30	98.69
600874	ST 渤化	11 250.00	−0.056 7	6.03	12.57	5.03	11.97	98.51
600610	ST 中纺机	2 574.00	−0.0315	6.78	15.00	6.06	13.20	96.43

·

（续上表）

代 码	简 称	流通 A 股（万股）	摊薄 2000 年中期每股收益(元)	2000 年市场表现(元·%)				
				开盘	最高	最低	收盘	涨幅
600670	ST 高斯达	8 605.21	0.159	7.15	14.29	7.00	13.60	91.01
0010	ST 深华新	4 950.80	−0.016 3	7.38	15.10	6.50	13.67	85.99
600696	ST 豪盛	8 965.22	−0.057	5.22	11.01	4.60	9.58	84.23
600831	ST 黄河科	4 635.00	−0.183	7.96	18.50	7.80	14.10	78.03
600683	ST 甬华联	8 989.07	−0.05	6.06	12.18	5.68	10.71	75.57
600721	ST 百花村	4 650.00	−0.33	8.00	17.02	7.50	14.00	72.84
0550	ST 江铃	11 760.00	0.006	4.17	8.00	4.01	7.12	71.15
0017	ST 中华 A	7 637.67	−0.135	5.63	12.20	4.58	9.14	70.20
0696	ST 联益	5 158.40	−0.050	6.13	12.43	5.80	10.70	69.04
0038	ST 深大通	1 914.00	0.027	11.15	20.89	10.65	18.76	68.25
0034	ST 深华宝	8 460.46	0.035	9.59	18.29	9.59	16.00	67.71
0011	ST 深物业	9 135.50	0.019 5	6.54	12.70	6.00	10.95	67.43
0585	ST 东北电	14 360.00	−0.025	4.77	8.73	4.19	7.62	59.41
0536	ST 闽闽东	4 545.92	−0.07	5.66	13.18	5.11	9.09	59.19
600813	ST 鞍一工	9 960.00	−0.096	4.65	9.23	4.15	7.38	58.71
0025	ST 特力 A	3 428.51	−0.38	8.25	16.00	7.42	12.90	56.74
600892	ST 石劝业	1 531.00	0.004	14.68	27.90	13.97	22.66	55.21
0556	ST 南洋	11 742.30	−0.22	4.45	8.37	3.93	6.78	51.68
0502	ST 琼能源	5 714.82	0.409 1	11.36	24.90	10.65	16.49	48.96
600647	ST 粤海发	2 100.00	0.015 4	13.32	20.40	11.10	19.20	44.14
600759	ST 琼华侨	7 550.00	−0.067	5.00	8.78	4.12	7.06	42.91
0653	ST 九州	21 704.64	−0.116 5	4.78	7.85	4.15	6.83	42.59
0411	ST 凯地	3 150.97	−0.188	7.43	16.50	6.89	10.97	41.73
0546	ST 吉轻工	8 502.65	−0.018	5.75	10.72	5.11	8.07	40.84
600097	ST 恒泰	3 500.00	−0.125	9.30	17.20	8.88	12.95	39.55
0003	ST 金田 A	19 164.26	−0.215	5.48	9.26	5.40	7.50	37.11
0613	ST 东海 A	4 510.00	−0.05	7.10	11.28	5.58	9.30	27.05
600629	ST 棱光	5 776.05	−0.065	7.38	11.20	6.38	9.18	26.10
0689	ST 宏业	4 888.00	−0.18	7.83	13.65	7.50	9.78	24.90
600898	ST 郑百文	1 0709.92	−0.3071	5.74	6.88	4.38	6.73	21.48
0588	ST 粤金曼	6 211.57	−2.385	5.90	10.23	4.85	6.99	18.47

从表面上看,ST 股票跑赢大市是不合情理的,也不符合管理层的有关政策。管理层为了倡导投资者理性投资,对绩差股的过度投机进行风险提示,于 1998 年 6 月初对连续两年亏损或净资产低于面值的上市公司实施"特别处理"的政策。ST 股票(后来又有了 PT 股票)出现后,很多投资者,特别是中小散户对它采取了避而远之的策略,抛掉 ST 股票,买进绩优股,可结果却适得其反,赢利最大的是 ST 股票,风险最大的恰恰是那些传统的绩优股。这使一些人百思不得其解,也使人们对炒股究竟要不要跟党和国家的政策走带来了疑问。那么,为何会出现这种现象呢? 究竟是管理层推出的特别处理政策错了,还是投资者对这一政策的理解错了? 炒股还要不要跟着党的政策走? 对这些问题我们作了深入分析研究,结果表明:管理层制定的政策没有错,紧跟党和国家的政策炒股也没有错,错就错在一些投资者没有从实质上理解和把握这一个政策,他们自然对 ST 股票跑赢大市感到不可理解了。为什么这样说呢?

第一,管理层对部分绩差股推出"特别处理"政策,并不是对有关上市公司进行惩罚(这是管理层一再强调的),只不过是向市场明示:一些上市公司在经营上出了问题,到了应该醒悟的时候了。可见,这项政策出台本身是中性的,它既没有否定这些"经过特别处理的股票"的投资或投机价值,也没有肯定这些亏损公司未来的前途究竟如何? 是最终摘牌出局,还是就此奋发图强脱胎换骨变成一家新的上市公司。对这样一个原本属于中性的,并不构成投资建议的政策,很多人却片面把它理解为:管理层对亏损股实行特别处理,就是叫大家远离 ST 股票。这在认识上犯了以偏概全的错误。

第二,中国经济改革伊始,就把搞好国企列为重头戏,而重中之重是如何使国企扭亏。中央确定新的领导构架后,决心在三年内使国企扭亏,那么,作为反映国民经济晴雨表的股市自然要在这方面做出积极贡献。据此推理：可以看出管理层对亏损股实行特别处理，目的不是要把这些有问题的股票扫地出门，而是要在国家这个大的政策背景下促使它们通过加强管理、调整产品结构和资产重组等办法，尽快地扭亏为盈，重新走上良性发展的轨道。

第三，就我国新兴资本市场而言，由于政策导向明显，实行的是计划型额度制的发行机制，所以不论是 ST 板块的公司，还是其他类型的上市公司，其大多是当地的龙头企业，是利用资本市场融资的窗口，是现代企业制度建立的实验田，其数量、规模和业绩在很大程度上代表了当地经济的发展水平。对上市公司实行"ST"，不仅上市公司有了压力，而且对其主管部门的当地政府也是一个很大的触动，如何尽快解除"ST"，保护壳资源，使其重现生机？当地政府尽管不再延袭计划经济的模式加以行政性重组，然而在政策的制定及其实施过程中扮演推动角色是勿庸置疑的，以便在更高层次上发挥行政权威来摆平各方的利益。因此，对 ST 板块的资产重组和置换，都将不同程度地列入到当地政府的议事日程。

预计政府将从以下几个方面着力扶持 ST 板块公司。其一，在本行政区域内寻找可资产重组和置换的目标公司，目标公司更多的是振兴本地经济的主要骨干企业；其二，从税收与债务方面给予尽可能多的优惠或减免；其三，从下岗职工分流方面给予特殊照顾；其四，政府设法积聚重组所需的新资金，按照最有效的方式将增量资金注入到 ST 公司，带动存量调整。当这些"ST"公司有了上述各项政策性扶持，可想而知，扭转颓势的可能性就大大增加了。

第四，投资者要清楚的是，买股票就是买未来。ST 股票的绩差只代表了昨天的绩差，同样，传统绩优股也只代表了昨天的绩优。ST 股票的草窝里也并不是飞不出金凤凰来。近几年出现的一些大黑马，如"海虹控股"、"南京熊猫"、"ST 深安达"，等等，绝大部分来自ST股票。这也从一个侧面反映了ST股票得到的优惠政策最多,"最具有成长性",因而也最容易受到市场主力的关注。

总之,近几年由于国内需求相对不足,行业竞争加剧,一些上市公司业绩出现亏损或者大起大落。出现这种状况的原因是很复杂的,其中既有上市公司自身的内部原因,也有环境条件变化(如国家产业政策调整)这种不可抗拒的外在因素在起作用。因此,作为地方政府对这些ST公司进行资产重组,推行强弱联合,以摆脱困境,这也是无可厚非的,这项工作已经得到了方方面面的支持和政策的认同。可见,除极少数的ST、PT公司因无药可救而面临摘牌风险外,绝大部分ST股票,甚至PT股票都可以在政策的支持和监管下,走出一波"扭亏为盈,获得新生"的上升行情。参与ST股票炒作的投资者,只要是逢低加入,大多会赚得钵满盆满,道理也就在这里。

通过对ST股票何以跑赢大市这一特有现象的分析,使我们深刻认识到:

(1)"戴花要戴大红花,炒股要跟党和国家的政策走"是我们投资者选好股,立于不败之地的根本保证。这个观点在任何时候都动摇不得。

(2)道理有大道理、小道理之分,政策也有大政策、小政策之区别,正像小道理要服从大道理一样,小政策也要符合大政策的要求。比如,近几年来股市上的所有政策,从全国范围来看都是属于局部的小政策,它们都要服从国家经济的大政策,为国企扭亏作贡献。投资者明白了这一点,也就能理解为什么这几年ST股票的资产重组搞得如此红红火火。

(3)对政策的分析要学会透过现象看本质。毛泽东同志曾经说过:"我们看事情必须要看清它的实质,而把它的现象看做入门的向导"。比如,管理层对亏损股票实行特别处理,以此来提示投资风险,这仅仅是现象,而本质是要通过这一措施,督促亏损公司在"摘牌"的压力下,早日走出困境。可见,对亏损公司实行特别处理,从根本上来说,不是为了把这些公司治死——赶出股市,而是为了"治病救人",让其通过加强管理调整产品结构和资产重组等有效措施来获得新生。

（4）最危险的地方有时也是最安全的地方。投资 ST 股票表面上来看风险很大,实际上风险并不大。只要投资策略得当,获得丰厚投资回报应是意料之中的事。有人说:投资 ST 股票,如果它摘牌不是血本无归了吗？此话不假,但真正挨到摘牌的又有多少呢[注1]？从理论上讲,投资 ST 股票,只要不买亏损面极大、资产重组成本很高的股票,那摘牌的霉运就不大会碰到。退一万步说,即使让你碰到了,那也有办法对付,其方法是:①控制好自己的资金,最多用 1/3 的资金买 ST 股票,这样万一出现投资失误,也不至于全军覆没。②在投资前,对沪深股市的 ST 股票作一次全面分析,尽可能地挑选资产质量相对较好的 ST 股票买进,③买 ST 股票不要只盯住一家,一次或分批买进五、六个 ST 股票,这样即使其中的一家遭遇摘牌,使你在这个股票上血本无归[注2],而同时你若在其他四、五家 ST 股票上各赚 25％～30％（按照 2000 年 ST 股票平均涨幅为 85％的参照系数,这个要求并不高,只要操作策略基本准确,一般都能做到）,这样总算下来,投资 ST 股票赚的钱要比赔的多,这笔买卖还是合算的。

　　[注1]　实际上,真正无药可救的 ST、PT 股票在中国是很少的。例如,2001 年 4 月 20 日上海交易所决定不予"PT 水仙"暂停上市宽限期,对其终止上市,但一枝水仙凋谢换来许多枝 PT 之花盛开。在"PT 水仙"摘牌、监管部门"杀鸡儆猴"的关键时刻,"PT 农商社"、"PT 网点"、"PT 红光"都获准得到了六个月的"宽限期",马上开始了大规模的资产重组,政策上给了局外人不能想像的诸多优惠,很有可能它们在最后关头起死回生,再铸辉煌！这说明了政府对亏损上市公司,哪怕事实上已经亏损濒临破产的上市公司,采取的政策是:能保则保,能拉则拉,决不会一棍子打死。

　　[注2]　摘牌不等于破产,它仍可在指定的场所进行股权转让。因此,摘牌的 ST、PT 股票,并不一定会变得一文不值,让投资者血本无归。

　　也许又有人会说,我买 ST 股票,虽然没碰到摘牌这样倒霉的事,但结果仍然没有赚到钱反而赔了钱,这又是怎么一回事呢?其实原因很简单,这些投资者买 ST 股票的时机没有把握好,一是大势向下时做多。弱市中其他个股都在下跌,ST 股票岂有不跌之理!这时买 ST 股票风险远大于机会。二是频繁进出,高抛低吸变成了高吸低抛,这自然就做亏了。三是在 ST 股票重组好消息出来后,高位追进,这也很容易吃套。正确的做法是:先看大盘走势。大盘向下走,就不要碰 ST 股票;大盘走势向好或走稳时,再考虑选择 ST 股票买进。从操作策略上说,买进 ST 股票的较佳时机或方法是:①在 ST 股票的股价走出底部,均线呈多头排列时买入;②当公司发布亏损消息,提示市场风险,股价连连下挫且止跌回稳时分批买入。这两种方法,投资者自然应该首选第一种方法,风险小,成功概率大。但是,投资者如果把握得好,第二种方法实施成功,投资回报也不可小视。这是为什么呢?首先,从市场角度来分析,发亏损公告导致 ST 股票连连下挫,这很可能是主力在借利空消息有意在市场上制造恐慌杀跌情绪,以此来骗取散户手中的筹码。其次,经验告诉我们,股价连连下挫,在走势图上,K 线、均线、乖离率等都出现了明显的超卖信号。当几个超卖信号同时出现,股价走势很可能会朝相反方向转化,此时不说股价就此见底反转,通常也会有一个较大的触底反弹行情出现。

　　这里向大家说一个真实的故事。沪市有一位叫吴浩的投资者,在大学里学的是经济学专业,入市两年,经过自己刻苦钻研,炒股技术日趋成熟。1998 年 6 月 5 日,他发现"南通机床"(现改名为"纵横国际")由于连续亏损,申请特别处理,并更名为"ST 通机"。该股下午复牌后,大幅跳水,连跌 5 个跌停板,价格跌到6.94元时才开始止跌回稳。吴浩认为这是主力借利空在打压吸筹,于是他就在第五个跌停板打开后追了进去。他想:"南通机床"已经连续两年亏损,如果第三年再亏损,就会沦为 PT 一族,公司必然会采取一些措施来实行扭亏,因而最有可能进行资产重组。一旦公司资产重组成功,凭着它 2 000 多万的流通盘,股价翻番应该没有问题。"川长征"经过重组改名为"托普软件"后,股价在半年多时间里不是涨了 6 倍吗? 于是,他在 7.05 元买进了这只股票。

果不其然,这只股票利空出尽后开始震荡上行。1999 年 6 月 7 日,公司取消 ST 后,该股出现加速上扬,7 月 1 日,股价升到了 38.50 元。吴浩一路捂到该股呈现疲态时,才在 35.80 元价位上把它抛掉。吴浩买进"ST 通机"一年多,在它身上获利 400％,比他入市两年的盈利总和还要多。可见,投资者买 ST 股票时,只要操作策略制定得当,时机选好,赢钱的可能性远比输钱的可能性来得大。

习题 3　张老师说,股市大赢家实际上就是政策大赢家。无数事实告诉我们:谁对政策理解得深,谁就能选好股,抓住赢利机会。当然,对政策的理解也不是一蹴而就的,它有一个逐渐深化的过程。在这里,分析政策的方法很重要。请问:什么样的方法对理解政策最有效? 请举例说明。

参考答案　通常,对政策的理解,最有效的方法就是刨根究底地追问下去,把它的来龙去脉弄清楚。这在问话技巧上称之为"追问法"。追问法,一种是问别人,由别人来解答你的提问;另一种是问自己,由自己深入思考,寻找有关材料来解答自己提出的问题。如果有条件问别人(如问老师和名人),由他们解答你心中的疑问,那自然是最好不过了。不过,这不是人人都可以做到的。在一般情况下,只能采取自我提问、自我解答的方法。这里只要问题提得合理,并能由浅入深地展开下去,自问自答的效果也是很不错的。譬如,对资产重组这个问题,你可以这样一层一层地自我追问下去,方法是:

1. 为了明确概念,可以这样问自己:什么是资产重组? 我对资产重组的特点、性质、内容弄清楚了吗?

2.为了确定投资范围,可以这样问自己:现在股市中资产重组的重点对象是什么? 我已经注意到了这个问题吗?

3.为了确定投资策略,可以这样问自己:股市中资产重组究竟是短线投机行为,还是中长线投资行为? 我应该在这中间采取什么样的投资策略?

4.为了进一步缩小投资范围,可以这样问自己:目前哪些地区,哪些行业,哪些板块的上市公司最需要资产重组? 我对它是如何认识的?

5.为了明确政策制定的背景,可以这样问自己:地方各级政府对资产重组持什么态度? 具体有何表现? 我对这个问题有没有作过分析、评判?

6.为了摸清政策实施的力度,可以这样问自己:地方政府推行资产重组有什么打算? 他们已做了哪些工作? 哪些工作正在积极地展开? 谁的工作做得最好? 我是否在这方面作过统计、比较?

7.为了搞清政策公布后在市场上的反映,可以这样问自己:市场主力将如何利用这个政策,一般他们会采用一些什么手段? 对此,我有没有作过深层次的思考?

8.为了制定一个可操作的计划,可以这样问自己:中小投资者怎样在资产重组中发现机会,以较小的代价取得较大的收益? 我在这方面作了哪些准备?

当这些问题提出后,你可能一下子回答不了,那没有关系,可以带着这些问题,到图书馆或网上查阅有关资料,或同周围朋友共同探讨。一般来说,只要用心地去想和去做这件事,答案肯定是能够找到的。我在这里向大家举一个比较典型的例子:

沪市有一位女性投资者,这几年炒资产重组股,每战必胜,现在已从散户做到大户,完成了资本原始积累。为什么大多数中小投资者介入资产重组股没有赚到钱,甚至亏损累累,而她却能大获全胜呢? 其决窍就是她对资产重组政策的理解已经到了出神入化

的地步。她告诉我,开始她对这个政策也很不理解,后来通过不断
刨根究底地追问,终于对这个政策出台的背景、目的,实施的范围、
步骤,和各级政府对资产重组的态度有了相当深刻的理解。当把
这些问题搞明白后,她就把投资目标锁定在上海本地股上。我问
她,你怎么会想到专门投资上海本地股的。她回答说,我是从三个
方面认真考虑后,才决定这样做的。

第一,我比较各级地方政府对资产重组的态度,发现上海市政
府态度最积极。上海市政府公开表示要通过资产重组来改变本地
上市公司的整体形象,市政府并为此专门成立了一个资产重组办
公室,这在全国其他省市政府中很少见到的。

第二,上海本地股上市较早,股份制改制不充分,整体资产质
量较差,它与上海国际大都市形象格格不入,已直接影响到上海市
经济发展和同各国之间的交往。因此,改变上海本地股面貌已成
了上海市政府的当务之急。而且,因为上海经济地理位置特殊,上
海已成为世界了解中国的窗口,这也决定了中央政府和股市管理
层对上海市政府资产重组工作会在政策上给予更大、更多的支持。

第三,看一个政策贯彻情况如何,不光是要看当地政府怎样表
态,更是要看他们做得怎样。上海市政府自从启动了资产重组工
程后,资产重组工作正在积极有效地进行。近几年已冒出了国嘉
实业、中远发展等许多大黑马。这些大黑马不仅自身业绩有了大
幅度提高,其投资价值也得到了市场认同。这说明上海市政府的
资产重组是动真格的,是富有成效的。说到这里她反问我:这下子
你应该明白我为什么盯住上海本地股不放了吧!

我又问她,有关上海本地股资产重组的信息你是如何知道的。
她说,这个你别急,我平时就有个看报习惯,我把报上近几年来有
关上海本地股情况报道统统剪辑下来,这样多看多比较就看出其
中的名堂。说着,她就拿出一份已经装订成册的剪报资料给我
看,我仔细地看了这个剪报资料的目录(见表2),觉得很不错。这

里我把它介绍给大家。

表2 上海本地股板块综合分析资料剪辑目录

1. 大政策与大机遇 　　　　　　　　——上海本地老股将脱胎换骨(1997/11/4《信息早报》)
2. 上海本地小盘股强到何时(1998/9/17《上海证券报》)
3. 上海本地股何以持续走强(1998/9/26《四川金融报》)
4. 沪市本地股何以花开不败(1998/10/13《中国证券报》)
5. 上海本地股 重组展风采(1998/12/5《新闻报》)
6. 上海本地股何日再辉煌(1998/12/18《上海证券报》) 　　　　　　　　——写在"上海本地股系列调查"结束之时
7. 资产重组热浪滚滚 　　　　　　——沪市公司今日公告重组方案(1998/12/25《上海证券报》)
8. 上海上市公司财务评析(1998/8/1《上海证券报》)
9. 上海上市公司资产重组回顾(1999/8/20《四川金融报》)
10. 本地股:持续风光为哪般(1998/9/22《中国证券报》)
11. 本地股刚开张(1998/9/23《申江服务导报》)
12. 上海老股唱大戏(1998/10/14《新民晚报》)
13. 加强上海上市公司的重组 　　　　　　——访市政府副秘书长、市经委主任黄奇帆(1999/10/19《新民晚报》)
14. 谁将从中受益 　——《关于促进上海上市公司发展的若干政策意见》解析(1999/12/3《上海证券报》)
15. 上海壳资股缘何走强(2000/5/19《新闻晨报》)
16. 上海本地公司欲"二次创业"(2000/10/24《新闻晨报》)
17. 上海经济结构调整实录(2000/11/25《上海经济报》)
18. 上海本地股 重组大揭幕(2000/12/2《上海经济报》)
19. 本地小盘股点燃升势(2000/12/8《解放日报》)
20. 本地股:短跑? 中长跑?(2000/12/9《新闻晨报》)
21. 沪市本地股重组孕育大黑马(2001/4/7《四川金融报》)
22. 上海本地股面临大机遇(2001/5/8《上海证券报》)
23. 本地股"旋风"求解(2001/5/12《新闻晨报》)
24. 本地股逞强 沪深再创新高(2001/5/22《青年报》)
25. 如何看待爆炒上海小盘股(2001/6/1《中国证券报》)
26. 本地股活力再现(2001/6/2《大众证券》)

　　她对我说,除了这些综合分析资料外,她还收集了大量有关上海个股的分析资料,又说这些材料太多,只能给我看一些题目,如:《剥离、盘活、注入——众城实业实施资产重组的三步圆舞曲》、《国嘉实业:意欲重振高科技之业》、《"龙头"会否论为"龙尾"——上海龙头股份有限公司经营诊断分析》、《交运股份能走多高》、《联合实业:在重组中铸造辉煌》、《资本运作的典范——中远发展入主众城实业》、《隧道股份:扩大基建率先受益》、《试看上菱如何重组?》、《上菱电器摆脱困境该下猛药》、《联农股份:调整业务范围利润增加 3 倍》、《从"望春花"看壳价值》、《金丰:从织布到卖房》、《上工股份:重组求发展》、《广电资产整合焕发青春》、《胶带股份:异军突起的重组股》,等等。

　　最后,她特别对我说:有些资料内容非常重要,她已经看了几遍。比如,《新民晚报》刊登的《加强上海上市公司的重组——访市政府副秘书长、市经委主任黄奇帆》专线访谈[注],文章不长,但它公

　　[注]　1999 年 10 月 19 日《新民晚报》刊登了《加强上海上市公司的重组——访市政府副秘书长、市经委主任黄奇帆》专线访谈。全文如下:

　　上海的上市公司改革重组在这 2 年中逐步进入了高潮,要使上海本地 74 个工业上市公司成为上海工业中回报率最高的群体,真正体现上海工业的最高水平,市政府将推出一系列倾斜政策。市政府副秘书长、市经委主任黄奇帆日前向新闻界"透风"。

　　黄奇帆称:上海 100 多个上市公司中,74 个是工业股。据统计,上海工业企业的净资产回报率在 6%左右,高于全国工业企业平均水平 4 个百分点,和全国上市公司平均水平差不多;但本市上市公司净资产回报率也在 5%—6%,这说明上海的上市公司并没有成为"优秀队员",上海市政府将采取的三个倾斜政策是:把优质资产向上市公司倾斜,在审批项目同等的情况下,优先倾斜到上市公司;坏账核销等对国企的优惠鼓励政策,同样倾斜到上市公司。力争明年上海工业上市公司净资产回报率要高于全市平均水平 2 至 3 个百分点,同时要把上市公司的亏损面控制在 10%左右。

　　黄奇帆强调,通过增发新股而实行资产重组的上市公司,其大股东必须要负起三方面的责任:具有稳定的效益回报;必须对战略投资伙伴负责,认购的股票即使放 3 年也不会吃亏;必须对资本负责,用收购已连续 2 年具有 10%以上效益的资产上,同时再投一些新项目,确保投入产出的效益。

开表明了上海市政府对资产重组的态度,以及在这方面的工作打算。这等于直接告诉投资者,那些业绩较差或产业结构不合理的上海本地股都将有一次千载难逢的资产重组机会,未来的大黑马极有可能诞生在其中。像这样重要的信息她已经看得熟透了,几乎能把全文背出来。我看到她收集的关于上海本地股那么多资料后,由衷地产生出一种敬意,一个普通投资者能对政策的探求到了这样如痴如醉的地步,那么她在股市中大获全胜也就不奇怪了。

我还问她,上海本地股那么多,你又是如何选股,如何操作的呢?她回答说:我选上海本地股时是作过深入思考的,是经过不断地自我假设、自我追问,最后才确定了以下几条选股原则:

(1)已重组成功,股价大幅上涨的股票不选。因为市政府对上海本地股实施资产重组,采取的是"搭平台"的办法,即将不良资产剥离,注入优质资产,把一个绩差公司改造成一个资产质量好的新公司,这是市政府正在积极做的工作。至于这个新公司成立以后如何发展,这是新公司管理层要做的事,市政府不可能进行包办,也不应该包办。从这个角度考虑,市政府在为绩差公司的资产重组搭平台时,你可以大胆建仓,而资产重组平台搭成后,新公司如何发展,这就要看市场情况,看新公司管理层如何去开拓了,这里不确定因素较多,再加上主力在这之前已经把股价炒高,主力很可能借利好出货,因此,我一般不会去选择已经重组成功的上海本地股。

(2)资产质量太差的缓选。因为上海本地股数量较多,资产重组工作量大面广。要使资产重组工作顺利开展,只能采取先易后难,集中力量打歼灭战的办法。资产质量太差的公司,搞资产重组难度大,牵涉的精力多,估计要放在后阶段去搞,因此,选股时先不考虑它们。

(3)优先选总股本不大,微亏或微利、净资产不高的个股。这主要是考虑到这种类型的公司在资产重组时,收购的成本较低,资产重组的成功概率较大。

(4) 股价走出了底部,成交量放大时再建仓。当盘面出现这种情况,多数说明主力已经预先得知上市公司重组消息,开始加入了。主力进货,我也进货,这样取胜把握较大。我一般是在股价站稳 10 日均线后先买进一批,到 5 日、10 日、30 日均线呈"多头排列"[注]时,再继续加码买进。

(5) 资产重组成功的信息披露后,只要股价涨幅超过 100%,我就坚决退出。如果涨幅很小,我认为主力出货可能性不大,还会继续留守观望。

(6) 资金退出后,我再去找下一轮可能资产重组的上海本地股。一般我每次只找 2、3 个,多了顾不过来。如果一时找不到我就把资金留着打新股,决不会去买进其他股票。我认为一个人只有做自己熟悉的板块、股票,获利才能有保证。

说到这里我在想:像这位女性投资者所做的一切,并不复杂,一般的投资者也都能做到。只要我们紧紧抓住依靠政策这根主线,并学会对政策的由表及里、由浅入深的分析,不是也可以像她那样把自己的资产搞活做大吗?

习题 4　张老师说:股市最佳的投资机会来源于政策,这一点已经没有疑问了,对政策关键是要理解,这个问题也清楚了。这里我再问一个问题,投资者对某一政策充分理解后,是不是就万事大吉了呢? 为什么? 请举例说明。

◇◇◇

参考答案　按照唯物辩证法观点,万事万物都在变化之中,我们国家的各项政策也是如此,一个政策只能管一个时期,适用在一

[注]　关于"多头排列"的特征和技术含义,详见《股市操练大全》第二册第 16 页～第 19 页。

个特定范围之内,超过了这个时间或空间范围,它就不起作用了,甚至还可能带来一些负面影响。因此,我们对某一时期的政策理解后,也不能做到一劳永逸。我们应该看到,党和国家的政策经过一段时期后,就会根据形势的变化,作出局部甚至全面的调整。老的政策废除了,新的政策又会产生出来。这就告诉我们,在认识政策问题上,除了对政策要充分理解外,还要时时注意政策的变化,并能根据政策的变化,随时调整我们的投资策略,这样才能在股市这个高风险的市场中立于不败之地。

例如,浦东开发初期,从中央到地方都给了一系列优惠政策,当初"外高桥"、"浦东金桥"、"陆家嘴"、"东方明珠"在送配股上就受到了许多特别照顾,"外高桥"在 1993 年实行 10 送 5 后,1994 年又批准实行 10 配 3 转 17 的方案,募集到了大量资金,股价从 12 元一路涨到了 36 元,成为 1994 年 333 点大势反转以来的一匹大黑马。在那个时候如果你慧眼识宝,投资"外高桥"、"浦东金桥"、"陆家嘴"、"东方明珠"等浦东概念股,是跟对了政策,一定会赚得钵满盆满。但是阳光并不会总是照亮它们,这些股票好景不长。20 世纪90 年代中期,全国出现了通货膨胀,经济形势十分严峻。国家对当时房地产业的盲目扩张和炒地皮所带来的严重问题进行清理整顿,颁布了一系列政策法规,对房地产业的虚胖进行消肿,让其返朴归真,与此同时,中央政府对浦东开发政策也作了适度调整。这时如果投资者再追捧"外高桥"、"浦东金桥"、"陆家嘴"等以房地产为主业的浦东概念股就不识时务了,结果必然是输得辨不清东南西北。

又如,回顾近两年的国家产业政策导向,我们可以清晰地看出这么一条思路,即在大力发展新技术产业时,通过各种政策性的优惠以及产业结构调整做大做强我国现有国有企业。这主要体现在实施一系列的新标准,通过市场化的手段迫使部分小企业出局。近两年关闭小发电厂、小化肥厂、小造纸厂等就是这一政策导向的具体实证。而 2001 年 4 月初水泥新标准的实施是这一政策的又一个有机延续。这意味着一大批达不到此标准的小型水泥厂将被淘汰出局。这一政策的实施不仅强化了水泥类上市公司的业绩，而且使得水泥类上市公司的股价出现了明显的攀升行情，甚至影响到化肥类上市公司、造纸类上市公司的股价走势，比如说"民丰特纸"、"福建南纸"、"美利纸业"、"宜宾纸业"、"江西纸业"等纸业类上市公司的股价走势在当时都走得相当坚挺，这其实从另一个侧面解释了沪市大盘在 2001 年初一轮暴跌后，为什么在面临重重压力的情况下，仍能够在春夏这段时期震荡向上的原因。而且随后的一系列产业结构调整的新动向，又要求我们重新审视入世给我国经济带来的影响。可见，如果我们随时关心政策变化，而不以老的政策眼光来看待市场，就能捕捉到不少投资机会。

一个外国友人说过："21 世纪是中国人的世纪"。我国 GDP 增长速度，在过去十几年保持着高速的增长，九五期间达到 8%，十五期间有望达到 7.2%。目前，作为国民经济支柱的国企已实现解困的初步目标，在产业结构调整完成之后，产业分布趋向合理，国民经济将进入真正的良性循环。虽然美国等国外经济有可能进入不良周期，但中国与美国经济周期并不一致。国内经济增长的动力已由单靠低水平重复建设的扩大内需，正在向以人才技术以及符合国际分工规律的良性趋势转移。中国已进入国际分工经济合作的良性循环圈子之中。中国即将在国际经济的一次整合中迎头赶上。

从国内来看，我国国内市场十分庞大，政府正在倾力实施的国民经济战略步骤，如西部大开发、南水北调、西电东送、西气东输等将带来极大的经济活力。中国内部经济地区差异的平衡过程本身就是国内经济增长的一个强大动力源。这种差异形成的经济势能将带给国内经济发展一次极富个性化的独特机遇，我国股市也必将对此作出积极反映。

作为投资人，我们要关注哪些行业和板块呢？在九届全国人大四次会议上，朱总理在报告中提到科教兴国的时候指出，要"力争在基因科学、信息科学、纳米科学、生态科学和地球科学等方面取得新进展"。在产业结构调整方面，朱总理还强调，"要有选择地加快信息技术、生物工程和新材料等高新技术产业发展。重点支持建设高速宽带信息网络、关键集成电路、新型运载火箭等重大高新技术工程，形成我国高新技术产业的群体优势和局部强势。加快发展信息产品制造业，提高自主开发能力和系统集成能力。积极发展软件产业。加强信息基础设施建设。在全社会广泛应用信息技术，把工业化和信息化更好地结合起来。"这应是我们要关注的重点。

同时，朱总理还提出，"在能源、冶金、化工、轻纺、机械、汽车、建材及建筑等行业"，"支持一批重点企业技术改造，切实提高工艺和装备水平"。上述行业，都是关系国计民生的大行业，目前的竞争力都不算太强，尤其是汽车，现在国家已经明确支持"轿车进入家庭"，这对汽车行业无疑是一个福音。在发展高新技术产业，以信息化带动工业化方面，朱总理指出，要"通过上市、兼并、联合、重组等形式，在主要行业形成若干拥有自主知识产权、主业突出、核心能力强的大公司和企业集团，使之成为调整结构、促进升级的骨干和依托"。很显然，把上市放在第一位，显示了股市的独特作用。根据朱总理政府工作报告，我们可以预期，未来 5 年，股市上的兼并、联合与重组将此起彼伏。这种资产重组已与往日主要是为了扭亏为盈，国企解困式的资产重组有很大不同，这是一种形式更新颖，内容更深刻的资产重组，它很可能就是未来股市的一个大热点。

随着国家经济形势的不断变化发展，党和国家的经济政策自然会不断地作出相应的调整。所以投资者只有努力学习，深入研究,才能捕捉到更多、更好的投资机会,早日成为股市大赢家。

第二节 从行业发展前景中寻找投资机会与选股练习

习题 5 有人提出,"挑选股票第一恪守及永远恪守的原则应是行业,如果行业不景气,那么上市公司再好的微观背景也难有作为。相反,如果行业发展迅速,上市公司又属行业龙头,那么投资收益清晰可见。"请问,这个观点是否正确?请举例说明。

参考答案 这个观点完全正确,看行业前景选股,从行业前景中寻找黑马,是在股海大浪中规避风险,获取高额利润的一条重要途径。它已经在中外几百年的股票交易中反复得到过证明。在美国早期股票交易中,当铁路在美国蓬勃发展的时候,铁路股票成了众望所归的热门股票。以后钢铁股和汽车股又取代铁路股走红,"伯利恒"钢铁股票从每股低于 50 美元的价格,涨到每股 700 美元,持有者获利丰厚。此后,铝业、公用事业、能源和原料股票又因为成为当时的朝阳行业而受到投资者追逐。在美国的股市投资者就尝到了看行业前景选股的甜头。

我们沪深股票交易历史虽然不长,但同样有过这样的经历。1992—1993 年正值我国房地产业红红火火,在沪深股市中最为风光的就是房地产板块,其走势远远强于大盘。1993 年之后宏观经济全面调整,房地产陷于低谷,沪深股市中的房地产股也渐渐沉寂,而垄断性行业和公用事业类板块股的优势就凸现出来,它们业绩较好且较稳定。据有关媒体报道,在 20 世纪 90 年代中后期,国内平均收益最好的行业是具有垄断性的国有公用事业。

如煤、电、水、出租车以及市政工程隧道等。这些行业很少随宏观经济的波动而波动,业绩较好且稳定,因此它们在弱市市场中具有很强的抗跌性,而在行情上涨时,又往往最先受到市场关注,成为跑赢大市的黑马。这就是那时上海股市处于弱势之中为什么"申能"、"原水"、"浦东大众"、"大众出租"等公用事业股票会时常给人一个惊喜的原因。又如近几年来,电子信息被列为我国国民经济支柱产业,最近持续几年保持30%以上的增长,是发展最为迅速、前景广阔的行业。因此,这也就能解释为什么"清华同方"、"中兴通讯"、"东大阿派"等电子信息股票,从上市以来,涨幅超过300%、500%……能远远跑赢大市的原因。

相反,选股时选错行业就会带来很多麻烦。行业的不景气导致市场需求持续下降,这时行业中大部分企业都将受到市场萎缩的威胁,即使这个行业中的佼佼者也很难幸免。例如"第一百货",是上海及全国最大的商业流通企业之一。近十几年来,无论其销售额、销售利润在全国商业企业中都可以说首屈一指,应该说第一百货这样的上市公司在商业领域中的微观背景已经相当不错了,但由于现阶段我国商业行业中的竞争异常激烈,整体效益滑坡,前景不被人看好,致使这样一个在我国商业企业中数一数二的龙头企业,自上市以来一直未有很好的表现,该股1992年上市开盘的86元天价至今还深深套住了一大批投资者。

由此可见,买股票首先要选好行业。选好行业,可一路乘顺风船,选错行业,将跟着行业不景气的破船,一路下沉。从选股角度来说,根据国家的经济形势的变化,分析行业前景,选择强势股,这是股市操作中捕捉黑马的一条重要原则。如果大势要造就一批黑马,特别是长线黑马,它必然是从前景光明灿烂的行业中诞生。在这方面,谁能领先一步抓住行业中的强势股,谁就能骑上黑马。

习题 6　行业的发展同人一样,要经历一个由初创、成长到衰退的过程,其生命周期可划分为四个阶段:初创期、成长期、稳定期和衰落期。虽然不同行业在各阶段经历的时间存在差别,但各阶段的基本特征对各行业来说却是大致相同的。现在请你描述一下行业各周期的基本特征,并说说在根据行业周期选股时要注意些什么?

参考答案　一、初创期:随着社会的发展,新的行业不断涌现,逐渐代替旧的传统行业。在行业发展的初创期,整个行业缺乏成熟的技术和成功的经验,产品鲜为人知,市场需求很小,生产未形成规模,单位成本较高,行业利润低甚至发生亏损,在这个阶段行业中的企业数量很少,所含风险较大。

在初创期,低利润、高风险使人们极少关注这类行业,因而其股价偏低,投资者应对行业的性质和社会经济形势进行综合分析,从而对该行业的未来前景作出正确预测,一旦发现其具有远大前景就应逐渐加大投资,待发展到成长期、稳定期之后,将会获得高额回报,包括股息和价差两部分。

二、成长期:在初创末期,随着技术趋于成熟,市场需求扩大,产品成本降低,利润不断上升,行业便进入成长期。随着市场需求的扩大,行业中厂商的数量增加,竞争加剧,经营不善的企业被淘汰,而站稳脚跟的企业逐渐占据和控制市场,获取越来越高的利润。在这一阶段,行业的利润很高,但风险也很大,股价容易大起大落。

三、稳定期:随着市场需求趋于饱和,产品的销售增长率减慢,大量盈利的机会减少,整个行业便开始步入稳定期。在这一个阶段主要由少数大企业控制了整个行业,它们经过上一阶段的激烈竞争,已成为资金实力雄厚、财务状况良好、竞争力强的一流企业,由于新企业很难进入该行业,所以行业利润因垄断而达到很高水平,而风险也相对较低,公司股票价格基本上稳定上升。但是各个行业稳定期的时间长短却并不相同,一般来说,技术含量高的行业稳定阶段历时较短,而公用事业行业稳定阶段持续的时间较长。

四、衰退期:当一个行业发展到最后阶段,随着新产品和大量替代品的出现,原行业市场需求和产品销售开始下降,某些厂商开始向其他行业转移资金,致使原行业出现厂商数目减少,利润下降的情况,此时,便进入衰退期。在这一阶段,该行业在国民经济中的地位也逐渐降低。衰退行业的股票价格平淡或有所下跌,那些因产品过时而遭淘汰的行业,股价会受到非常严重的影响。

通过对行业周期性的分析,我们在选股时就要注意以下一些问题:

(1)从行业的生命周期来看,最有价值的行业是正处于行业成长阶段初期和中期的行业,扩张潜力大,增长速度快,投资风险小。这一时期最容易产生大牛股。

(2)经济发展推动产业升级,原有的领头羊产业会被新的产业所替代。一个新的领头羊产业刚生之际,正是投资的最佳时机。

(3)处于衰退期的行业并不意味着没有任何投资机会,尤其是投机气氛比较浓的我国股市,往往一个小小的利好就可能带来一波大行情,2000年年初国家的"限产压锭"计划,给钢铁股和纺织股带来了一波意想不到的行情。所以,投资者在选择行业时,应该与政策面结合起来。

(4)成熟行业大多已形成寡头垄断格局,投资者应尽量投资行业龙头股。

(5)股票的价格运动是呈群体变化的。某个行业板块某只股票逞现强势,这时很可能会看到该行业中其他股票也会随之走强。例如,当我们在"5·19"行情中看到"清华同方"这样高科技股崛起时,就应该想到高科技板块中其他股票也很可能会跟上来,这时你选股的目标就要盯住与"清华同方"基本面类似,股价尚未走出低部,但成交量开始放大的个股上,如当时的"上海贝岭"、"青岛天桥"等,这样也会获得很好的投资回报。反之,如果你发现某一行业中有一两只比较重要的股票带头下跌的话,那么这种弱势迟早会波及整个行业。例如2000年3月,"清华同方"、"综艺股份"带头下跌就波及到整个高科技、网络板块,致使这个行业中的大部分个股,在2000年大盘不断走强时,仍显出一副熊相,股价一路下探,持有该股的投资者叫苦不迭。

因此我们选股时要坚持这样的原则:当某行业领头的股票处于强势时,我们就选择与之行业相同而其股价未涨或涨幅不大的股票建仓;反之,当某行业领头的股票转为弱势时,我们就少碰或不碰与之行业相同的其他个股,对它们敬而远之为好。如果你在选股时注意到这种跟随式集体效应,你就可以找到不少投资机会,还可以避免选股不当造成的风险。

(6)对行业周期的分析不能绝对化,因为行业的实际发展因受诸多因素的影响,并不一定会完全与上述四个阶段相吻合,其特征表现也不尽相同。例如:某些轻工行业投资少,见效快,产品易于打开市场,因而初创期很顺利,甚至一开始就有较高盈利,而另一些行业虽已进入衰退期,却会由于外部因素的变化而出现销售收入和利润重新增长的现象,如石油价格的上涨曾使煤炭行业重现生机。

习题 7　证券班张老师说:前面我们已经说了,投资者只有依据行业发展前景选股,才能在股市中获得较好投资回报,但一部分同学并不同意这种看法,他们从自己实际操作情况来看,投资朝阳行业亏了,投资夕阳行业反而赚了,比如去年下半年有人鼓吹软件业是最大的朝阳行业,很多人买了软件股不涨反跌,最大的朝阳行业变成了最套人的行业,谁买谁赔。可见,行业本无什么好坏之分。所谓朝阳行业、夕阳行业都是人为划定的,对选股并没有什么参考价值。请问:你认为这样的说法有道理吗? 为什么?

参考答案　这样的说法从表面上来看是有道理的,因为很多人依据行业发展前景选股,买朝阳行业的股票确确实实是亏了。但如果仔细分析推敲,所谓上市公司行业没有好坏的观点是站不住脚的。为何这样说呢?

我们应该明白,行业的前景并不是人为划分决定的,而是客观存在的一种事实。所谓朝阳行业是讲某行业的整体销售和利润正处在上升时期,如早晨太阳刚刚升起,所谓夕阳行业是指某行业的整体销售和利润正处在下降状态。关于朝阳行业和夕阳行业之间的区别,从事经济方面研究的学者、专家都作过一些模型分析(见图 13~图 15)。这几个模型表述的情况虽有一些差异,但总的轮廓还是十分清楚的。投资者从这些模型图示中可以看出哪些行业是朝阳行业,投资时可以看好;哪些行业是夕阳行业,投资时需要谨慎。

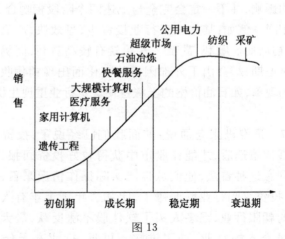

图 13

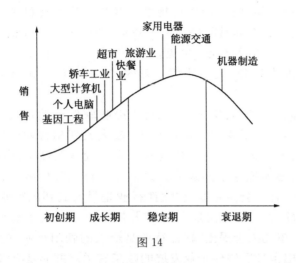

图 14

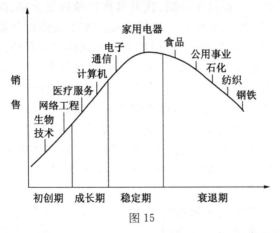

图 15

除了上面的模型外,还有具体的数据统计分析,也可以说明行业确实有好坏之分。例如,无论在美国、日本这些发达国家还是在我们这样发展中国家,电子通信都被列为朝阳行业。事实也的确如此。据新华社 2000 年 12 月 1 日的消息,2000 年前 10 个月,我国电子及通信产品产值、销售总规模以及生产增长速度位于工业行业之首,这个数据非常明确地告诉我们,我国电子和通信行业是一个蓬勃向上的朝阳行业。可见,一个行业是朝阳行业还是夕阳行业并非是人为划分,凭空杜撰出来的,它确确实实是客观存在的事实。

有的同学提出去年下半年,有人鼓吹软件行业是最大的朝阳行业。很多人买了软件股不涨反跌,最大的朝阳行业变成了最套人的行业,谁买谁赔。这又作何解释呢? 我认为要消除投资者心中的疑问,必须把这个问题分开来回答。首先我们要了解为什么去年下半年有人会突然提出"软件行业是最大的朝阳行业"? 同时要搞清楚软件行业现在是不是最大朝阳行业? 关于前面这个问题,我估计市场人士提出"软件行业是最大的朝阳行业"的观点,同当时国家出台鼓励软件企业发展的政策有关。并非是空穴来风,或有意造市。关于后面这个问题,我可以肯定地答复大家,软件行业是可以看好的,在中国,在世界上都是如此。至于软件行业是不是最大的朝阳行业,我不敢妄加评判,但据我所知软件产业是信息产业的核心。世界经济发展表明,以软件为核心的信息技术是一种最活跃、渗透力极高的先导技术。以软件成果为基点形成的软件产品,作为信息社会的技术灵魂,正成为支撑经济发展的强有力工具。

近一、二十年来,美国经济之所以能在世界上处于领先地位,首先应该归功于软件业的高速发展,因为它有了以微软为首的一大批站在世界前沿的软件企业。在美国,仅比尔·盖茨领导的微软企业的股价市值,就要比我们沪深股市 1 000 多家上市公司流通市值的总和还要多。要知道它在 10 多年前刚上市时其规模也只是类似我们沪深股市中的一个中小盘股[注]。你说微软这家软件企业

[注] 1986 年 3 月 13 日,微软成为上市公司,首次发行股票价格为 21 美元,上市首日的收盘价为 27.7 美元。至 2001 年 6 月,该股每股复权价已超过 1 万美元。

发展有多快？

关心世界政治、经济形势的人都知道，这几年原本经济比较落后的印度，现在经济发展速度很快，尤其是高新技术发展更是令世界瞩目。印度经济快速发展的秘密是什么？就是抓住了软件这个龙头。早在前年年底，比尔·盖茨就断言："美国之外，下一个软件大国不是欧洲国家，也不是日本，而是印度。"1999年度，印度软件业产值是56亿美元，出口39亿美元，是中国的上百倍。印度的目标是到2008年，软件业产值增加到870亿美元，出口增长到500亿美元，软件工程师从目前的28万人增加到220万人。据世界银行调查，印度软件在出口规模、质量和成本上均居世界首位。

这里举一个例子：1999年3月印度的Infosys软件公司在纳斯达克以每股17美元的价格发行。而到2000年2月11日的时候，该公司的股票每股价格就飙升至340.5美元，比其首次公开发行价上涨了1 903％！Infosys公司位于印度"硅谷"班加罗尔，是Nandan Nilekani与7个合作者以1 000美元积蓄于1991年创业的。该公司为美国客户如Aetna及北电公司等提供互联网及电子商务服务。Infosys公司在美国股市的成功，是印度正迅速地跻身于全球软件工程和网络服务领域的领导者之列的一个很好的说明。印度软件业的竞争优势是众所周知的：低成本，世界一流的质量，高可靠性，以及交货及时。越来越多的跨国公司到印度进行软件产品采购，以保持竞争优势。印度软件业的出口已从8年前的1.5亿美元迅速增加到1998—1999年的39亿美元。

去年4月全国政协副主席胡启立在视察刚落成的浦东软件园时说：目前信息产业中有芯片、软件和网络三个核心，其中软件是突破口。中国具有巨大的人才优势，只要政府给与支持，完全有可能"赶美超印"，与软件产业第一大国美国竞争，超过第二大国印度。软件业是目前世界各国经济竞争的制高点,为了彻底改变国内信息产业发展相对滞后的局面,政府已把软件业视为关系国家经济和社会发展的战略性产业,并给予多方面的政策优惠。综上所述,有人把软件业说成是最大朝阳行业,并没有什么过分。在 2001 年全国软件产业工作会议上,信息产业部副部长曲维枝指出,"十五"期间要努力实现我国软件产业的跨越式发展。这就更加有力地证明软件类上市公司面临着一次极大发展机遇。

说到这里有人要问:既然软件行业如此欣欣向荣,那么为何在 2000 年大盘涨 50% 情况下,很多人买了软件类股票不涨反跌被套住了呢?这就是我们接下来要回答的问题。关于这个问题,我们可以从两方面进行分析:

第一,我们说软件行业是朝阳行业,不等于说软件股只涨不跌,无论什么价位,也无论什么时间买进都不会有风险了。如果有谁这样看问题,那肯定是错了。从整个形势来看中国软件产业尚属幼小,基本处于产业初创期。国内有利于软件产业长期高速成长的内外部环境条件尚未完全成熟,国内软件产品档次较低,缺乏市场竞争力。我国软件产品主要集中在应用软件领域,且大多数产品技术含量和产品档次不高。特别是随着中美两国 WTO 双边协议的签订,加入 WTO 对中国 IT 业的影响成为 IT 界普遍关注的问题。加入 WTO 后,国外的软件产品将会在没有关税壁垒的情况下全面进入我国市场,这对我国的软件产业来说是一个严峻的挑战。在这种情况下,预期我国软件类上市公司,近几年利润要大幅增长也不太现实。再加上软件类股经过几年炒作,总体上股价处于较高水平,现在市场炒作重心在中低价股而不在高价股,因此,这就不可避免地造成前期在软件类股获利的主力,为了保证自己赢利,只能顺势进行减仓处理。这就是为什么 2000 年软件类股表现不佳,即使在国家推出支持软件类政策重大利好消息后,软件类股总体走势仍然疲软的一个重要原因。

另外,还有一个原因,或许是中小投资者太看好软件类上市公司的前景了。股市里有一个公开秘密,散户都看好的股票就是不涨(关于这个问题,我们在以后习题里会谈到,在此就不展开了)。也许有朝一日,当大多数中小投资者都对它失望了,软件股春天才会来到。

第二,这两年软件类股走势表现不尽人意,那也仅仅是指一些大家熟知的老牌软件股,如"东大阿派"、"天大天财"等,而一些产业转型的软件股,走势还是非常好的,如"科利华"、"青鸟天桥"、"新宇软件"等都是从其他行业转为搞软件的,在它们从原来行业向软件行业转型过程中,股价涨幅少说也有四、五倍。试想,这些公司如转型的不是软件,而是钢铁、石化、纺织,股价会有如此大的涨幅吗?显然这是不可能的。所以,从根本上来说,市场还是认可软件行业发展前景的。事实告诉我们,软件类股票仍然是近年来涨幅最大的板块之一,只不过这个机会给了那些转型的软件股,而暂时没有给那些老牌的软件股而已。因此,依据行业选股的原则并没有过时,也永远不会过时。

我们相信,在国家产业政策的大力推动下,信息产业如日中天,软件市场商机无限,投资者选择的只要是真正具有市场竞争能力的软件类上市公司,并掌握好买进时机,日后中长线的投资收益就一定会十分惊人。

习题 8　这几天证券班学员对如何用行业眼光来选股的问题讨论得十分热烈。对行业发展周期性的问题大家都认识到了,但在分析这两年股市走势时,发觉在很多时候,行业板块的启动与行业周期性没有什么必然联系,譬如,能源交通行业,行业周期性模型(见图 13～图 15)显示它已过了成长期处于稳定期,纺织行业现在已处于衰退期。但近期主力机构,甚至包括一些大基金都非常看好这两个行业,这又是怎么回事呢?

参考答案　在分析行业前景时,除了用行业周期性这一特点来分析行业前景,确定我们选股策略外,还有两种比较实用的行业分析方法可供投资者参考使用。

一是根据国家产业政策的导向来分析行业发展前景。投资者最好是要了解国家的有关产业政策,要选择国家重点扶持的行业的股票,而避开那些受国家政策限制的行业的股票。为什么要这样做呢?国家从经济全局的眼光来考虑,必定会对某些产业进行扶持,给予优惠政策,其中,最关键的是优惠的税收政策和优惠的贷款扶持。处于这些政策扶持行业的上市公司从中可以得到很大的好处,其业绩改善自然就有了保证。目前国家重点扶持的产业偏重于基础性产业,能源、交通、化工、通讯、高科技等等均是扶持对象。这些受扶持的行业往往同时也正是有市场有效益的行业,投资者选股时应该偏重于这些行业的上市公司,投资回报的可靠性将大为增加。反之,对国家政策限制的行业的股票,选股时就要采取谨慎态度,如白酒类行业、摩托车行业。前者因为烈性酒于人体健康不利,国家对其发展是加以限制的,后者,因为摩托车排出废气对环境影响较大,再加上安全问题,大中城市对其发展都采取了政策上的限制。可以预见,这两个行业发展前景是不理想的,属于白酒类行业、摩托车行业的股票总体走势将会比一般行业股票的走势差一些。

二是关注经济发展的阶段性不平衡,以此分析行业发展前景,判断哪些行业先启动,哪些行业后启动。

例如,随着中国加入世贸组织的步伐越来越快,与之相关的一些行业很有可能短期内会得到较快的发展,这样的行业包括:(1)房地产行业。外资的大量进入可能激活房地产市场,加之中国再次启动经济必然对房地产这样的基础行业有益,因此,真正的房地产类上市公司应该在未来具有比较好的前景。(2)公用事业和外经贸行业。中国入世将使中国产品在国际和国内两个市场与外国企业竞争,竞争结果如何虽然存在不确定性,但运输、电力、外贸等行业必然受益,这样的行业中有一定竞争力的上市公司是值得关注的。(3)纺织、机电等传统行业。中国在这些行业中历来有竞争优势,是中国多年出口创汇行业,加入 WTO 当然对其中佼佼者是一个福音。

又如,本次中国经济恢复增长是连续 7 年经济增速下降以来首次回升,它具有以下一些特点,并导致一些行业会从中获得比其他行业更多的益处,这主要表现在以下几个方面:(1)本次经济增长加快是通过连续不断的积极的财政政策刺激导致的,并肯定能在未来保持一段相当长的时期;政府投资非常活跃,导致基础建设类行业业务量大增,基建、建材类上市公司有广阔的施展拳脚的空间;(2)本次经济启动在一定程度上拉动了民间经济,民间投资呈现出越来越快的增长态势,因此,具有民营背景的上市公司投资范围广,业绩可能获得较快提高,至少想象空间很大;(3)经济增长伴随西部大开发,大量的资金开始向西部流动,因此,首先把目光投向西部的上市公司将有机会获得超常规发展,这样的行业主要集中在资源、农业等行业身上。

由此可见,我们在行业分析问题上,不能光用行业周期性发展的方法进行研判,当这种方法对股市中一些现象解释不了的时候,不妨换用一些其他分析方法,如上面介绍的两种方法。如果投资者真能做到这样,以行业眼光挖掘潜力股就可如愿以偿了。

习题 9　一天,证券班张老师观察图 16 个股时,对学员说,从其独特的行业背景分析,这类股票不受行业生命周期影响,发展前景很好,应是投资者重点关注的对象。一般来说,只要买进时价位适当,中长线持有获得较高投资回报是不成问题的。请问:张老师所指的独特行业究竟是什么行业?为什么在适当价位投资这类股票,中长线持有就可获得较高的投资回报?

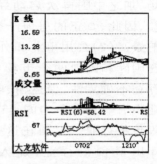

（该股往后走势见图 18）

图 16

参考答案　通常,依据行业选股,投资者必须从行业的经济结构、经济周期对行业的影响、行业生命的周期等几个角度出发,来判断行业在社会经济中的地位,和行业内上市公司在经营中的地位,以及行业内上市公司的经营能力的高低。行业的经济结构,主要是指行业的市场状况及市场竞争能力的大小,经济周期对行业的影响主要用于预测行业的衰退或增长格局,而行业的生命周期是考虑行业从诞生、发展到成熟和衰退的整个演变过程。但是,并不是所有的行业都是如此。有一种行业与行业的经济结构、行业生命周期关系不大,具有相对的独立性,这种具有相对独立性的行业,我们就称它为独特行业。例如,稀缺资源类行业,因地球上稀缺资源有限,用掉一点就少一点,它不可能再生。因而,稀缺资源类个股,可能在很长一段时期内会因为物以稀为贵,使之成为具有较大投资价值的股票。投资者别小看"稀缺资源"这几个字,稀缺资源在国防工业、传统工业、高科技产业中大有用武之地。有许多用途广泛的新材料往往就是因为加入了一些稀有金属元素后,而大大提高了它们的使用价值和本身的科技含量。

在知识经济时代,新材料、能源和信息并列为现代科学技术的三大支柱。从 1999 年 5 月 19 日起萌发的大牛市行情,被市场分析人士认定为与知识经济密切相关的一波牛市,对成长性的挖掘在一定程度上超越了对单纯市盈率的关注。从现实的炒作轨迹看,从 1999 年 5 月至今,在知识经济的三大支柱中,已对信息技术和能源做了较充分的炒作,并出现了以"托普软件"、"中原油气"、"清华同方"为代表的大牛股。在上述两个行业的上市公司的股票得到充分炒作后,新材料行业的炒作正逐渐拉开序幕。从行业背景上看,我国 2000 年新材料的市场规模已超过 2 000 多亿人民币,从最新的发展趋势看,新材料将向功能化、复合化、智能化方向发展。在这样一个大有发展前途的行业背景下,市场资金正逐渐向新材料类上市公司集中。

从目前来看,有两类新材料个股值得特别关注:一类是开发的新材料具有高科技含量的个股,另一类是稀缺资源类个股。可以认为今后的多头行情很有可能在新资金、新材料的引导下展开,而新材料行业所蕴含的巨大发展空间和一定的独占优势,会使这一行业为更多市场人士所认识。相比较而言,稀缺资源类个股因其具备巴菲特所言的"独占桥梁收费"优势,其发展前景将更加光明些。因此,投资者对稀缺资源类这一独特行业中因种种原因被市场低估的个股应积极加以关注(见图 17、图 18)。注重长期收益的投资者可在它们股价处于低位区域时分批建仓,而注重市场差价的投资者,可在其技术形态走好时分批买入。

该股行业独特，稀缺资源类的投资价值逐渐为市场所认识，一波大的扬升行情也随之应运而生

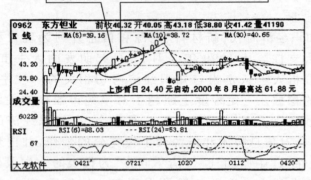

"东方钽业"2000年1月～2001年4月的月K线走势图

图 17

尽管该股的名字已明确无误地表明它是稀缺资源类个股，但该股上市后并未得到市场重视，因而在很长一段时间内，与低价股为伴。只有少数具有行业分析功底的人选中了它，这些人后来都成了大赢家

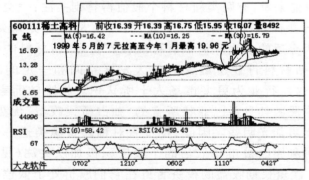

"稀土高科"1999年1月～2001年4月的周K线走势图

图 18

习题 10 大户室里的王先生,这几年拜某经济学教授为师,学到了不少经济知识,特别是在选股上有自己独到的见解,因而也赚了不少钱。1997 年"长虹"、"康佳"风头正健的时候,他就料定彩电行业大多数个股都无投资价值,劝人们逢高派发,不要轻易投资这类股票。去年网络股风起云涌,很多人"一网情深",在高位追涨网络股,并且以为自己与财运滚滚的高科技上市公司攀上了亲,当时他就断言,网络股热潮很快就要退去,长期持有这类股票,大多数人都会输得没有方向。后来的事实证明,王先生这几次预见都是正确的。请问:王先生预见的依据是什么(举例说明)? 他的选股理念和选股经验对我们有何启发?

参考答案 王先生预见的依据是:热门行业的股票没有长期投资价值。

考察一下世界经济发展史就知道在美国西欧等地,20 世纪 50 年代的地毯业、60 年代的电子业和 70 年代的计算机工业的股票曾经名声卓著,但好景不长,原因是热门行业中,不论是哪一种产品,生产者众多,都有数以千计的人在挖空心思地研究怎样才能降低成本,竞争异常激烈,最后必然导致市场饱和自相残杀,大家都无油水可捞,只有少数实力雄厚的大公司得以生存。

在中国 20 世纪 80 年代的彩电热中,各地纷纷上马,到现在幸存下来的知名品牌就那么几个,勉强维持下来的也在苟延残喘。1992 年春,房地产股成了热门股,上市公司投资房地产家数急剧膨胀,到房地产中淘金成了当时最热门的话题。但到 1993 年夏就不行了,许多公司由盈转亏,让高位吃进房地产股的投资者不幸成为套牢族,损失相当惨重。1999 年、2000 年兴起的网络狂潮,其大起大落更是令市场震惊不已。当时网络股兴起时,沪深股市中几百家公司蜂涌入网,高潮期间,每天都有三、四家上市公司宣布触网。在 1999 年的"5·19"井喷行情和 2000 年初网络高科技行情中,出现了"上海梅林"、"综艺股份","海虹控股"等一批网络明星,股价炒到令人咋舌的地步,但现在时过境迁,这些昔日的网络明星,今天股价已跌得面目全非,往日在高位追涨的投资者都输得惨不忍睹。所以,热门行业的热门股,炒起来涨得极快,常常是一跃而起,大破股价纪录,但是,支撑这种股票的只不过是一些人的狂热和空想,当狂热消退,空想如海市蜃楼破灭后,股价跌起来往往是一落千丈。短线投资,眼明手快者不妨试试自己火中取栗的本领如何,但作长线投资万万不可。

热门行业赚不了钱,近一、二年中上市公司从争相触网到弃网就是一个最好的证明。据业内人士分析,仅一年多,甚至几个月时间一些上市公司态度就来了180度大转变,虽说他们不再钟情网络与国内、国外网络股的大幅调整不无关系,但最主要的还是因为上市公司投资网络时的"跟风"之气浓厚,这使得一些公司非但没有抱到"金娃娃",还"赔了夫人"。因此,突然"弃网"也在情理之中。据了解,最初一些上市公司触网确实令这些公司尝到了"甜头",由于中国股市的网络股较多以股权高价卖出变现,公司业绩就会上升,股价也会上扬。不少公司心急之下胡乱吃药,只要沾个"网"字,就毫不迟疑地甩出大把钞票。等头脑冷静下来,才发现当初的"凤凰"怎么变成了"母鸡"。如"英豪科教",当初信誓旦旦要做大"博大网",将网络业作为公司的第三大产业。然而,这个不争气的"博大网"最终为英豪科教的 2000 年业绩"贡献"了 1 773 万元的亏损。因此,公司毫不犹豫地决定"弃网"去干老本行。当然,我们举这个例子,并不是否认网络的发展前景,而是要说明一个行业,无论是新兴行业,还是传统行业突然变得热门起来,热得大家要心急火燎地争相加入,其最后的结果肯定和大家的美好愿望相反。

讲到这里,我们话又要说回来,尽管网络上市公司和高位买进网络股的投资者遭到了重创,但作为新经济的代表——网络发展的前景还是十分光明的。正如国内一位资深投资人士所述:全球范围的"网络"大跃进正在退潮,大潮过后,大浪淘沙,一批确实能盈利的网络仍将屹立在市场之中,就像大炼钢铁的大跃进在40年前退潮了,土高炉最终扔进了历史的垃圾堆中,但像"宝钢"那样的现代企业则永远屹立在东海之滨,人们在一阵疯狂过后终于懂得了钢铁是怎样炼成的了。同样道理,在21世纪,人们也将在实践中逐渐懂得,网络的光辉前景是怎样"织"成的。

上面我们举例说明了王先生关于"热门行业的股票没有长期投资价值"的选股理念和选股经验。现在,我们再来分析一下王先生的这一选股理念和选股经验,对我们日后股市操作有何启示。概括地说,有以下几点:

(1)热门行业的股票只有投机价值,而没有投资价值。

(2)这类股票只适宜做短线,而不能长期持有。

(3)当热门行业的股票炒高后,舆论一片看好时,高风险随之而来,这时应该逢高派发。

(4)选热门行业的股票,不是看其基本面,而主要是看它的技术形态,特别是其均线走势如何。只有技术形态、均线走势向好时才可买进,一旦技术形态、均线走势变坏,要坚决斩仓离场。

(5)炒作热门行业的股票,快进快出是主要操作手法。因此,上班族和稳健型投资者加入要特别谨慎,没有十分把握不要轻易选这些股票建仓。对热门股行情要抱有一种"宁可错过,不可做错"的心态,冷静地加以分析、观察。

第三节　从上市公司经营业绩及财务状况中寻找投资机会与选股练习

习题 11　证券培训班的课在继续进行,张老师说,从经营业绩中寻找投资机会应该是选股的最基本准则,但有人认为,这一在海外股市大行其道的选股准则,在沪深股市中已经不灵了,很多投资者按这种方法选择绩优股,这几年都吃了大亏,轻者是赚了指数不赚钱,重者是赚了指数赔了钱。请问:这种观点对不对? 为什么? 投资者在选绩优股时要注意什么问题?

参考答案　这一观点是不正确的,如果从经营业绩中寻找投资机会的方向是错了的话,那就等于说,哪个上市公司经营得越好就越没有投资价值。显然,这种观点于情于理都说不过去,它也不符合人类几百年来股市发展的事实。有人可能要问:既然如此,那又为何在沪深股市中买绩优股会发生不赚钱,甚至亏钱的现象呢? 对这个问题我是这样看的:

第一,从长远来看,绩优股肯定是有投资价值的,投资者只要在相对低位买进,日后就一定能获得丰厚的投资回报。但短期而言那就不一定了,因为股票市场并不是只有投资力量在发挥作用,它还存在着投机力量。当投机力量大于投资力量时,一些符合投机要求的股票就会成为市场追逐的热点,这时具有投资价值的股票反而会被人遗忘,冷落在一旁。类似这种情况不但在沪深股市中会出现,即使在世界上最成熟的股市——美国股市中也会发生这种现象。

例如,美国股票大王巴菲特[注]经营的"伯克夏投资公司",是一家名扬四海的绩优上市公司,其经营业绩在美国投资类公司中名

[注]　美国股票大王和世界最成功的股票投资者沃伦·巴菲特,从年轻时用 100 美元购买开始,经过 40 多年风雨,到 67 岁时,个人拥有资产 350 亿美元,成为世界第二大富翁(仅次于微软公司总裁比尔·盖茨)。他是地球上有股票以来获利最丰厚的投资者,至今世上无人能与他相比。巴菲特从不做投机,是个典型的长线投资者。他持有的股票时间少则几年,多则十几年、几十年。一生从未参与短期买进卖出的股票交易活动。巴菲特评价一项投资成败的惟一标准是公司经营状况。巴菲特投资发财的窍门是:首先仔细地寻觅被市场低估了价值的股票;然后果断地买下它;最后耐心地等待股票上涨。

列榜首,投资者非常看好它。几十年历史证明,凡是购买"伯克夏"
股票的投资者,最后都成了大赢家,伯克夏股价从 1962 年 8 美元到
1998 年升至 84 000 多美元,成了世界上最贵的一个股票。但是,就
是这样一个由世界顶级投资大师经营的"伯克夏"公司,它的股票
价格表现也有不尽人意,给人伤心之时。1999 年 5 月美国"纳斯达
克"指数在高科技股、网络股推动下,其指数节节攀高,而"伯克夏"
股价却连连走低,股价也从 8 万多美元跌至 4 万多美元(见图 19),
正当人们对"伯克夏"这个绩优股失去信心,追逐代表新经济的网
络股时,形势又发生了戏剧性的变化。"纳斯达克"指数在冲上
5 000 点后就一路狂泻,一些高科技股和网络股的股价跌得惨不忍
睹,而与此同时,"伯克夏"股票的投资价值却得到了市场认同,股
价连连往上飙升(见图 20)。

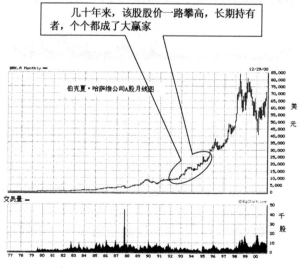

美国"伯克夏"A 股 1977 年～2000 年的月 K 线走势图

图 19

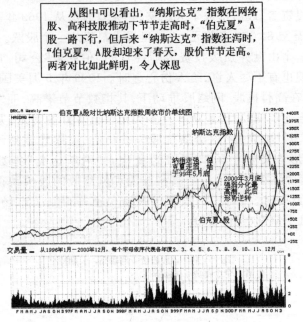

从图中可以看出，"纳斯达克"指数在网络股、高科技股推动下节节走高时，"伯克夏" A股一路下行，但后来"纳斯达克"指数狂泻时，"伯克夏" A股却迎来了春天，股价节节走高。两者对比如此鲜明，令人深思

美国"伯克夏"A股与"纳斯达克"指数
1996 年 1 月～2000 年 12 月的周收市价对比曲线图
图 20

　　可见，绩优股遭受市场冷落并非只是沪深股市独有的现象，在海外成熟的股市中也屡见不鲜。不过，是金子总要闪光的，"伯克夏"股价这两年大悲大喜再次证明了这点。既然在美国这样高度发达的股市中也有这样的事情发生，那么作为我们这样新兴的股市，投机气氛又如此浓厚，出现绩优股价值被低估的现象就更不足为奇了。我们应该看到，绩优股被市场冷落只能是一种暂时的现象，它的投资价值迟早会被市场所发掘。

　　例如，在深圳股市中，曾经在计算机磁头研究开发上处于世界领先地位的"深科技"，1995 年、1996 年利润大幅增长，但其股票一

直被市场冷落,股价长期在低位区徘徊,直至 1996 年该股的投资价值被市场发掘后,才出现了大幅扬升行情(见图 21)

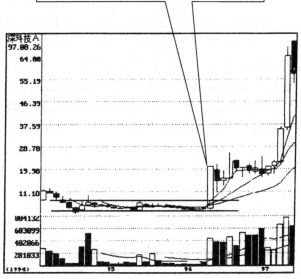

该股 1995 年、1996 年业绩与股价出现了背离,但自从该股股价突破"潜伏底"的上边线后,就稳步走高,至 1997 年 5 月攀上 60 多元高位时,按复权价计算,其最低价与最高价竟相差 30 余倍。慧眼识宝者,捧回了一个金娃娃

"深科技"1994 年 2 月~1997 年 5 月的月 K 线走势图

图 21

　　第二,一些"绩优股"并非是真正意义上的绩优股,它们在经营上获得的优异成绩,或是经过包装实现的(如"康赛集团"、"活力 28"),或是通过与大股东关联交易实现的(如"湖北兴化"、"济南轻骑")。坦率地说,这些股票早期股价扬升,并非是市场对其投资价值挖掘而实现的,而是市场误认其绩优而出现的一种异常现象,因而它们先前的股价上涨,带有很大的投机成分,一旦其绩优包装的

外衣被市场逐渐剥去,这些股票价格向价值回归也就是很自然的事了。

第三,一些绩优上市公司经营状况很不稳定,受外部环境变化的影响很大。当外界环境向好时,其经营业绩就处于明显上升状态;当外界环境变坏时,其经营业绩就处于明显的下降状态。例如,沪市的"厦新电子",前2年在VCD市场火爆时,其经营业绩呈跳跃式的上升,1997年每股收益0.37元,1998年每股收益就达到了1.02元,而现在因DVD和宽带网的崛起,VCD市场景况每况愈下,"厦新电子"管理层对市场这种变化缺乏应变能力,业绩一落千丈,不到两年就出现严重亏损,2000年每股收益－0.49元,从绩优股一下子变成了绩差股,股价也从40元一路狂跌到10元。

第四,一些绩优上市公司经过连年高速发展,其经营已处于相对稳定发展阶段,因此,当其业绩再也不能像以前那样高速成长时,反映到股价上就会出现宽幅震荡和下跌的现象(因前期股价上涨早已透支了未来的业绩增长)。例如,沪市的"春兰股份",几年来每股收益一直位居沪深股市前列,是名副其实的绩优股。它在经过一段时期高速发展后,目前,经营已步入相对稳定的阶段。因而,1999年"5·19"行情和2000年春季大行情中都没有什么好的表现,大盘指数翻了一番,而其股价仍在原地踏步不前。

通过上面对绩优股的分析,我们就可以明白:为什么一些投资者购买绩优股没有得到预期的投资回报,反而陷入赚了指数赔了钱的怪圈。当然,凡事只要知道原因就能找到解决问题的办法。那么,我们怎样来看待绩优股?又如何来选择绩优股呢?

其一,投资者必须认识到:只要是具有真正投资价值的绩优股,其股价下跌或在低位区徘徊都是暂时的现象,它最终会交给股东一个满意的答案。因此,投资者对一些真正具有投资价值的绩优股,要采取逢低吸纳,越跌越买的策略,长期持有,必有厚报。

其二,投资者对伪装的绩优股,或经营过于依赖外部环境的绩优股应保持高度警惕。持筹者要尽快止损出局;持币者要冷眼观望,不要轻易买进。

其三,投资者对一些前期已大幅炒作,而目前经营状况处于相对稳定阶段的绩优股,要采取敬而远之的态度。平时不碰、不买,观望为宜,只有当这类个股出现大幅下跌时,才可适时加入。

习题 12 下课时,一位同学对张老师说,有人告诉他是不是绩优股只要看 3 个指标,即利润、净资产收益率、每股收益,如果这 3 个指标都好的话,那就是绩优股,反之就是假绩优股,他问张老师,这种说法对不对? 张老师听了后,觉得这个问题很有现实意义,说明同学们在分析上市公司经营业绩时,已不满足于表面上的分析,而进入到了一个更深的层次——即从财务分析上来认识和把握它。现在,张老师请财会专科学校毕业的程华同学来回答这个问题。你知道程华是怎么回答的吗?

参考答案 程华同学站起来回答说:作为一个绩优股,利润、净资产收益率、每股收益都要高,这是毫无疑问的。但光具备这几点还不能把它看成真正的绩优股。为何这样说呢? 因为这里需要判断一下,这个上市公司的利润高、净资产收益率高、每股收益高,究竟是靠自己本事做出来的,还是靠别人恩施、靠外快收入获得的呢? 若是前者,我们承认这个上市公司已具备了绩优股素质,只要股价处于相对低位,那它就是一个很具有投资价值的股票,投资者对它就可采取逢低吸纳,长线持有的策略;若是后者,那只能说它是冒牌的绩优股,看准时机炒一把是可以的,但如果把它当作绩优股看待,长期投资就会有很大的风险。因此,一个上市公司光有利润还不行,还要看这个利润是怎么来的? 无庸讳言,沪深股市中很多上市公司利润的取得并不光彩,这些利润不是来源于主营业务收入,而是来源于非正常性收入,来源于别人的恩赐。对此,市场曾有很多非议，但囿于中国股市的现状，人们对这种现象的存在更多的只能表示一种无奈。上市公司那部分不光彩的利润获得主要来源于两个方面：

第一，补贴收入、转让收入，已成为一些上市公司利润同比增长的主要方式。由于上市公司大部分是地方或系统内的优秀企业，它起到了一个地区或一个系统对外融资的窗口作用，因而成为地方政府和行业领导眼里的重中之重，保持公司良好形象已成了责无旁贷的任务。所以回顾这几年的报表，有的上市公司每个会计年度中至少有相当一部分的利润来自政府补贴或退税。我们这里举一个例子，深市的"新大州"，前几年该股至少有40％利润来源于政府的慷慨支持，所以它曾经一连几年都跻身于绩优上市公司之列。

第二，资产置换的不等价交易，已成为某些上市公司把"利润"做大的一个重要手段。例如，沪市的"粤海发展"，1998年中期财务报表公布时，它净资产收益率位于沪深股市榜首，每股收益在沪市排名第四，但是它43.3％的净资产收益率和0.57元的半年每股收益，几乎都是来源于资产置换的不等价交易。该股1998年中期利润总额3 640万元，其中营业利润才92万元，主要是一笔关联交易产生的投资收益3 534万元。公司把其名下的正大餐饮40％股权卖给了母公司的一家关联企业，该40％股权原投资56万美元(约400余万人民币)，到1997年底净值仅132万元，而到1998年5月出让评估时净值更变为－48万元，就是这样一块"烂资产"，卖价4 000万元，扣除原投资的400多万，获投资收益3 500多万，使其每股收益达到5角多。

从上面举的例子可以看出，显然，像"新大州"、"粤海发展"的利润都不是靠自己本事做出来的。这种利润来源极不可靠，纯属偶然性、突发性收入，难道投资者能以此为根据把它们当作绩优股看待吗？当然不能。"新大州"、"粤海发展"这些非正常利润取得的事是几年前发生的,类似它们的情况在进入到新世纪后并没有减少,现在有的上市公司做得比它们更有过之而无不及。我们之所以不举现在发生的例子,而特地举几年前"新大州"、"粤海发展"这样的事例,是想让善良的人们知道,这些靠别人恩赐得来的利润并没有就此让这些上市公司获得新生,而当时投资者把它们误认为有投资价值、有发展前景的股票,高位买进,长期持有,现在一个个都成了深套赔钱的冤大头。在股市中时间最能说明问题,几年过去了,当年冒牌绩优股的"新大州"、"粤海发展",目前都露出了真相。"新大州"2000 年年报披露净利润亏损 13 965 万元,每股亏损0.19 元;"粤海发展"2000 年年报公布,净利润亏损 791 万元,每股亏损 0.15 元,净资产收益率也从 43.3% 滑至-75.94%,名次从原来 1998 年中期沪深股市排名第 1 跌至现在的第 1 045 名(截止2000 年 12 月 31 日沪深股市 A 股总共为 1 068 家)[注]。

我们举这两个股票的例子就是要告诉大家一个道理:一个上市公司只有靠自己的努力,把主营业务做大,这样获得的利润才是真正的利润,而那些靠外界支援、靠捞外快获得的利润是最不可靠的。它带有很大的偶然性和突发性,今年有了明年不一定再有。投资者千万不要把这些纯属偶然获得的利润当作上市公司的正常收入,并以此作为评价上市公司投资价值的根据来选择股票,这样去认识问题和进行股票操作的话,那十有八九要出大错。

习题 13　张老师说:刚才程华同学的发言很好。他的发言告诉我们,看一个上市公司利润、每股收益和净资产收益率最重要的不是看它的指标高低,而是看它的利润是从什么地方来的,投资者

　　[注]　在这里我们无意评定"新大州"、"粤海发展"这两个股票,也不是把它们看死,或许它们在什么时候又得到哪方面的政策支持,或许这些上市公司管理层就此奋发图强,开发出市场适销对路的新产品,把主业搞了上去,从而摇身一变重新成为绩优股也并非没有可能。但这种猜测,现在对我们认识事情的真相,培养正确的投资理念来说是毫无意义的。

只有把这个问题搞清楚了,选股才会少犯甚至不犯错误。现在,我再问大家一个问题:要辨别上市公司的利润来源是否正常,有何指标可作参考,投资者在使用这个指标来选股时应该注意些什么?

参考答案　要辨别上市公司利润来源是否正常,我们在阅读上市公司财务报表时,就要重点关注"主营业务"这个指标。如果这个上市公司的利润绝大部分是来源于主营业务收入,那就说明它这个利润是靠自己做出来的,而不是别人恩赐给它的。在财务报告中反映上市公司利润来源和获利能力的指标很多,但最重要的就是主营业务这个指标。作为一个普通投资者,我们不需要也不必要对财务报告的内容面面俱到。我们只要抓住财务报告的主要方面,认真分析、研究主营业务这一指标就会产生事半功倍的效果。这样说有什么根据呢?因为,凡是处在高速发展阶段的公司,除了全力投入主营业务发展之外,非主营业务是无法受到重视的。相反,那些从事多元化经营的公司通常主营业务不突出,没有拳头产品,获利能力要么不强,要么盈利来源极不稳定,甚至是一次性的业绩,在实践中既无法保证规模效益,更无法在专业化分工越来越细的今天,在众多的领域保持技术、市场、人才及资金等优势。

例如,在 20 世纪 80 年代后期以 3 800 元起家的"巨人集团",在创业之初,紧紧抓住计算机开发这个主业,仅仅用了二、三年时间,就发展成为计算机行业中拥有上亿元资产的大型高科技公司。其创始人史玉柱也因此被评为"1994 年中国十大改革风云人物"。然而他们取得成功后,就开始淡化主业,走"多元化"经营的道路,大部分精力花在他们并不熟悉的保健品和房地产市场上。之后,也只仅仅二、三年功夫,"巨人集团"就从顶峰上滑落下来。现在"巨人集团"早已销声匿迹,"巨人集团"的创始人在创造他们短暂辉煌后,也从终点回到了起点。

类似"巨人集团"放弃主业,搞多元化经营翻船的事在沪深股市中也很多。例如,沪深股市中因严重亏损而带上 PT 帽子的"双鹿电器"和"深中浩",都是不抓主业,搞多种经营垮掉的(当然还有别的原因)。"双鹿电器"本是全国一家著名的电冰箱生产企业,在20 世纪 80 年代末 90 年代初,双鹿冰箱的名气远在海尔冰箱之上,但就是这样一家很有名气的公司在它上市后,不好好发展主业,却做起房地产生意来,最后陷入法律纠纷,大量资金被套,不出几年就出现了严重亏损。"深中浩"被人称为是一家没有主业的杂牌公司,它是什么时髦做什么,什么赚钱干什么,结果摊子铺得越来越大,钱亏得越来越多,最后生产经营陷入了绝境。

俗话说,隔行如隔山。如果自己的主业还把握不住,看见别人田里花好桃好,头脑一热、自不量力,也想插一脚,难免栽跟头。主业废,祸相随。实践证明,上市公司放弃主业搞多种经营最终只能使良好的愿望成为泡影,使公司的经营更为困难,亏损愈加严重。这样利润(除非别人恩赐外)又从何谈起呢? 主业兴,福相随。"青岛海尔"、"风华高科"等因其主营业务突出,规模经营显著,进而成为沪深股市绩优股的典型代表。以"风华高科"为例,从 1997 年至2000 年的 4 年里,"风华高科"主营业务收入分别为:58 076 万元、73 403 万元、88 466 万元、136 946 万元,主营业务利润分别为:12 382 万元、15 619 万元、27 889 万元、46 809 万元。尽管"风华高科"这几年股本大幅度扩张,但每股收益一直保持在 0.60 元左右,这是非常难能可贵的。目前该公司主营业务为片式多层陶瓷电容器系列产品及铝电解电容器系列产品的研制、生产和销售,前者居国内同行业首位、在全球居前 10 位,后者居全国第 5 位。

国内外市场经济发展的历史表明,在激烈的市场竞争中"多元化"经营并不能抵御市场风险,相反,保持和扩大公司熟悉与擅长的主营业务,尽力扩展市场占有率,以求规模经济效益最大化,才是公司长盛不衰的秘诀。股市中的绩优股,说穿了也就是"主业兴旺"的代名词。主业兴旺,财源滚滚。一家上市公司的主业始终能保持旺盛的势头,又何愁不会成为众人追捧的大黑马。话说到这里,大家也应该明白了,看一个上市公司利润是怎么来的,看它是不是真正的绩优股,就必须重点关注主营业务这个指标。

现在,我们再转入下一个话题:投资者如何来判断上市公司的主业经营状况呢? 中小散户在根据主营业务选股时需要注意什么问题?

(1)既要关心上市公司主营业务收入的增加和减少,更要关心主营业务利润的增加和减少。主营业务收入增加,不等于主营经营情况好。只有主营业务收入、主营业务利润和净利润实现同步增长,才能说明主营取得了成功。主营的强弱、主营业务利润和净利润的多寡,直接决定公司业绩的优劣,因而要作科学地分析。其中有两个指标最重要:①主营利润率,该指标反映的是上市公司主营获利能力的高低。②主营利润占利润总额的比率,主营利润比率越高,说明公司业绩可靠性越大、稳定性越强,反之,则相对较差。

(2)要注意上市公司专业化的程度。历史经验证明,只有走专业化的道路才能使主业越来越兴旺。我国经济目前正处于市场经济初级阶段,上市公司应立足于主营业务,走专业化道路,才能在激烈的市场竞争中生存和发展。只有把主营业务做精、做深,才能降低生产成本,提高市场占有率,取得规模效益,才能使公司业绩稳步增长。

(3)强调主营业务,并不排斥"一业为主,多种经营"。但这种"多种经营"是在主业搞好的基础上开展的,它和淡化、放弃主业的多种经营有着本质的不同。一个企业如果主业稳健、资本积累雄厚,原有的市场空间已经很小,或是经过了初创期、成长期,已经相当成熟的企业,在保持和发展主业的同时,适当地开展多元化、跨行业的经营,这也常常能为企业找到新的利润增长点,从而把"蛋糕"做得更大。

(4)主营业务一直保持较高增长率的公司最值得关注。主营业务保持较高增长率的上市公司大多是一些新兴行业和国家重点扶持行业的上市公司。这些上市公司置身于高速发展的朝阳行业中，它们在产品开发、生产规模、技术水平和服务方面又具有超过同行业一般企业的实力，因而能够多年维持超高速的发展。这些股票只要没有经过恶炒就具有较高的投资价值。稳健型投资者可在这些股票处于相对低位时积极吸纳，长期持有。

习题 14 张老师说：最简单往往是最有效的。我们认为普通投资者因缺少财务方面的知识，他们不可能也不需要详细研究上市公司的财务报表。在阅读上市公司年报或中报时，只要抓住主营业务这个指标就行了，但这不等于说，财务报表中的其他指标就不重要，就不需要我们研究了。坦率地说，上市公司每年年底和年中的财务报表会向我们透露很多有用信息，如果你具备一定学历和知识，对财务报告又很有兴趣的话，在分析好主营业务这个指标外，再认真钻研一些其他指标，选股时也会派到很多用处。请问，你是否同意张老师的观点？如果你认为张老师说法是正确的，你能说明支持张老师观点的理由吗？请举例说明。

参考答案 我完全同意张老师的观点。普通投资者要读懂上市公司的财务报表不是一件容易的事。首先是缺少这方面专业知识，大多数内容看了也等于白看；其次，没有这么多时间，每份年报少则一版，多则三版，从头到脚浏览一遍都要花去半个多小时，更不用说坐下来仔细分析了。那么，投资者应该怎样从浩如烟海的资料中，利用有限的时间和精力获取最有用的信息呢？张老师为普通投资者开出了阅读财务报表的良方，只要把主营业务这个指标研究透就行了。我认为张老师这个主张非常符合实际。虽然主营业务这个指标不能包揽上市公司的一切，但普通投资者至少可以通过这个指标看清上市公司的主要面貌，这样他们在选股时就可以规避很多风险。当然,正如张老师所说,如果你具有一定学历和知识,能够再深入学习、研究财务报告中的其他一些指标那就更好。财务报告中有些数据、指标虽然不起眼,但用得好作用也很大。

笔者现在向大家说一桩事。1998 年 12 月 8 日的《中国证券报》刊登了一篇文章,题目是:《净资产的奥妙》。文章叙述了一位女股民谈她自己是如何利用统计上市公司的净资产来捕捉黑马的。文章说:"有一天晚上,我无意中听到先生和股友们说到现在炒股,在当前资金面相对紧缺,而上市公司又日见增多的情形下,小盘股比大盘股更能吸引庄家炒作,因为庄家无需动用大笔资金就可以炒起小盘股,而且拉抬轻松,控盘容易。我不觉眼前一亮,换句话说,那些净资产值低或股权分散的股票往往就蕴含着丰富的资产重组题材,意味着它们的收购成本相对于净资产值高的股票便宜,容易重组成功。我急忙打开电脑翻阅所有因有重组题材而令股价大幅飙升的股票。果然,如'川长征'、'银河动力'、'五一文'、'深华发'、'鞍山合成'、'四川峨铁'、'广华化纤'、'联农股份'等重组股的每股净资产都是在 2 元以下或 2 元左右。我如获至宝,马上和先生将深沪两市每股净资产在 2 元以下或 2 元左右的股票输入电脑的自选股之中,实行重点追踪。一旦发现以上任何一只股票的图形漂亮、指标修好,开始放巨量上攻时,就即刻采取行动。当时,大盘指数一直振荡向下盘跌,但我却从净资产中发现了捕捉'黑马'的奥妙。功夫不负有心人,8 月初,我终于发现每股净资产只有 1.27 元的'龙舟股份'调整到位,开始放量拉升,就大胆杀入,结果短短两个月获利接近 1 倍,我不觉欣喜万分。当日,另一只每股净资产只有 2.17 元的'新疆屯河'也开始携量上攻,我毫不犹豫地全仓跟进。在如此淡静的市道,竟然有如此好的收益,真是大出我的意料。就连我那自以为'股神'的先生也对我大加赞许!　想不到平时枯燥、乏味、不起眼的财务数据和统计工作竟然使我在股市上取得如此丰硕的成果,真是感谢股市带给我另一个大展身手的广阔新天地。"

我们举这个例子,说明财务报告中,不光是主营业务指标有用,其他一些数据、指标对选股也有很好的参考和指导作用。投资者如果具备一定的知识,又有足够的时间,静下心来用心捉摸,也有可能像上面这位女股民一样,利用财务报告中的数据、指标捉出一、二匹大黑马来。

习题 15 张老师说:刚才一位同学发言支持我的观点,我很感谢。他的发言引起大家的浓厚兴趣,很多人要求我详细介绍一下阅读财务报表的知识,在这里我只能向大家说声"对不起",因为一节课容量有限,要详细介绍这方面知识恐怕按排 10 节课也不行,时间上不允许。但是,我认为简单的向同学们介绍一下这方面的知识还是应该的。现在,我请财经专科学校毕业的王丽同学向大家简要介绍一下阅读财务报表的窍门。请问:你知道王丽同学是怎么说的吗?

参考答案 王丽同学说:财务报告的内容很多,即使像我这样接受过财务专业知识系统学习的大专毕业生,要把上市公司的财务报告全部读懂,也不是一下子可以做到的。但是,如果我们在读财务报告时学会抓住重点,深奥难懂的财务报告就比较容易理解了。那么,阅读财务报告有何窍门呢?具体地说有以下几点:

(1) 应该多关心董事会报告所透露的信息。董事会报告的主要内容包括一年来公司的经营状况、财务变动、投资情况、外部环境、新一年度的发展规划等,反映了公司管理层的发展思路和对一些问题的认知,与充斥数字的会计报表相比,更便于投资者了解公司的经营运作情况,并能为专业知识欠缺的普通投资者提供一定的宏观和中观信息。

（2）透过比率解读会计报表。主营业务收入、利润总额等从绝对量上说明了一家公司的市场份额和利润规模，财务比率则可透视该公司的经营效率、盈利能力、偿债能力情况。较常用的指标除了大家熟知的每股收益、净资产收益率、资产负债率以外，还有毛利率、主营业务比重、流动比率、存贷及应收账款、周转率等，它们分别描述了该公司主营业务获利能力、业务集中度、短期偿债能力、资金周转能力情况等，投资者可以根据自己的偏好，选择其中的一、二个指标作为参考对象。

（3）从现金流量看公司价值。假如问一问企业领导当前最关心的事情是什么？老总们十有八九可能会回答："当然是看企业赚了多少钱喽"。其实，利润只是反映企业经营成果的一个会计概念，还有一项比盈利更重要的指标，就是企业的现金支付能力。如果企业只注重账面上盈利，而不注意现金支付能力，时间一长，企业纵使获利再多，也难免会倒闭歇业的；反过来说，有的企业虽然亏损严重，但因为筹资有方，保险柜里不缺现金，也还能支撑一段时间。

在市场经济条件下，正因为现金流量在很大程度上决定着企业的生存和发展，所以作为一名称职的企业领导人，不仅要关心企业一定时期的经营成果，而且要重视筹资和投资效果。因为以上经济行为的优劣会最终体现在能否增加企业的现金流量。为此，国家财政部规定，自 1998 年 1 月 1 日起，企业将用现金流量表取代以前使用的财务状况变动表。财政部并为此发布了《企业会计准则——现金流量表》。该准则要求我国境内的所有企业，从 1998 年起都要编报现金流量表。

该表具体有 3 方面作用：①通过现金流量表能够真实反映出企业现金流入和流出的原因。②现金流量表能够说明企业的偿债能力和支付股利的能力。③现金流量表能够分析出企业投资和理财活动对经营成果的影响。这里我们要提醒投资者的是：在分析上市公司现金流量时，要重点关注两个问题：一是现金流量为正值的公司有较高的投资价值;二是经营活动中现金流量为负数的上市公司要引起警惕,选股进行中长期投资时要尽量避开它们。

(4)在了解、分析有关上市公司的投资价值时,有个数据是必须注意的:每股净资产。可以说,每股净资产是上市公司盈利能力之外影响股票价格的最重要的指标。

什么是每股净资产呢?每股净资产就是指每股普通股所代表的净资产的价值,其计算公式如下:

$$每股净资产=\frac{普通股所有者权益总额}{普通股股份总数}$$

每股净资产能基本反映出某一时点上的市场价值。这也是企业合并时往往以调整后的账面价值作为基础的原因。如果投资者在买股票时要把风险降低到最低限度,最谨慎的投资策略是:买入价格低于每股净资产的股票,这在美国金融教父——格兰姆的选股原则中有非常重要的地位。格兰姆认为,买股票应买那些价格低于其每股净资产值 2/3 的股票,实际上格兰姆投资的也都是那些价格远低于每股净资产值的股票,或者是有巨额隐性资产,以及有资产被严重低估的公司的股票[注]。

(5)必须注意的是,我们希望了解的应该是公司的动态情况,而通过会计报表得到的数据和比率都是相对静态的概念,因此,横向对比与纵向对比是我们正确理解财务报表的重要方法。横向对比是指行业内不同公司之间的比较,纵向对比是指同一公司不同时期之间的比较。横向对比可以发现公司与同行之间竞争的实力对比,纵向对比则可发现会计数据或财务比率的异常变化,对异常

[注]　目前,沪深股市中股价低于每股净资产值的股票几乎没有。但在过去沪深股市股票交易中,A 股(如 1994 年 333 点、1996 年 512 点)、B 股(如 1999 年 21 点)走熊时,很多股票价格都跌到了每股净资产值之下。如果当时有谁根据美国金融教父——格兰姆的选股原则,大胆地买进一些股价已大大低于每股净资产值的股票,那后来必定是个大赢家。

数据追本溯源,或加以合理推测,有助于深入认识公司的营运状况。

(6) 重大事项、长短期投资、期后事项这几个报表注释栏目较容易被一般投资者忽视,但它们通常包含了许多很有价值的信息,例如诉讼风险、所得税政策变更、短期投资增值等,其中可能传递着公司潜在价值或风险的重大信息。年报信息虽然比较全面,但有一定的滞后性,因此投资者应该经常关注公司的公开信息,以及证券报刊、互联网等媒体上所刊登的关于公司和行业的研究成果,以求及时获得企业基本面的重要信息,发现投资机会。

第四节　从企业成长中寻找投资机会与选股练习

习题 16　有人说,作为稳健型投资者,选股就要选择市盈率低的股票,市盈率越低,投资价值越大,持股的风险也就越小。请问:这种观点正确吗? 为什么?

参考答案　这种观点并不正确。从表面上看,它很有道理,但实际上投资者按这种方法去操作,赔钱的概率远大于赢钱的概率。这样的例子在沪深股市中非常多,尤其在 1999 年大牛市中,按此方法选股的人大多没有赚到钱,甚至赔了钱。为何原本在世界上对股票投资价值评判起到重要参考作用的市盈率指标,在我们股市中却起不到这样的效果呢? 我认为,要认识这个问题还得从市盈率的本质、作用和其缺陷说起,这样才有助于我们对它有个全面、正确的认识。下面就这个问题来谈谈我的看法。

一、什么是市盈率

市盈率是投资分析理论中衡量股票投资价值的最重要的指标

之一。尤其对长期投资而言,市盈率更是判断投资价值不可忽视的基本要素。

市盈率(P/E 或 PER),全称为"市盈率利比率(Price Earn Ratio)",又称本益比,顾名思义,就是股票的市场价格与其每股税后利润的比值,它的计算公式是:

$$市盈率(倍)＝\frac{收盘价}{上年度每股税后利润}$$

市盈率是考察股票投资价值的静态参考指标。20 倍市盈率的股票表示:如果每年每股的盈利保持不变,把历年的盈利全部用于派发股息,需要 20 年才能收回投资成本(这里未考虑企业的成长性和同期的银行利率等因素)。

二、市盈率的用途

市盈率在证券市场中有着广泛的应用,其主要用途是:(1)可以作为投资者选择股票和选择股票买卖时机的参考指标;(2)可以作为证券分析人员判断股市行情的发展趋势的重要依据;(3)上市公司可以根据市盈率确定新股发行的价格和配股价格;(4)证券管理部门制定股市政策时,往往把市盈率作为判断股市发展状况的重要指标;另外,市盈率还是国际通用的衡量各国股市泡沫大小的一个重要指标。

三、如何辩证地看待市盈率

从投资角度看,市盈率越小,说明该股越有投资价值,反之亦然。那么,市盈率究竟小到什么程度,股票才有投资价值呢? 按照世界股市上流行的观点:市盈率 20 倍以下的个股才值得投资。市盈率低于 15 倍的股票才符合"国际标准安全线",方可购买。当然以上这些讲法不能算错。但人们发现在我们的股市交易中,市场上并没有多少人按照这一原则行事(其实,即使在西方成熟的股市中,投资者也未必按此原则在买卖股票)。相反,有时市盈率高的股票却有人抢着要,市盈率低的股票反而无人问津。这其中固然有些是市场过度投机因素所致,但同时我们也不能否认这里面也有相当多的合理成分。

如果市盈率高的个股是一个高速成长的企业,尽管起初它盈利不多,市盈率偏高,但其每年盈利都呈跳跃式增长态势,看好它的投资者越来越多,股价上涨幅度较大,市盈率自然居高不下(当然这里面也有个限度),你能说这种高市盈率股票没有投资价值吗?买它的人都是投机吗?显然不能这样解释。那么,这就带来了一个问题:一方面市盈率是投资决策中的重要参考指标,另一方面又不能完全根据市盈率的高低来买卖股票。对于这样一个矛盾的现象,作为投资者应该如何来分析、处理呢?

首先,我们应该承认,无论从哪方面看,市盈率都是衡量股票投资价值的一个非常重要的指标。如果行业、地域环境、政策倾斜、股本结构、流通盘大小等条件基本相同,那么,我们选股时首先就要选择市盈率低的股票。股票市盈率越低,投资价值越大,持股的风险也就越小(注意这句话是有前提的,离开前面的条件,孤零零地说这句话就是错误的)。

但是,同时我们又要看到市盈率是一个静态的指标,它只能反映过去的情况。此外,市盈率还是一个短期的指标,它只是反映了上一年的经营情况,而不是从一个长期的过程去看问题。而未来的公司利润是可变的,影响公司盈利的因素不胜枚举,大如国内外政治状况、经济周期、产业政策,小如公司经营管理能力、相关企业生产经营情况,甚至公司人事变动等,都有可能影响公司的盈利水平。再加上市场经济条件下,公司生产经营的高度社会化、市场化,生产经营活动日益广泛复杂,生产经营因素的不确定性导致生产经营成果的不确定性,给盈利预测带来了巨大困难,造成税后利润增长预测的不确定性。因此从这点来说,我们买股票,就不能完全依照市盈率来决定。有时市盈率高的股票反而比市盈率低的股票更有投资价值。

譬如,甲、乙两位投资者在某一天分别以 10 元和 20 元同时买进市盈率分别为 40 倍和 80 倍的两个股票。5 年之后,注重市盈率高低的甲投资者,将会发现该股虽以每年盈利递增 5% 的速度发展,但当它的市盈率为 20 倍时,其股价将跌至 6.38 元。可与之相反的是,注重公司盈利能力的乙投资者,最终将会因公司以每年盈利递增 50% 的高速发展而获得丰厚回报,当股价的市盈率同样降至 20 倍时,股价却升至 37.97 元,甲、乙两人的投资策略,孰优孰劣,不言自明。

可见,脱离公司的获利能力和股本扩张能力,孤立地谈论市盈率的高低,这对投资者选股是没有多大参考价值的。正确的态度应当是用辩证的、动态的观点来看待市盈率,并结合其他指标(这个问题我们在后面的习题中会谈到,这里就不展开了)进行全面、综合的分析和判断,这样才能选好股,把握好投资机会。

习题 17 张老师说:刚才我们对市盈率这个概念作了分析。为了让大家对市盈率问题有个更形象、直观的了解,我现在出一道题让大家回答:有 A、B、C 三个股票,它们每股税后利润都为 0.50 元。A 股的股价是 14 元,据测算每年盈利可递增 8%;B 股股价是 20 元,据测算每年盈利可递增 20%;C 股股价是 30 元,据测算每年盈利可递增 50%。请问:(1)A、B、C 这三个股票现在的市盈率是多少? (2)如果这三个股票,每年盈利增幅都保持不变,在它们 6 年之后,各自市盈率降至 15 倍时,A、B、C 三个股票的股价应该是多少? (3)A、B、C 三个股票,谁最有投资价值? 为什么?

参考答案 (1)目前 A 股市盈率是 28 倍,B 股市盈率是 40 倍,C 股市盈率是 60 倍(市盈率计算公式参见本书第 61 页)。

（2）在 6 年之后，当 A、B、C 三个股票每年盈利增长幅度仍保持不变，市盈率降至"国际安全线"15 倍时，A 股的股价是 11.03 元，B 股的股价是 18.60 元，C 股的股价是 57.20 元。

（3）目前在 A、B、C 三个股票中，A 股市盈率最低，C 股市盈率最高，但 C 股每年盈利增幅远大于 A、B 两个股票。当这三个股票 6 年后市盈率降至 15 倍时，只有 C 股的股价超过了 6 年前原来的价格，股价涨幅近 100％，而 A、B 两个股票价格都要低于 6 年前的价格，这说明 C 股成长性最好，从中长期投资角度看，C 股最有投资价值。

习题 18　张老师说，刚才我们出了一道股市数学题，通过计算，想必大家对市盈率与成长性谁轻谁重的问题看得更清楚了。投资者应打破以市盈率高低作为选股的唯一标准这一原始操作模式，而应该选择具有高盈利增长率的企业进行投资。那些盈利水平虽高，但盈利增长率低下的股票，已不再具备长期的发展潜力；而尽管每股盈利水平有限，但增长率高的企业则具有广阔的成长空间，它将能使投资者获得丰厚的回报。为了便于大家了解上市公司成长性的不同，对日后股价和市盈率高低带来的影响，我们特意设计了《低速增长型公司市盈率、股价变化对照表》（见表 3）、《中速增长型公司市盈率、股价变化对照表》（见表 4）、《高速增长型公司市盈率、股价变化对照表》（见表 5）三张表格。这几张表格注重实用、方便，看到它的人对它评价都不错。现在由于打印机出了问题，有些数字没有打印出来，请你计算后给它补上，另外，请你对这几张表的使用方法作些简要说明。

参考答案　这几张表格中的数字已全部补上（见表 6、表 7、表 8）。关于这几张表格的使用说明如下：

表3 低速增长型公司市盈率、股价变化对照表

每股税后利润(元) / 收盘价(元)	每年盈利递增 2%			每年盈利递增 4%			每年盈利递增 6%			每年盈利递增 8%			每年盈利递增 10%			每年盈利递增 12%		
	0.20	0.35	0.50	0.20	0.35	0.50	0.20	0.35	0.50	0.20	0.35	0.50	0.20	0.35	0.50	0.20	0.35	0.50
第一年市盈率28倍	5.60	9.80	14	5.60	9.80	14	5.60	9.80	14	5.60	9.80	14	5.60	9.80	14	5.60	9.80	14
第二年市盈率25倍																		
第三年市盈率23倍																		
第四年市盈率20倍																		
第五年市盈率18倍																		
第六年市盈率15倍	0.220 / 3.30	0.386 / 5.79	0.552 / 8.28	0.243 / 3.65	0.426 / 6.39	0.608 / 9.12	0.268 / 4.02	0.468 / 7.02	0.669 / 10.04	0.294 / 4.41	0.514 / 7.71	0.735 / 11.03	0.322 / 4.83	0.564 / 8.46	0.805 / 12.08	0.352 / 5.28	0.617 / 9.26	0.881 / 13.26

表 4　中速增长型公司市盈率、股价变化对照表

每股税后利润(元)／收盘价(元)	每年盈利递增15%			每年盈利递增20%			每年盈利递增25%			每年盈利递增30%			每年盈利递增35%			每年盈利递增40%		
第一年市盈率40倍	0.23／8.05	0.40／14	0.58／20.30	0.24／8.40	0.42／14.70	0.60／21	0.25／8.75	0.44／15.40	0.63／22.05	0.26／9.10	0.46／16.10	0.65／22.75	0.27／9.45	0.47／16.45	0.68／23.80	0.28／9.80	0.49／17.15	0.70／24.50
第二年市盈率35倍																		
第三年市盈率30倍																		
第四年市盈率25倍																		
第五年市盈率20倍	0.35／7	0.61／12.20	0.87／17.40	0.42／8.4	0.73／14.60	1.03／20.60	0.49／9.80	0.85／17	1.22／24.40	0.57／11.40	1.00／20	1.43／28.60	0.66／13.20	1.16／23.20	1.66／33.20	0.77／15.40	1.34／26.80	1.92／38.40
第六年市盈率15倍																		

表 5　高速增长型公司市盈率、股价变化对照表

每股税后利润(元) ／ 收盘价(元)	每年盈利递增50%	每年盈利递增60%	每年盈利递增70%	每年盈利递增80%	每年盈利递增90%	每年盈利递增100%
第一年市盈率60倍						
第二年市盈率50倍						
第三年市盈率40倍	0.45／18 1.13／45.20 2.25／90	0.51／20.40 1.28／51.20 2.56／102.4	0.58／23.20 1.45／58 2.89／115.60	0.65／26 1.62／64.80 3.24／129.60	0.72／28.80 1.81／72.40 3.61／144.40	0.80／32 2.00／80 4.00／160
第四年市盈率30倍	0.68／20.4 1.70／51 3.38／101.40	0.82／24.60 2.05／61.50 4.10／123	0.98／29.40 2.46／73.80 4.91／147.30	1.17／35.10 2.92／87.60 5.83／174.9	1.37／41.10 3.43／102.90 6.86／205.80	1.60／48 4.00／120 8.00／240
第五年市盈率20倍						
第六年市盈率15倍						

表 6　低速增长型公司市盈率、股价变化对照表

每股税后利润(元) ／ 收盘价(元)	每年盈利递增 2%			每年盈利递增 4%			每年盈利递增 6%			每年盈利递增 8%			每年盈利递增 10%			每年盈利递增 12%		
	0.20	0.35	0.50	0.20	0.35	0.50	0.20	0.35	0.50	0.20	0.35	0.50	0.20	0.35	0.50	0.20	0.35	0.50
第一年市盈率28倍	5.60 / 0.204	9.80 / 0.357	14 / 0.510	5.60 / 0.208	9.80 / 0.364	14 / 0.520	5.60 / 0.212	9.80 / 0.371	14 / 0.53	5.60 / 0.216	9.80 / 0.378	14 / 0.540	5.60 / 0.220	9.80 / 0.385	14 / 0.55	5.60 / 0.224	9.80 / 0.392	14 / 0.560
第二年市盈率25倍	5.10 / 0.208	8.93 / 0.364	12.75 / 0.520	5.20 / 0.216	9.10 / 0.379	13 / 0.541	5.30 / 0.225	9.28 / 0.393	13.25 / 0.562	5.40 / 0.233	9.45 / 0.408	13.50 / 0.583	5.50 / 0.242	9.63 / 0.424	13.75 / 0.605	5.60 / 0.251	9.80 / 0.439	14 / 0.627
第三年市盈率23倍	4.78 / 0.212	8.37 / 0.371	11.96 / 0.530	4.97 / 0.225	8.72 / 0.394	12.44 / 0.562	5.18 / 0.238	9.04 / 0.417	12.93 / 0.596	5.36 / 0.252	9.38 / 0.441	13.41 / 0.630	5.57 / 0.266	9.75 / 0.466	13.92 / 0.666	5.77 / 0.281	10.10 / 0.492	14.42 / 0.702
第四年市盈率20倍	4.24 / 0.216	7.42 / 0.379	10.60 / 0.541	4.50 / 0.234	7.88 / 0.409	11.24 / 0.585	4.76 / 0.252	8.34 / 0.442	11.92 / 0.631	5.04 / 0.272	8.82 / 0.476	12.60 / 0.680	5.32 / 0.293	9.32 / 0.512	13.32 / 0.732	5.62 / 0.315	9.84 / 0.551	14.04 / 0.787
第五年市盈率18倍	3.89 / 0.220	6.82 / 0.386	9.74 / 0.552	4.21 / 0.243	7.36 / 0.426	10.53 / 0.608	4.54 / 0.268	7.96 / 0.468	11.36 / 0.669	4.90 / 0.294	8.57 / 0.514	12.24 / 0.735	5.27 / 0.322	9.22 / 0.564	13.18 / 0.805	5.67 / 0.352	9.92 / 0.617	14.17 / 0.881
第六年市盈率15倍	3.30 / 0.220	5.79 / 0.386	8.28 / 0.552	3.65 / 0.243	6.39 / 0.426	9.12 / 0.608	4.02 / 0.268	7.02 / 0.468	10.04 / 0.669	4.41 / 0.294	7.71 / 0.514	11.03 / 0.735	4.83 / 0.322	8.46 / 0.564	12.08 / 0.805	5.28 / 0.352	9.26 / 0.617	13.26 / 0.881

表 7　中速增长型公司市盈率、股价变化对照表

（单元格数值为：每股税后利润(元) / 收盘价(元)）

每股税后利润(元) \ 收盘价(元)	每年盈利递增 15%			每年盈利递增 20%			每年盈利递增 25%			每年盈利递增 30%			每年盈利递增 35%			每年盈利递增 40%		
	0.20 / 8	0.35 / 14	0.50 / 20	0.20 / 8	0.35 / 14	0.50 / 20	0.20 / 8	0.35 / 14	0.50 / 20	0.20 / 8	0.35 / 14	0.50 / 20	0.20 / 8	0.35 / 14	0.50 / 20	0.20 / 8	0.35 / 14	0.50 / 20
第一年市盈率 40 倍	0.20 / 8.05	0.35 / 14	0.50 / 20.30	0.20 / 8.40	0.35 / 14.70	0.50 / 21	0.20 / 8.75	0.35 / 15.40	0.50 / 22.05	0.20 / 9.10	0.35 / 16.10	0.50 / 22.75	0.20 / 9.45	0.35 / 16.45	0.50 / 23.80	0.20 / 9.80	0.35 / 17.15	0.50 / 24.50
第二年市盈率 35 倍	0.23 / 8.05	0.40 / 14	0.58 / 20.30	0.24 / 8.40	0.42 / 14.70	0.60 / 21	0.25 / 8.75	0.44 / 15.40	0.63 / 22.05	0.26 / 9.10	0.46 / 16.10	0.65 / 22.75	0.27 / 9.45	0.47 / 16.45	0.68 / 23.80	0.28 / 9.80	0.49 / 17.15	0.70 / 24.50
第三年市盈率 30 倍	0.26 / 7.80	0.46 / 13.80	0.66 / 19.80	0.29 / 8.7	0.50 / 15	0.72 / 21.60	0.31 / 9.30	0.55 / 16.50	0.78 / 23.40	0.34 / 10.20	0.59 / 17.70	0.85 / 25.50	0.36 / 10.80	0.64 / 19.20	0.91 / 27.30	0.39 / 11.70	0.69 / 20.70	0.98 / 29.40
第四年市盈率 25 倍	0.30 / 7.50	0.53 / 13.25	0.76 / 19	0.35 / 8.75	0.60 / 15	0.86 / 21.50	0.39 / 9.75	0.68 / 17	0.98 / 24.50	0.44 / 11	0.77 / 19.25	1.10 / 27.50	0.49 / 12.25	0.86 / 21.50	1.23 / 30.75	0.55 / 13.75	0.96 / 24	1.37 / 34.25
第五年市盈率 20 倍	0.35 / 7	0.61 / 12.20	0.87 / 17.40	0.42 / 8.4	0.73 / 14.60	1.03 / 20.60	0.49 / 9.80	0.85 / 17	1.22 / 24.40	0.57 / 11.40	1.00 / 20	1.43 / 28.60	0.66 / 13.20	1.16 / 23.20	1.66 / 33.20	0.77 / 15.40	1.34 / 26.80	1.92 / 38.40
第六年市盈率 15 倍	0.40 / 6	0.70 / 10.50	1.01 / 15.15	0.50 / 7.5	0.87 / 13.05	1.24 / 18.60	0.61 / 9.15	1.07 / 16.05	1.53 / 22.95	0.74 / 11.10	1.30 / 19.50	1.86 / 27.90	0.90 / 13.50	1.57 / 23.55	2.24 / 33.60	1.08 / 16.20	1.88 / 28.20	2.69 / 40.35

表8 高速增长型公司市盈率、股价变化对照表

（每格内：左下为每股税后利润(元)，右上为收盘价(元)）

每股税后利润(元)／收盘价(元)	每年盈利递增50%			每年盈利递增60%			每年盈利递增70%			每年盈利递增80%			每年盈利递增90%			每年盈利递增100%		
第一年市盈率60倍	0.20／12	0.50／30	1.00／60	0.20／12	0.50／30	1.00／60	0.20／12	0.50／30	1.00／60	0.20／12	0.50／30	1.00／60	0.20／12	0.50／30	1.00／60	0.20／12	0.50／30	1.00／60
第二年市盈率50倍	0.30／15	0.75／37.5	1.5／75	0.32／16	0.80／40	1.60／80	0.34／17	0.85／42.50	1.7／85	0.36／18	0.9／45	1.8／90	0.38／19	0.95／47.50	1.90／95	0.40／20	1.00／50	2.00／100
第三年市盈率40倍	0.45／18	1.13／45.20	2.25／90	0.51／20.40	1.28／51.20	2.56／102.4	0.58／23.20	1.45／58	2.89／115.60	0.65／26	1.62／64.80	3.24／129.60	0.72／28.80	1.81／72.40	3.61／144.40	0.80／32	2.00／80	4.00／160
第四年市盈率30倍	0.68／20.4	1.70／50.8	3.38／101.4	0.82／24.60	2.05／61.50	4.10／123	0.98／29.40	2.46／73.80	4.91／147.30	1.17／35.10	2.92／87.60	5.83／174.9	1.37／41.10	3.43／102.90	6.86／205.80	1.60／48	4.00／120	8.00／240
第五年市盈率20倍	1.01／20.2	2.54／50.8	5.07／101.4	1.31／26.20	3.28／65.60	6.55／131	1.67／33.40	4.18／83.60	8.35／167	2.10／42	5.25／105	10.50／210	2.61／52.20	6.52／130.40	13.03／260.60	3.20／64	8.00／160	16.00／320
第六年市盈率15倍	1.52／22.8	3.81／57.2	7.61／114.15	2.10／31.50	5.24／78.60	10.48／157.2	2.84／42.6	7.10／106.50	14.20／213	3.78／56.70	9.45／141.75	18.90／283.50	4.95／74.25	12.38／185.7	24.76／371.4	6.40／96	16.00／240	32.00／480

（1）选股最重要的是看企业的成长性。要看一个股票是否值得投资，并不在于它的价位高低、市盈率大小，关键要看其每年盈利增加的幅度。这几张表格能将我们平时讲的企业成长性这一抽象概念，用数字形式量化出来，用表格把它排出来，使人一看就胸中有数。这对我们开拓投资思路，选择股票是有很大帮助的。

（2）这几张表格所反映的企业盈利增速从 2％一直到 100％，总共分成 18 个档次。这主要考虑到两个因素，其一，我们国家是经济高速增长的国家，在这个大环境中，我国出现了一批高速成长的企业，这在上市公司中尤为突出，上市公司中连续几年保持 50％—100％增速的公司已不鲜见。其二，在我们国家经济向社会主义市场经济转轨过程中，企业出现了大分化、大改组，有相当一部分企业出现了亏损，就上市公司而言，由于股份制改造发挥的作用，只有少数企业是亏损的（亏损企业也无所谓市盈率，只有"市亏率"），而大多数企业是盈利的，只不过每年盈利增速程度不同而已。

正是考虑到上面两个因素，我们把上市公司的成长性分成三大块，第一块每年盈利增幅在 12％以内，称之为低速增长型公司；第二块每年盈利增幅在 15％—40％，称之为中速增长型公司；第三块每年盈利增幅在 50％—100％，称之为高速增长型公司。为了便于计算和相互比较，上面表格中所指的盈利增长都是指上市公司每年每股税后利润的增长情况，而不是指上市公司净利润增长情况。

（3）在市盈率设计方面，高速增长型公司起始点相对高些。低速增长型公司市盈率起始点相对低些。这是根据股市运作实际情况而定的。因为，从投资者的愿望来说，选择低市盈率成长性好的公司是最理想的一种投资选择，但实际上这种机会在股市中太少了（除非是大熊市），在多数情况下，高速增长型的公司市盈率较高,低速增长型公司市盈率偏低。所以,我们在制表时将高速增长型公司、中速增长型公司和低速增长型公司的市盈率起始点拉开了差距。高速增长型公司第一年市盈率定为 60 倍,中速增长型公司第一年市盈率定为 40 倍,低速增长型公司第一年市盈率定为28 倍。

同时,我们觉得,随着我国改革开放的深入和股市不断向前发展,我国股市的市盈率逐渐向国际股市的市盈率接轨势在必然。因此,我们在制表时,无论是低速增长型公司,还是高速增长型公司,每年市盈率都递减一个档次,到最后一年都落在“国际标准安全线”15 倍之内。这样做的目的,是考虑到既要反映我国股市发展的实际情况,又要估计到股市未来发展的趋势,以便让投资者在选股时,对不同增长型上市公司的市盈率和股价变化的情况作出比较正确的判断。

(4)表格中所列出的每股税后利润都是匀速递增的,但实际上上市公司利润增长不可能都是这样,出现误差也是常有的事。但这并不影响这些表格对投资决策的参考价值。一般情况下,我们在选股时,只要知道一个大概数字即可以,并非要完全对上号。

(5)表格提供的每股收益都没有将上市公司送配股因素考虑在内。但这不会影响对上市公司盈利的计算。例如某股连续 4 年每股收益都是 1 元,而 4 年前的 1 股,经过送配后现在已变成 12股。我们要计算该股 4 年来每股盈利增加多少,只要将该股当年每股收益乘以 12,即可据此作出判断。

(6)在用它作选股参考时,应将几张表格放在一起互相对照使用。只有这样,才能比较出盈利增长率不同的上市公司之间的优劣。

例如有一家公司每股税后利润是 0.35 元,股价 9.8 元,市盈率为 28 倍,但近年来公司平均盈利增长速度只有 2%,而另一家公司每股税后利润是 0.20 元,股价 12 元,市盈率为 60 倍,但公司盈利每年将以 50％速度增加。那么这两家公司究竟哪一家更有投资价值呢？我们只要查表 6、表 8 就可比较出它们的优劣。

首先我们从表 6 中找出每股税后利润是 0.35 元的一栏,从这一栏往下查就可发现,如往后几年只能以 2％速度递增,6 年后的利润也不会超过 0.40 元,当 6 年后它的市盈率从 28 倍降到"国际标准安全线"15 倍时,股价低于 6 元。然后,我们从表 8 中找出每股税后利润是 0.20 元的一栏,从这一栏往下查就可得知,如公司盈利每年以 50％增加,6 年后的每股税后利润将超过 1.50 元,市盈率从 60 倍降到 15 倍时,其股价反而会升到 20 多元。可见,只要将表 6、表 8 中查出来的数据逐一对照,这两家公司谁优谁劣,谁更值得中长期投资就胸中有数了。

习题 19 张老师说:成长股的魅力主要来自于著名财务理论"复利魔术",比方说如果一个公司的盈利每年以 58％的速度增加,在市盈率不变的情况下这个公司 5 年后的股价将是今天的 10 倍。这些大家可以通过我们前面几张表格充分了解到。接下来的问题是:股市中的股票有 1 000 多个,你怎么知道哪些股票是高成长股?投资者又如何来买进高成长股呢?这个问题谁来回答?

参考答案 "成长是金"是一条十分重要的投资理念,特别是在新兴的股市上,能够跑赢大势的黑马往往在成长股中出现。因此,如何选择成长股便成为投资者津津乐道的话题。通常,成长股的增长速度快于整个社会经济的增长速度及其所在行业的平均增长速度,它的成长率有时高达国内生产总值增长率的数倍,是本行业的超级明星企业。这类公司非常注重科学管理与技术创新,其生产和销售额快速增长,每年盈利均稳步提高,具体而言,投资者在判断一个股票是不是高成长股时应从以下几个方面去分析:

(1) 主营业务蒸蒸日上。成长性公司的主营业务一般都非常突出,它们都集中精力发展自己熟悉的行业。主营业务在公司的产业结构中占主导地位,主营业务利润占利润总额的80%以上,通过主营业务的高速增长获得规模效益,而无需跨行业经营,以免顾此失彼。反之,处于亏损边缘的企业,投资过于多元化、缺乏主营的上市公司,都不能称为成长性公司。

(2)净利润增加幅度保持在一个较高水平,每年净利润增加幅度不低于30%。为什么要作这个规定呢?因为,一个上市公司是不是处在高速成长期,归根结底要看其每年净利润是不是在大幅增加。有的上市公司主营业务搞得很好,但主营业务利润很低,净利润增加很慢,这样的股票就不能称之为高成长股,至多称它为是一个普通的绩优股。有的上市公司业务搞得很好,主营业务利润,甚或利润总额提高得都很快,但其管理不善,财务费用大量增加,因而,净利润增加不明显,这样的股票也不能算高成长股。

(3)主要产品的销售在市场上具有很大影响。当一个公司通过主要产品的销售能够吸引消费者的偏好以后,市场占有率将会迅速扩大,这个公司将随之繁荣起来,其股票也会被投资者看好。

(4)具有行业发展的优势。公司所处的行业不能是夕阳行业,如纺织行业、钢铁行业,也不能是过度竞争的行业,如零售商业、家电业。公司的产品有广阔的市场潜力,公司的发展能得到政策的大力支持。另外,上市公司所经营的行业不容易受经济周期的影响,即不但在经济增长的大环境中能保持较高的增长率,而且也不会因为宏观经济衰退而轻易遭淘汰。

(5)新产品的开发、研究和技术投入,具有美好灿烂的市场发展前景。虽然目前产品利润不高,甚至出现亏损,但由于发展前景可观而有可能带来增长性很高的潜在利润。这样的上市公司就值得重点关注(这一条对发现高成长股十分重要,因为利润成长性比高利润的现实性更为重要,动态市盈率的持续预期降低比静态的低市盈率更为吸引人)。

（6）公司的股本结构应具有流通盘小、总股本尚不太大的特征。由于股本小，扩张的需求强烈，适宜大比例地送配股，也使股价走高后因送配而除权，在除权后能填权并为下一次送配做准备。如此周而复始，股价看似不高，却已经翻了数倍。中国股市的投资者和世界上的新兴股市的投资者一样，非常喜欢送红股的股票，因为它有一个除权效应。这也符合成长性股票资产、利润和股本的三重扩张原则，如果利润增加，每年只是现金分红，股本没有增加，这样的股票在二级市场也不会有什么好的表现。

上面我们向大家介绍了高成长股的一般特征。但是，投资者必须明白：作为一个高成长股要同时具备上面的特征，事实上是很难做到的，因此，我们对高成长股不能采取求全责备的态度，发现和选择它时既要有原则性，也要有灵活性，如果一个股票与上面所述特征有50%的地方相符合，就可以考虑它作为候选对象，符合的特征越多，就越要加以重点关注。

接下来，我们再来谈谈投资者如何来买进高成长股这个问题？首先我们应该了解股市中的高成长股有两种表现形式。

一种是"生活"在高价股圈子里，其高成长的明星效应已为市场所熟识。对这种类型的高成长股票，投资者可采取这样的投资策略：只要其基本面没有什么变化，高成长仍可预期，就可在它股价出现大幅调整时，择机加入，中长线持有往往能获得稳定可靠而又不菲的收益。例如，沪市的"清华同方"，连续几年利润增幅都在50%以上，但每一次大幅回落以后买进的投资者，最终都有不小的收获。

还有一种高成长股，是"生活"在低、中价股圈子内，公司的高成长性未被大多数人所认识。虽然有人听说过公司名称，但大多数投资者都不知道该公司的股本结构、潜质、经营手法、生产技巧和利润潜力等。对投资者来说买进这样的高成长股是最理想不过了，因为这类高成长股在行情初起时，股价并不高，至少在中、低价股的范围之内,股价即使翻倍,甚至翻了两倍、三倍,股价仍比"生活"在高价股圈子内的高成长股的股价要低。例如,沪市的"科利华"是从事软件开发的一家高科技股,其教育软件在国内市场有很大的占有率。该股的前身是一家钢铁股,经过资产重组,公司基本面出现了重大变化,股价从 4 元多起步,最高一直涨到 38 元(现在经过 10 送 10,股价除权后开始回落),2 年多时间股价整整上涨了 8 倍多。显然,在低、中价股圈子内挖掘到高成长股比在高价圈子内买进高成长股收益要高得多。

对这种类型的高成长股,投资者可采取以下投资策略:

(1) 首先确定该股基本面确实发生了变化(比如,属于一种真正的资产重组,而不是挂羊头卖狗肉式的资产重组),现在至少有几项内容已经和高成长股的特征相符合。这时可将其作为候选对象,并密切注意它股价走势的变化。

(2) 在股价炒高(仍在中低价范围内),利好消息公布后,股价不跌或没有什么大跌,即进入整理状态,中长期上升趋势没有改变。这时大家就可以积极作好买进准备。激进型投资者可先逢低买进一些,稳健型投资者可在股价走势发出买进信号后再动手。

(3) 股价重新启动发出了买进信号,站稳 30 日均线后,投资者就可大胆地择机分批买进。

这里我们仍以"科利华"为例,向大家介绍一下从低、中价股圈子内买进高成长股的具体操作方法:

(1)"当科利华"发布公告收购"阿城钢铁"后,这时可以确定该公司基本面发生了实质性的变化。当时该股股价虽然从 4 元多涨到 10 元多,但考虑到"科利华"是一家高科技软件开发公司,而与其性质、规模相同的高科技软件公司,股价远远在它之上,这说明其股价还有很大的上升空间。因此,投资者可将它作为高成长股的候选对象。

(2) 利好消息公布后,该股股价快速冲高后很快就进入整理状态,成交量大幅萎缩,股价中长期均线始终处于"多头排列"[注]状态,这说明该股走势仍由多头主力所控制。因而胆子大的激进型投资者可借庄家震仓洗盘时逢低先买进一些。

(3) 按照股市操作原则,只有当股价发出买进信号,形成上升趋势后建仓,才可以说是一种安全的股市操作方式(关于这点,《股市操练大全》第一、二册里有详细介绍,这里就不展开了)。因此,在该股还没明显启动时,稳健型投资者先不要忙于买进,以防庄家内中有诈,但当该股走势发出明显的买进信号后就应该积极加入,此时买进,安全系数很高,股价仍有很大的获利空间。

在沪深股市中类似"科利华"的例子很多,如"托普软件","青鸟天桥"等都是经过资产重组变成高成长股的,其利好消息公布后的走势同"科利华"的走势差不多,也都是经过短暂调整后出现大幅扬升行情的。投资者可以通过这些例子举一反三,掌握在低价股圈子内买进高成长股的技巧。

习题 20 证券班又一个学员杨刚站起来说:我们中户室有一个投资者,并没有根据刚才张老师讲的高成长股特征来挖掘高成长股,他前几年买进的"清华同方"和"方正科技"这两个股票,已经捂了几年,现在获利非常丰厚。这是不是说明识别、挖掘高成长股,并不一定要有什么特别的技巧。张老师你能不能就这个问题解释一下。

参考答案 张老师听了这个同学提出的问题后解释说:判断一只股票是不是成长股,确实是没有什么固定的公式可用的,这不仅是对成长股的识别、挖掘,其实对股市中的任何买卖行为的评判

[注] 关于均线"多头排列"的特征和技术含义,详见《股市操练大全》第二册第 16 页~第 19 页。

都是如此,股市中没有一成不变的,包赢不输的公式给你到处套用。但是,股市运行又是有一定规律的,一个股票是不是成长股也会有迹象表现出来,因此,我们可以用一些数据进行比较,用量化的方法去遴选并挖掘出高成长股来。在前面我们所述的高成长股有六大特征,以及如何买进高成长股的本意就在这里。

刚才杨刚同学说,他所在的中户室有一个投资者,早在前几年就挖掘出"清华同方"、"方正科技"这两个高成长股,现在已获利不菲。我相信这个投资者慧眼识宝,并能在这几年一直捂着这两个股票也一定是有他的道理的。据我所知,前几年买进"清华同方"、"方正科技"的投资者中,有很多人是在分析了"清华同方"、"方正科技"的基本面后,才确定它们是成长股的,并采取了中长期投资的策略。

据有关部门信息披露,2000 年全国校企科技产业收入 300 多亿元,其中北京大学 120 亿元,清华大学 63 亿元左右,两者之和占据了半壁江山。业内人士一般认为,全国校企的成功案例只有"北大方正","清华同方","东大阿派"等少数几家。而北京大学、清华大学是全国最著名的高校,教学和科技力量都是世界一流的,相对来说,由他们举办的科技企业最容易获得成功,再加上"科教兴国"是我们的基本国策,国家有关部门一直把高校作为启动科技产业创新、带动产业升级、完善产业结构调整的一个重要龙头。从这个思路考虑,"清华同方"、"方正科技"很可能就是高科技企业的领头羊,它们的高速成长是可预期的。杨刚说的那位投资者,也无非是因看好高科技企业的未来,看好"清华同方"、"方正科技"后面站着清华大学、北京大学这两所著名高校,才在市场上绝大多数人还没有看出它们的高成长性,股价尚处于低位时,捷足先登,买进后捂到今天的。

我不能猜测"清华同方"、"方正科技"这两家公司,以后基本面会有什么变化,它们是不是会被其他高科技企业赶上,也不知道杨刚说的那位投资者会不会一直看好这两个股票。但是,有一点可以肯定,能够在几年前就识别、发掘出"清华同方"、"方正科技"是高成长股的投资者,他们找到了大多数投资者还没有发现的寻找高成长股的方法——即从上市公司背景和国家政策导向中发现高成长股,这是他们获得成功的最根本原因,这点值得我们在座的各位学习。

我相信,随着大家对高成长股特征的深入了解,一定会找出更多、更实用的识别、挖掘高成长股的方法来。

习题 21 证券班班长王磊同学站起来说:张老师介绍的识别高成长股,挖掘高成长股的方法很实用,我们应该好好地学习和掌握它。不过,中国股市迟早要和世界股市接轨,我们作为中国股市的新一代投资者很想了解海外投资大师,如沃伦·巴菲特、彼得·林奇是怎样挖掘高成长股的,张老师你能对大家说说吗?

参考答案 张老师回答说可以,接着就开始向大家介绍美国投资大师沃伦·巴菲特、彼得·林奇选择高成长股的方法。他俩选择成长性股票的第一标准就是必须高于其他行业的经济收益,就是说所选择股票的行业比较特殊,能够取得高于其他行业的利润。

在美国,当代最伟大的投资大师沃伦·巴菲特所选择的 4 个股票分别是:可口可乐、吉列刀片、政府员工保险公司、迪斯尼首都广播公司。这 4 个股票囊括了其全部几百亿资金的 2/3。他认为持有这些股票没有什么风险。它们符合前面说过的选择成长性股票的第一个标准,即特殊行业的特殊利润。

像可口可乐、吉列刀片都是具有特殊行业,特殊品牌效应的产品。即使有一天,这两个企业化为灰烬,它们也能轻易地从银行贷到款,重新生产,因为品牌的价值是无形的。例如可口可乐,全世界有几十亿人在喝这种饮料,这是一个多么大的市场啊！可以说,可口可乐公司是世界上客户最多的一家企业。又如吉列刀片,它虽然是个很普通的日用品,但世界上有几亿人在使用它,消耗量极大,吉列刀片占世界剃须刀片销售额的65％,绝对利润额很大,收益有保障。在美国,保险业中风险最大的是车险,因为美国拥有全世界最多的汽车,车祸多,赔偿也多,而政府员工保险相对来说比较稳妥、可靠,这样的保险公司利润也不少。而迪斯尼乐园是全世界娱乐世界的大王,首都广播公司又是美国管理最好的公司,世界上最大的乐园与最好的广播公司合作,必将产生最大的效益,世界也将由此进入一个迪斯尼时代。美国在钢铁行业,纺织行业或者其他老的工业行业中都不能获得像金融、保险、媒介,包括高科技那样的高额利润,这也是信息社会的必然体现。

美国投资大师彼得·林奇选股从来不道听途说,也不根据哪个股评家的文章。他是从日常生活中去选股,通过跑商店来选股票的。有一次,他见夫人从商店买回一大打袜子,第二天他夫人又买回一打这样的袜子,他很奇怪,便问缘由,夫人说,这种袜子很容易破,叫一周袜。这引起林奇的好奇心。问是否每个美国人都买这种袜子,夫人说不管是穷人还是富人,都是这样。后来,林奇便买了这家公司的股票,挣的钱比卖袜子的公司挣的钱还多。这说明,只要留心,处处是学问,处处是机会,没必要去道听途说。道听途说是靠不住的。如果某一只股票,这个人说它好,那个人也说它好,你就要加以仔细分析,否则很容易上当受骗。1996年的"琼民源",2001年的"银广夏",都是在市场一致说它们好时暴露出欺世盗名的真面目的,这个教训值得大家认真吸取。

对行业的选择十分重要。有人曾经说:如果中国有殡仪馆的股票,那么第一个该选择的就是它。这尽管是一句戏言,但说明许多行业研究起来都是非常有意思的。彼得·林奇就曾经买过殡仪馆的股票。因为他发现,3年前,这家殡仪馆只有一个烟囱,三年后却有三个烟囱,而且天天冒黑烟,这说明这家殡仪馆的"生意"很好,是个高成长股,值得投资。

　　沃伦·巴菲特、彼得·林奇选择成长股的经验告诉我们:成长性股票总体来说是一种新的发现,它是通过对上市公司的第一手资料作深入分析,甚至面对面地调查研究和考核后才得出来的。而决不是靠道听途说,或随便看一些股评文章就能发现的,这里用得上中国一句古话:"只要功夫深,铁杵磨成针",谁在这方面研究功夫下得深,谁就能发现为自己投资带来滚滚财源的高成长股。

第五节　从上市公司经营人员素质中寻找投资机会与选股练习

　　习题 22　高成长股的"财富效应"对投资者具有极大的吸引力,这几天证券班学员都在谈论如何发现、挖掘高成长股。一位刚从美国考察回来的唐医生,在听了张老师的课后对大家说:"我观察美国人炒股,发现他们挖掘高成长股还有一个更简便的方法"。证券班里"活跃分子"小丁一听就忙不迭地说:"快说给大家听听"。"别急",唐医生拿出他近年来收藏的介绍世界富翁排行榜的报纸,神秘兮兮地笑着说道:"这个谜我让大家猜猜,不过你们看了这个'排行榜'就会明白的"。小丁把唐医生的报纸拿来看了一会儿,似乎看出了其中的奥妙。他很有信心地说:让我来揭开这个谜底吧。请问:你知道小丁是如何揭开这个谜底的吗? 唐医生是不是认为小丁这个谜猜对了?

◇◇◇◇◇◇◇◇◇◇◇◇◇◇◇◇◇◇◇◇◇◇◇◇◇◇◇◇◇◇◇◇◇◇◇◇

　　参考答案　小丁说:看了唐医生收藏的近几年介绍世界富翁

排行榜的报纸后,我认为世界上的高成长股就体现在世界富翁这几个人身上。买股票,就是找好的董事长。能够登上世界富翁排行榜的人,都是了不起的大人物,如果由他们领导一个上市公司,这个上市公司十有八九就是高成长股。

唐医生听了后插话说:小丁很聪明,这个谜猜对了。股谚云:“选股要选董事长”。此话不无道理。上市公司对各种资源进行计划、组织、实施和控制以达到其既定目标,公司董事长和公司高层领导班子的能力十分重要。经营之神松下幸之助认为,一个公司的成败,公司领导人要负 70％ 的责任。公司经营管理者在管理活动中起着主导性、决定性的作用,他们是企业的神经中枢,负责企业一切重大经营管理事项的决策,如果他们素质不高,导致决策出现严重错误,对企业将会造成致命的打击。

美国投资者是深谙此道的。20 世纪 90 年代初期,当比尔·盖茨和沃伦·巴菲特成为美国创业理财的大明星后,很多人在研究了比尔·盖茨和沃伦·巴菲特这两个人的经营业绩和经营思想后,毫不犹豫地买了以比尔·盖茨为董事长的微软股票和以沃伦·巴菲特为董事长的伯克夏股票,而这 10 年中,微软公司和伯克夏公司又有了新的大发展,企业的高成长特征表现得淋漓尽致,股价出现了大幅飙升,比尔·盖茨也因此成了世界上第一大富翁[注](见表 9)。可以说,90 年代初冲着比尔·盖茨和沃伦·巴菲特买进微软、伯克夏股票的投资者,个个都捧回了一个金元宝。由此,我得出一个结论:选对了董事长就选对了股票,只要在相对低位买进这样的股票,日后必定会有大的收获。

[注]　2001 年 6 月 21 日,美国权威财经杂志《福布斯》公布了全球富豪排行榜。位居首位的是微软的创办人比尔·盖茨,他的财富虽比去年稍跌,其身份也仅仅由去年的 600 亿美元缩至今年的 587 亿美元,但仍然连续 7 年蝉联榜首。排名第二的是美国“股神”沃伦·巴菲特,其个人财富由去年的 256 亿美元骤增至 323 亿美元。

表9　《福布斯》公布的 2001 年全球富豪前 10 名排行榜

排名	人物	公司和业务	国家	排名	人物	公司和业务	国家
1	比尔·盖茨	微软　电脑软件	美国	6	沙特王子（Alwaleed）	投资者	沙特
2	沃伦·巴菲特	投资	美国	7	詹姆·沃尔顿	沃尔·马特　零售	美国
3	艾伦	微软　电脑软件	美国	8	约翰·沃尔顿	沃尔·马特　零售	美国
4	埃利森	甲骨文　电脑	美国	9	罗布森·沃尔顿	沃尔·马特　零售	美国
5	Albrecht	零售	德国	10	艾丽斯·沃尔顿	沃尔·马特　零售	美国

习题 23　正当唐医生津津有味的向大家介绍美国朋友炒股经验时,证券班最厉害的女将王丽小姐挤了过来,冷不丁地问道,唐医生你尽说外国股市的事,隔靴搔痒有什么用,你怎么不说说咱们沪深股市中有谁冲着董事长买股票赚钱的事,这样也好让大家跟他学上两招。王丽这一问竟把唐医生和小丁都问住了。请问:如果你在场能不能回答王丽小姐提出的问题,帮助唐医生解围呢?

参考答案　如果我在场,我一定接受王丽小姐的挑战。其实买股票就是买董事长,不只是唐医生说的,我在外面也早就听说过这样的事了。

这里我们以"科利华"股票为例,"科利华"收购"阿城钢铁"的消息在报上披露后,有些投资者买"科利华"股票并不是因为它有很好的收购题材,或作为一家高科技软件公司与其他高科技软件公司之间存在着巨大的差价,他们之所以当时要买进"科利华"股票,就是冲着"科利华"掌门人宋朝弟而来的。说起宋朝弟,关心我国经济改革和发展的人大概没有谁不知道的,该人是我国近年来冒出来的一个超级大富翁,他搞的教育软件,短短几年就风靡全国,成了家喻户晓的名牌产品,尤其他在经营、销售上提出的"量子理论",令人耳目一新。

例如,1998 年他根据量子理论策划的《××的革命》一书的宣传和销售,对图书市场产生了极大的震撼。短短的二、三个月中,《××的革命》就销售了五、六百万册,创造了中国图书市场,乃至世界图书市场的销售奇迹[注]。尽管人们对宋朝弟为此投入巨额资金,把宣传推广一本图书当作宣传、推广一个新的重要产品的做法并不赞同,此外,在该书的宣传、销售上也出现了这样和那样的问题,但他能在不到一百天的时间内,将一本书卖出五、六百万册,这在当时的中国是没有第二个人敢想和敢做的。

宋朝弟作为一个民营企业家,给人们总的印象:就是一个富有活力、富有创新精神,有远大目标,又善于开拓经营,做一件事就非要把他做好的人,这样的企业家在中国又能找出多少呢? 因此,当一些熟悉我国改革开放以来民营企业发展情况的投资者,见到"科利华"收购"阿城钢铁"的消息公布后,看到当时该股的股价并不高,就冲着宋朝弟这个名字吃进了很多"科利华"股票。现在此事已过去两年了,"科利华"股票两年内涨了300%(按复权计算)。这说明这些投资者认为选股票就是选董事长的路子是走对了。

现在我再举一个例子,笔者曾访问过一位投资者,他1994年入市以来,买的第一只股票就是"青岛海尔",几年下来,"青岛海尔"买了一大堆,成了地地道道的"海尔专业户"。他本人从"青岛海尔"股票中也获得了丰厚的投资回报。我曾问他,你为什么对海尔情有独钟呢? 他告诉我:本人看好海尔,首先是因为海尔有一个非常杰出的当家人。在我和这位投资者的谈话中,他对海尔老总张瑞敏非常敬佩。他说:海尔老总是一个有抱负、有远见、有思想、有才能的企业家,非常了不起。

说起张瑞敏的抱负,他十分欣赏张瑞敏提出的"首先卖信誉,

[注]　现在图书市场竞争十分激烈,一般新书首印大多在5 000册至10 000册之间。像《××的革命》首印就是500万册的事,不仅在国内图书市场绝无仅有,即使在海外图书市场上也未有所闻。

其次卖产品","国门之内无名牌"的观念。海尔人正是在这一理念指引下,从 20 世纪 90 年代开始,实施了海尔创世界名牌的战略,并在这一战略思想的框架内,确定了"先难后易"的出口原则,目前海尔已在海外有 62 家经销商,3 万多个营销网点。为了更好地参与国际竞争,海尔提出了"本土化战略"。从 1996 年开始,海尔已在菲律宾、印度尼西亚、马来西亚、美国等地建立了海外生产厂。1999 年 4 月,海尔在美国南卡州生产制造基地的奠基,标志着海尔在海外第一个"三位一体本土化"的海外海尔诞生了,即设计中心在洛杉矶、营销中心在纽约、生产中心在南卡州。海尔的"本土化战略"目的在于通过当地融智与融资,发展成为本土化的世界名牌。

海尔的企业竞争力,已经可以和国际著名家电企业比肩。今天,海尔已发展为品牌价值高达 265 亿元(1999 年)的中国家电第一名牌。通过资本运营、兼并控股,海尔先后兼并了 18 家企业,盘活 15 亿资产,上缴税收 5 亿元,吸纳员工 2.3 万人,15 年内获得了平均 81.6% 的超速增长,目前已经能够生产白色、黑色和米色家电中 58 个系列,9 200 多个品种的产品。1997 年,在美国《家电》杂志公布的全球范围内增长速度最快的家电企业中,海尔集团名列榜首,超过了 GE、西门子等世界著名的家电企业。同年 12 月 18 日,海尔总裁张瑞敏荣获香港《亚洲周刊》颁发的"九七年度企业家成就奖"。1998 年 11 月 30 日,英国《金融时报》评选出的亚太地区最具信誉的企业中,海尔列居第 7 位。1999 年 12 月 7 日,英国《金融时报》公布的"全球 30 位最受尊重的企业家"排名中,海尔总裁张瑞敏荣居第 26 位。

每年有国内外数十万的各类人员来海尔参观、考察,包括松下、GE、三星等国际著名企业的管理人员也来海尔交流学习。1998 年,"海尔文化激活休克鱼"被收进了哈佛大学管理案例中,海尔集团总裁张瑞敏也亲临哈佛讲台与学生讨论,海尔的成功经验,开始为全球瞩目。

　　在交谈中,这位投资者越说越激动,他深有感触地说,海尔的成功得力于张瑞敏大力提倡和推广的"海尔文化"。我问他什么是海尔文化呢? 他如数家珍地讲起了海尔文化:海尔人学习了美国、日本企业推崇的创新精神与团队精神,在中国优秀的传统文化基础上将二者有机地结合起来,形成了极其丰富的海尔文化。对于企业运行过程中出现的各种问题、错误,海尔人习惯通过各种形式的大讨论,从主宰人们行为的思想、观念上彻底解决,杜绝同样的问题、错误再次发生。海尔文化卡上面列有:"敬业报国、追求卓越"的海尔精神;"迅速反应、马上行动"的海尔作风;"东方亮了、西方再亮"的资本运营观;"先难后易"开拓国际市场的理念;"用户永远是对的"服务观;"优秀的产品是优秀的人才干出来的"质量观;市场观念为"只有淡季的思想,没有淡季的市场"、"市场唯一不变的法则是永远在变"等等。

　　其中最突出的是在企业管理中提出的"斜坡球体论"(即海尔定律),该理论认为:企业如同斜坡上的球体,市场竞争与员工的惰性会形成下滑力,如果没有一个止动力,球体便会下滑,这个止动力就是基础管理;斜坡上的球体不会自行上升,因此需要一个向上的拉动力,企业才能发展,这个拉动力就是创新等等。总之,海尔企业文化的灌输,对保持与提高海尔的竞争力和高速成长起到了定海神针的作用。

　　听了他这样一番介绍,我对海尔的认识又深了一层。选股要选董事长,有了好的董事长,企业才会高速成长,股东才能获得稳定而又丰厚的投资回报,青岛海尔老总的事例不正是充分有力地说明了这个道理吗?

　　说到这里,我相信王丽小姐会和我一样同意唐医生的观点的,选股首先要选好董事长,无论在海外股市,还是在中国股市都是一样的。

习题 24　下午上课的时间到了,同学们又回到了教室。张老师说:大家刚才的讨论,我旁听了,因为大家讨论时很投入,我就没有打扰。坦率地说,选股就是选董事长这个问题,在前两期股市强化训练班上我也讲过,但没有讲好。同学们刚才的讨论比我讲课要生动得多,这实际上是在座各位帮助我扫掉了这个教学上的"拦路虎",我很感谢大家。关于"选股要选董事长"这个题目,我已经没有什么要多讲的了。这里我仅补充两点:第一,同学们应当多找一些实例,扩大自己的视野,加深对这个问题的认识。第二,一个好的董事长、一个能够不断带领企业高速成长的企业领导人,应该具备哪些条件? 这也是我要同大家重点探讨的问题。这个问题我先不讲,有谁来回答?

◇◇

参考答案　张老师提出这个问题后,先后有 5 位同学对这个问题发表了看法,最后张老师归纳总结说:选股要选一个好董事长,这已经没有什么疑问了。但是我们怎么知道这个董事长的品行,领导才能够格呢? 根据同学们的发言和我个人的体会,我认为要看一个董事长好不好,是不是值得投资者信赖,应该从下面几个方面去考虑:

一、要注意权威部门和同行对其的评价。一般来说,权威部门鉴于自己的影响和威望,不会轻易对一家企业,尤其是企业领导人进行评价,如果投资者发现有哪个权威部门接二连三地对某企业及该企业领导人作出评价,那就说明这个企业及其领导人有什么不同凡响之处,这就要引起投资者的密切关注。这里说的权威部门主要是指国家领导人,国家主管部门和国外著名的权威机构。在这三个层面中,党和国家领导人的评价最有参考价值。

同行的评价也很重要。俗话说:同行相轻。通常,同行之间由于利益的冲突,他们不排挤、贬低对方已经不错了,如要叫他们说一声自己的竞争对手好,这是很难办到的。假如有一天我们发现有哪个同行夸他竞争对手如何行的话,这就说明这家上市公司的领导人确实有过人之处,连其竞争对手也不得不佩服,这就要引起我们对这家企业领导人的重视。

在注意权威部门和同行对其评价时,我们要把握两点:一是评价的部门或同行越多,越有参考价值;二是评价的时间越近,可信度就越高。

二、要关心企业领导人的个人经历。个人经历包括:年龄、教育、背景、在公司的提拔情况、负责范围、在社会和工作上的贡献以及人格品质、人际关系等。工作经历丰富、知名度高、人际关系好、事业心强并曾有过良好经营业绩的企业领导人,一般具有洞察市场、预见未来、有胆有识、胜人一筹的领导才能。

三、要重视企业领导人是否制定过行之有效的战略计划。企业领导人高瞻远瞩的战略眼光与计划往往决定一个公司的命运。在当今技术急剧更新、竞争日益激烈的情况下,公司的战略计划已成为考察公司管理与高层领导能力的一个重要组成部分。

四、除了董事长外,我们还要看一看企业有没有一个坚实的管理层队伍。随着我国法人治理的逐步完善,股份制公司运作的日趋规范,上市公司的发展不再是董事长个人的事,而是以董事长为首的整个公司管理层共同掌管的大事。因此,公司核心领导层的知识结构、学历水平、管理经验和技术、性格特征等因素对企业的发展就显得更加重要了。所以,我们在考察董事长个人品行、能力、实绩时,公司核心领导层整体素质如何也是投资者重点考虑的一个因素。通常,从分析公司核心领导层的过程中,投资者就可略知董事长的用人思路和领导组织才能如何。

有人可能要问:普通投资者通过什么途径,什么方式可以了解到这方面的信息呢?这里提供几点意见供大家参考:

(1)做有心人,多看一些财经方面的报道。一般比较成功的企业家都会有报道见于媒体。《人民日报》、《中国经营报》、《21世纪经营报道》、《中国证券报》、《上海证券报》、《证券时报》等报刊和电视台、电台财经专栏经常有这方面内容介绍，大家可多留意。譬如，《中国经营报》的"与老板对话"就是了解企业家的一个很好栏目。

（2）从网上查阅。将你所要了解的董事长姓名、企业名称等关键字，输入到 Sohu、Yahoo、Sina 等搜索网站的相关栏目，即可查到你所需内容。例如，我们查阅"科利华"董事长宋朝弟的有关资料，先登录（打开）WWW·sohu·com 网站，然后在网站主页的"搜索输入框"中输入"宋朝弟"3 个字，接着再按下"搜索"按钮，便可找到许多关于"宋朝弟"的相关资料、报导。

（3）阅读财务报表，看看董事长及董事会成员的资格、学历和人员变动情况，特别是新董事长出现后，上市公司的经营思路、经营实绩有何变化。要了解这方面内容，要注意把近几年的年报、中报集中起来，相互对照，相互比较，这样才能作出正确的判断。

（4）以股东身份到上市公司董事会秘书那里，索取有关上市公司高层管理人员的简历和工作情况的资料。

总之，将上面讲到的几点综合起来运用，一般就能发现一个好的企业领导班子，好的董事长来。如果有可能（譬如参加股东大会）应该直接听听董事长的发言，面对面地与他交换意见，以此进一步考察其经营思路和领导才能，确定他是不是投资者心目中理想的董事长。如果是，就可以按照选股就是选董事长的思路，购买或中长期持有这家公司的股票；如果不是，那就另找对象，切不可盲目买进或中长期持有这家公司的股票。

第六节　从公开信息中寻找投资机会与选股练习

习题 25　张老师说：现在，有些证券营业部经常发布一些"内幕消息"、"市场传闻"、"投资指南"之类的小道消息,有人认为这种做法很好,至少为解决市场主力与中小散户之间信息不对称提供了一种有效途径,它对中小投资者的选股是有一定帮助的。你认为这种看法对吗?为什么?

参考答案　我认为这种看法是错误的。为什么呢?因为用散布"内幕消息"、"市场传闻"、"投资指南"等小道消息来解决市场主力和中小散户之间信息不对称的问题,是一种饮鸩止渴的行为,最终受害的仍然是中小投资者。试想,市场主力凭借自己的资金实力和特殊地位,抢在市场大众前面在第一时间获得上市公司的重要信息,岂是普通投资者看看证券营业部或证券小报上的小道消息就能够得到的。有人认为,中小散户通过证券营业部、证券小报可以"即时"看到一些"内幕消息",这对中小散户来说多少是件好事,这样,才有可能让市场所有参与者在第一时间内获得上市公司的重要信息,让市场主力失去优势,其实,这种想法太天真了,"这样好事"是绝对不可能实现的。其原因很简单,散布"内幕消息"、"市场传闻"、"投资指南"之类小道消息的总指挥就是市场主力和受制于他们的市场吹鼓手。我们只要坐下来冷静的想一想,市场主力会干这样的蠢事,让中小散户也能在第一时间"分享"他们经过千方百计弄到的重要信息吗?

股市中的大多数消息与股价的走势有着密切的关系,当股价在低位时,没有人传小道消息,随着股价的上行,小道消息的受众面越来越广,而当股价走到顶端之时,小道消息铺天盖地,好到使人恨不得倾其家当去换这个能改变人生命运的股票。而当股价下行之时,小道消息则越来越少,最后完全被人遗忘。这种现象实际上与传播学上的原理一样,主力吸筹之时,是不会跟任何人说的,等自己坐到"轿"上之后,开始招聘"轿夫",先是告诉自己的七大姑、八大姨,这样一传十,而每一个买入股票的人,都是"屁股"指挥脑袋转,又告诉自己的亲朋好友,开始十传百,传到后来,买入者越来越多,受众面越来越广,主力开始加大宣传、推波助澜,而自己暗渡陈仓,开始派发。中小散户实际上应该想一想,连我都知道的消息,还有什么价值,进去也只能成为主力的"轿夫"而已。

例如,沪市的"莱钢股份",2000 年股价在低位时,没有人传播它有什么内幕消息,因它是一个钢铁股,市场也不看好它,但其股价竟能在一两个月内翻上 2 倍多,着实让人吃惊不小,当股价大幅飙升后,市场上关于"莱钢股份"的小道消息忽然多了起来,什么公司涉足了新材料啦;什么第一大股东"莱钢集团"出资参与了"山东控股",从事高科技风险投资啦;什么今年业绩迅速增长啦⋯⋯一句话"莱钢股份"投资价值大着呢! 现在正是逢低买进的良机。很多相信小道消息的人在高位吃进"莱钢股份"后,该股继续上涨没等到,接连下挫倒是都经历了,它从 20 元一路下挫,最低跌到了 10 元,高位买进的投资者损失十分惨重。

常言道:"以史为鉴"。读者有没有听说过赤壁大战前夕,曹操和周瑜隔江对峙,双方都想刺探对方的情报,同时又进行"反间谍战"的历史故事吗? 蒋干是曹操的谋士,是个喜欢说大话、玩小聪明的角色。他自告奋勇要前去劝说他的老同学周瑜来降。而周瑜敢与曹操对抗,主要是仗着长江天险,仗着自己的水军厉害。可曹操却命精通水军之道的荆州降将蔡瑁、张允训练其水军,这使周瑜坐卧不安,正好蒋干来劝降,他就来个反间计。周瑜先来个关门战术,说他正是事业有成的时候,就是说客的祖宗来也白搭,但他却装出一副热情的样子,设宴款待,故意喝得大醉,然后拉蒋干一块睡觉,自己假装酣声大作。蒋干见劝降不成,不好回去交差,于是半夜起来,在周瑜房里寻找——三军统帅帐中定有重要机密一类的东西,果然发现周瑜来往信件中,有一封蔡瑁、张允的信,说是准备杀曹操投周瑜。蒋干大喜,以为搞到"内幕消息"了,于是偷了回江北报曹操,曹操顿时大怒,杀掉蔡、张两人——刚一杀,曹操便醒悟了,知道中了计。大战还没开始,曹操就先输了重要的一局。

所谓"内幕消息",都是主力庄家学周郎故意设计出来,然后"泄漏"给打听消息的"蒋干"们的,于是一传十,十传百,在市场上到处散布,形成共识,形成跟风,这就有利于主力做市了。

这里再讲一个真实的例子。有两家上市公司的老总们在一家高级宾馆里会晤,商谈有关股权转让问题,不料被一消息灵通的人士碰上了。老总就说,这事刚有个苗头,请暂时保密,回答是,当然,当然。可他利用上厕所的机会,就用手机将消息透露给他的哥儿们,哥儿们又都告之亲朋好友,结果大家都在高位大量吃进这家公司的股票,等着获大利。可没过几天,该股票不涨反跌,直到下跌 30% 他们才知上当了。

沪深股市 10 多年来的发展历史告诉我们,中小散户如以非正规渠道来的小道消息,进行股票买卖操作,最后除了极少数人运气好,捡到一点便宜外,多数人亏损累累。小道消息可能就像毒品一样,有吸引力但无好下场。《股市操练大全》第一册发行后,我们曾收到一位读者的来信,他因为轻信非正规渠道来的小道消息,在高位重仓持有某股,仅仅半年时间亏损就达 70%,这一沉重打击使他"几乎没有勇气活下去了(信中原话)"。这一教训是极为深刻的。因此,中小投资者在选股时,切记不能以小道消息为依据,这样的游戏我们玩不起。

习题 26 张老师说:小道消息大多是先让投资者尝一点小甜头,跟着吃大苦头。因此,为了投资安全起见中小散户应该做到少听或不听小道消息。但是不听小道消息,不等于不要听消息,如公开信息是投资者必须重点关注的。我们应该学会从公开信息中寻找投资机会的本领,现在有谁来举例说明这个问题?

参考答案 对善于分析的投资者而言,公开信息里藏着未被人发现的金矿。一般而言,投资者利用公开信息,只要分析判断准确,都能找到一些比较好的投资机会,那么,如何从公开信息中找到合适的股票进行投资呢?

(1) 从年报中寻找。一般年报都要经过审计,相对中报来说比较可靠,因而年报的内容是我们获得公开信息的最主要来源。仔细阅读年报常常会有意想不到的收获。例如,《中国证券报》在2001年6月26日介绍了一位投资者如何从年报的公开信息中寻找投资机会获得成功的事例,该事例很有典型意义,这里摘录其中一段,以飨读者。

该文说:"1998年初,笔者发现了一只大黑马——'南京高科',当初称为'南京新港'。而发现这一黑马的重要依据就是从其公开信息中找到的。该公司于1998年初公布的年报披露:①投资3860万元修建山南二期道路工程。山南二期道路工程总长约为8000米,预计工程利润830万元。②投资3000万元建设纬一路东进道路。道路全长约2600米,预计工程利润650万元。③投资2000万元建设光新公路二期工程,预计工程利润758万元。对这些公开信息,一般人可能一看了之。而这些公开信息中的数据显示了修一公里路可赚300万元左右,而对修一公里路可赚300万元的企业有什么理由不值得介入? 当时该股的流通盘只有5000万股,价位不足20元。且该股身兼多重概念:市政基础设施建设属于基建概念;投资高新技术产业属高科技概念。虽然当初名字不叫高科,且科技股当时也不是热门股,但凭对科技股必有大行情的把握,和对现实情况的深入分析,一匹大黑马摆在了面前。果然当年年中,该股从15元一口气拉升到32元。"

(2) 从上市公司重要公告中寻找。上市公司为了针对其在经营和销售上出现的新情况经常要发布一些公告。如果投资者对这些公告能仔细地加以研究,常常可以找到一些较好的投资机会。

例如,1996年底,"云南白药"投资控股了云南大理、文山、丽江三家生产云南白药的企业,组建了"云南白药"集团,开始对"云南白药"的生产经营实行五统一(计划、商标、文号、质量、销售)。聪明的投资者此时已经意识到,"云南白药"的垄断地位已经形成,其股票价值被市场低估了。然而该股却一直表现平平,垄断优势并没有带来业绩增长,1997 年中期业绩只有每股 0.129 元。1997 年 12 月 27 日,契机出现了,该公司董事会发布公告,五种产品价格大幅上调,最多涨幅达 6 倍;同日,该公司股票价格开始大幅上扬,经过 5 个月时间,股价由 7 元上升到 17 元,涨了 150%。

又如,2001 年 3 月 30 日"信联股份"发布公告称拟申请公募增发 A 股,增发不超过 6000 万股。仔细阅读其公告,发现其募集资金主要投向高性能 IP 路由器系列产品及宽带接入网中接入设备的制造项目。由于本次投资项目的产品是构建下一代宽带信息网络必不可少的关键设备,其技术主要采用"863 计划"的成果,以及国家"九五"二期科技攻关计划重中之重项目的成果,具有我国自主的知识产权。这些项目实施建成后,"信联股份"将一举掌握宽带通信领域的核心技术,并具备为国内宽带通信网络提供新型设备的能力,其重要性不可小视。详细研读具体内容后就可发现,具有经济可行性,高性能 IP 路由器静态回收期为 3 年,内部收益率达 51.6%,其他项目都是前景看好,收益较高(内部收益率都在 39% 以上)。而在二级市场中"信联股份"的股价自公告后一直在 16.50 元下方盘整,且整整有 8 个交易日,4 月 11 日开始放量飙升,到 4 月 19 日收盘已是 25.68 元,使及时买进该股的投资者很快得到了丰厚的回报。

(3) 从上市公司领导人谈话中寻找。上市公司有时为了公司的发展和自身形象塑造的需要,由公司领导人出面向外界披露公司的经营大计,像这类公开信息也不可忽视。投资者从上市公司领导人的谈话中或许能找到一些很好的投资机会。

例如 1997 年下半年,"东方明珠"的股价一直在 12 元附近徘徊,然而翻开该公司的股东名册,前十大股东有 6 家属于媒体产业,包括上海广播电视发展总公司、上海各电视台及广播电台,为数众多的垄断性优质资产今后有可能逐渐注入该公司,你说它的潜力有多大?然而令人不解的是,即使是发生了收购奉浦大桥部分股权的重大事件,也未使其股价发生太大波动。但是细心的投资者可以发现,买入契机终于出现了:收购奉浦大桥股权后,"东方明珠"总裁盛亚飞在接受记者采访时表示:1998 年"东方明珠"将利用所属行业和股东构成的优势,涉足传播和传输业务,准备与有关媒体合作,共同开展电视广告业务,筹建信息传输网络。这意味着什么?意味着注入媒体资产即将开始,也意味着投资该股的最佳时机已来到。果然在这之后,"东方明珠"股价从 1997 年的 11 元一直上升到 2000 年 53 元,股价足足上涨了 4 倍。

习题 27 刚才张老师介绍了几个用公开信息选股成功的例子,对此一些同学有些异议,因为公开信息也有虚假问题的存在,投资者还为此吃过不少苦头。他们认为,现在信息泛滥,时真时假,不信,有时真有其事,真信,说不定又将你套个结结实实。在这点上,小道消息和公开信息性质上没有什么两样。请问你同意这个说法吗?为什么?

参考答案 我认为这个说法并不正确。虽然小道消息和公开信息中都有个真伪问题,但其性质是不同的。

首先,小道消息和公开信息发布的目的不一样。小道消息的传播是庄家刻意所为,是庄家掠夺中小投资者的一种手段。现在市场信息披露机制的不完善,信息不对称造成不公平竞争,某些强势群体的确能借助小道消息谋利,特别是所谓"庄家"。前一段时期,笔者碰到几位台湾来的朋友,谈及台湾股市在爆炒到高位时,也是各路"庄家"各显神通,小道消息满天乱飞,甚至还有卖消息赚钱的。庄家出不了货就放假消息骗人,最终造成台湾股市连连暴跌,中小投资者损失十分惨重。因此,可以说小道消息完全是为庄家利益服务的,它对股市健康发展有着很大危害。现在管理层已经看到问题的症结所在,2001年初开始狠狠打击"恶庄",并将2001年定为"监管年",其目的就在于营造规范的投资环境,吸引更大更多的投资者。特别是信息披露制度的不断改进,对中小投资者将更为有利。

而公开信息的发布是面向全体投资者,其目的是让市场所有参与者都能在同一时间获得股市或上市公司的有关情况变化的资料,就这一点来说,公开信息的发布不是为那个群体服务的,是为全体投资者服务的。它相对来说还是比较公平、公正的。

其次,小道消息和公开信息都有虚假问题存在,但它们虚假程度不一样。小道消息可以颠倒黑白,乱说一气。鉴于目前中国股市尚不规范,在信息披露上还是无章可循,特别是在网上,在一些非权威媒体上煞有介事地介绍和报道某公司有可能影响股价的"重大举措"或"重要事项"。即便这些小道消息是无中生有,除了上市公司及时澄清外,造谣者却无需承担任何责任[注]。

而公开信息,则与上面说的情况有所不同。尽管它有时也有夸大事实的现象出现,但多数还是有点根据的。在我们权威性的报纸上,发布一些无中生有,公开造假的信息比较少见。这是因为:①利用媒体发布信息,公开造假,造成后果必然要受到监管部门查处,情节严重的还要负法律责任。另外,在报上无中生有,瞎说一气,白纸黑字,即使想赖也赖不掉,造假者对此也畏惧三分。②作为一家有影响的权威性报纸、电视台、电台,为了维护自己的形象,也不会允许公开造假的信息在媒体上出现,如因把关不严,

---

　　[注]　即使有关方面想追查,往往也因查无实处,只得作罢。可见,小道消息完全是骗你没商量,中小投资者对此要保持高度警惕。

让假消息出现，报纸、电视台、电台的责编人员，乃至负责人都要负连带责任。

正因为小道消息和公开信息在性质上有着本质区别，所以，我们一贯主张投资者，尤其是中小散户不要使用非公开信息，即小道消息。综观古今中外，几乎没有一个伟大的投资家或者投机家能够依赖非公开信息发财致富的。也许正是缘此，西方宏观经济学鼻祖、金融投机家和社会活动家约翰·梅纳德·凯恩斯勋爵在具体的投机活动中，对于各种非公开信息从来都是不屑一顾。凯恩斯曾经表示，华尔街的投资者如果不去理睬那些"内部消息"，就不难发财致富。凯恩斯这个观点在我国股市中也得到了证实，我们调查了一些股市中的成功人士，他们在短短的10多年、甚至几年的时间内就把自己的资产做大，当中没有一个是靠内部消息发起来的，他们的消息都来源于公开信息。

例如，在股市上最早获得成功的"杨百万"就说过："说到捕捉自己的机会，我是怎么学来的？还是读书读来的。我想，我们那么多报纸，有哪个地方漏出来一条重要消息，我捡到了，我就发财了。所以我当时订了几十种报纸，最多时达到118种。要研究股市政策，研究领导人的讲话，报纸的文章，要看到精髓里去。"

又如，近年来脱颖而出的股市新秀石开，他在谈到自己如何在1999/5—2000/2这短短的一年多时间里，将资金从4.8万元做到40万元时说："我每天必读《证券时报》、《广州日报》，从中获取可参照的信息，并以此建立了自己的数据库。"

当然，我们这样说并不忽视公开信息中存在的虚假问题，也并不否认公开信息中的虚假信息对我们中小投资者造成巨大的伤害。关于这个问题，我们下节课将继续讨论，这里就不多说了。

习题 28　张老师说,现在信息很多,时真时假,公开信息虽不会像小道消息那样无中生有,但确实也存在虚假的现象。此外,主力也常常会利用公开信息引诱中小投资者高位追涨或低位杀跌,达到他们不可告人的目的。因此,普通投资者在利用公开信息选股,或进行股市操作时,一定要注意信息的真实性、实用性,以及信息的反向效应和递增效应,这样才不会陷入主力的诱多或诱空的圈套。请问:如何判断信息的真实性、实用性,信息的反向效应和递增效应呢?

参考答案　张老师提问后,大家议论开了,最后张老师根据大家的讨论作了总结性发言。张老师说:信息的真实性、实用性,信息的反向效应和递增效应确实很重要,下面我们就来谈谈这方面的研判技巧。

一、如何分析判断信息的真实性。

通常,信息是否真实,局外人是很难知道的。普通投资者也不可能为核实信息是否真实专门到上市公司,或到有关方面去调查。说得不好听的话,即使你有时间、有能力去调查,对方也不一定会告诉你事实的真相。当然,这样并不是说局外人就没有办法来鉴别信息的真伪了。一般来说,虽然我们不能直接对信息的真实性进行核查,但是,我们可以通过其他途径,间接地分析、判断出信息的真伪。其方法是:

(1)看信息的内容是否合理。有些上市公司发布的信息,或媒体对上市公司的评价,常常言过其实,仔细看后就觉得它并不在理,像这类信息虽不能说是假的,但至少在逻辑上有问题,是经不起推敲的。投资者见到这类信息,切不可以信以为真,将它用作选股和股票买卖的依据。

我们在这里举一个比较典型的例子。去年和前年受海外高科技股和网络股不断走强的影响,沪深股市中一下子冒出了许多高科技股,反映到当时上市公司的信息发布和媒体评价中,不管是搞什么的,只要与网络、高科技沾上一点边,就成了高科技股。市场上也形成了一种倾向,既然"清华同方"、"东大阿派"这些高科技股能站在三、四十元价位上,那么这些"更有活力的、新兴的高科技股"股价也应该向他们看齐,甚至超过这些老牌高科技股。于是,只要哪一家上市公司发布信息进军网络、高科技,这家公司就理所当然成了市场上的明星,说它好的、捧它的、追它的都出来了。当时连卖饮用水的公司搞了一个什么网站,也成了高科技股,股价从8元多一下子窜到30多元,更有甚者,一个以生产电动车为主业的上市公司竟成了沪深股市中高科技股的领头羊,在股价冲到100多元时,该公司董事长大言不惭地向外界发布信息,称他公司生产的电动车绝对是高科技的产品,投资者在100多元买他公司的股票是物有所值等等。当时,网络、高科技成了最时髦的题材,也成了最混乱不清的概念。这里我们有必要对这个问题作些澄清。

什么是高科技?顾名思义高科技就是科技含量高的意思。高科技与传统的科技不同,代表的是世界上最尖端的技术,生产的是能反映知识经济时代的最新产品,它是当今知识、科学、技术发展的结晶。真正的高科技的研发项目及成果在科技、经济并不发达的我国,应该是不多的,经得起检验的高科技企业也只能是百里挑一。如今沪深股市中卖水的和搞电动车的都成了高科技股,这不是天大的笑话吗?当时上海、深圳两个市场中宣称涉足高科技的上市公司有几百家,今天这家公司发出一份公告出资几百万、几千万投资了一项"高科技项目",明天那家公司向新闻界透露他们已经成功开发出了一个"高科技产品"。而如今两年过去了,这些所谓的高科技项目、高科技产品几乎都成了泡影。可见,那时的公开信息内容是多么不合情理,失实现象极其严重。

讲到这里我们可以总结一下:普通投资者看一个公开信息是

否真实,主要看它的内容是否合理,是否经得起推敲,如果在逻辑上说不过去,不合情理的,无论上市公司和媒体对它怎样宣传,投资者也不要把它当成真的。这里千万要记住:盲目轻信,把不合理的信息当做选股和投资决策的依据,最终是要为此付出沉重代价的[注]。

　　(2)看信息发布是否适时。有些公开信息内容虽没有什么失实现象,但公布的时间有问题——该公布的时候不公布,不该公布的时候公布了,它对投资者产生了很大的误导作用。这样的信息也不能认为它是真实的。

　　[注]　本书即将完稿时,各大证券媒体刊出《财经》记者的调查文章,以确切的证据揭露近两年最耀眼的大牛股——"银广夏"在过去两年的业绩全系子虚乌有的编造,全是为操纵股价而精心设计的骗局。这一骗局的揭露震惊了整个中国股市。很多投资者得知这一消息后直言,"我们从公开信息中得到的结论就是:'银广夏'高成长、高收益,是中国第一蓝筹股,结果这么重大的造假工程在公开信息中竟无一点揭示,叫我以后怎敢再信"。确实利用公开信息造假,而且造得如此"逼真"(当然这种情况并不多见),真叫人有一种防不胜防之感。

　　不过话要说回来,虽然,"银广夏"的骗局设计得很"高明",但投资者只要坚持"分析、判断公开信息内容是否合理,是鉴别信息真假的一个重要标准"的观点,就不难看出其中的破绽。据了解,2001年3月中旬"银广夏"股东大会期间及以后,就有数家媒体的记者为与"银广夏"签订巨额订货合同的德国那家神秘的公司"是谁,"萃取"巨大利润的可靠性等问题,以口头和文字形式向"银广夏"管理层提出过质疑。2001年4月,一位投资者细读"银广夏"公布的2000年年报全文后,在报纸上发表了《关于银广夏的九个疑点》一文更是将对"银广夏"的怀疑推向了高潮,令人遗憾的是市场各方面并没有对此引起重视,这才使"银广夏"精心设计的骗局又延续了几个月。

　　在证券市场享有很高声誉的资深财务分析专家贺宛男女士就"银广夏"的丑闻谈了她的看法,其真知灼见值得我们铭记在心。她说:"银广夏"事件已成为近期股市最具有爆炸性的新闻,"银广夏"造假带给人们很多思考,其中之一是,对突发性增长的企业一定要保持高度警惕。

　　1994年上市的"银广夏"原本是很不起眼的公司,可是,1999年起利润大增,当年净利润1.27亿元,每股收益0.51元,比1998年猛增118.5%;2000年再达4.17亿元,10送10后每股仍达0.827元,又增长2.26倍,其原因则是看不懂的所谓"生物萃取",而且2001年"萃取"能力还将增加13倍,每股收益将再达2—3元!众所周知,对办实业来说,一年增长20%—30%已经不易,要实现成倍、甚至几倍的增长,而且是突发性的增长,有必要多问几个为什么。

例如,深市的"康达尔",据说,它在两年多前就涉足了"高科技",而该公司管理层对此一直秘而不宣,等一年半后,股价涨了8倍多时,公司管理层才匆忙发布公告,说公司涉足了科技创业投资,并将更名为"中科创业"。等其信息公布后,股价也就到顶了[注]。类似这样的例子在沪深股市中很多。这使得人们不得不相信,在我们的市场上的确存在着一批玩弄信息的"高手",将原因和结果的顺序作了颠倒,导演了先有结果(股价大幅上涨),后再说明原因(发布公告重组成功或业绩大幅提升)的股市滑稽剧。

有人说,中小散户应该学会市场生存之道,在股价上涨初期就可加入,反应可以快些么!事实上,不是我们投资者反应不快,而是再快也快不过那些"先知先觉"的主力、庄家,他们能在半年、一年前,就能掐会算地得知诱人的题材(此时上市公司理应向外界发布消息告知真相,却故意将消息藏而不发),提前建仓,等待巨额利润。而市场主力、庄家利润总额最终兑现,靠的就是上市公司迟到的重组成功或业绩飞速成长的公告。上市公司把本来早就应该发布的公告一直拖到股价大幅上扬后再来发布,其目的不言自明:它是在配合主力高位胜利大逃亡。而一些善良的投资者因缺少这方面操作经验,眼力不够,没有看清这些公告后面的虚伪一面,在其公告发布后,以为发现了一个有投资价值的金矿,忙不迭地跟进,最后都成了主力拉高出货的牺牲品。

由此我们可以得出一个结论:上市公司有重组或其他利好消息,在股价尚处于低位时发布公告,它就比较真实可信,这时投资者可择机而入,而等到股价涨高后再发布消息,就不能领它的"情",千万不能再追进去。反之,上市公司业绩亏损或有其他利空

[注]　该股更名后,股价就跌势绵绵,从最高价80多元一直跌回到它原来启动的价位8元多。耐人寻味的是当该股股价跌得惨不忍睹时,该公司又宣布将名字从"中科创业"仍旧改回为原来的"康达尔",股价就此"见底回升",出现了大幅上扬。

消息的公告,在股价尚无什么表现之前就发布出来,这时可以相信它是真的,投资者可及时离场观望,而在股价连连下挫后再发布这个消息,就要想到内中可能有诈,这时不应该再跟着杀跌,以免中了市场主力低位诱空的奸计。

二、如何分析、判断信息的实用性。

现在公开信息很多,如国际、国内经济情况报道,国家领导人、股市管理层对国内经济形势和股市问题的谈话,经济学家、咨询机构对经济形势和股市走势的预测,上市公司的年报、中报、新闻媒体对行业和上市公司的投资价值的分析报告,记者对上市公司老总的采访,等等,如果你要把所有的公开信息都看一遍,即使一天24 小时不吃不睡也不够用。因此,阅读公开信息一定要讲究实效。具体做法是:抓住重点,突出信息的使用价值。凡是使用价值高的信息实用性就大,反之,实用性就较差。

比如,上市公司年报、中报公布后,各大证券报都会绘制一些数据统计表,如上市公司股本总额大小排行榜、上市公司主营收入排行榜、上市公司利润总额排行榜、上市公司每股资本公积金排行榜、沪深股市股价涨幅排行榜,沪深股市所有股票的历史表现,等等。这些数据统计表有的对投资者选股和股市操作有一定的帮助,有的仅对搞股市分析、研究的人员有用,这个你就要学会区别。

例如,上市公司主营收入排行榜、上市公司利润总额排行榜对普通投资者参考作用就不大。为什么呢?因为有些上市公司因股本总额大(如"上海石化"、"四川长虹"),它们每年主营收入、利润总额常会排在前面。这个排行榜既不能反映上市公司的投资价值有多大,也不能反映上市公司的投机价值如何,对投资者分析、判断其股价走势没有什么参考价值。因此,投资者可以不去看它,更不能把它作为选股和买卖股票的依据。

又如,上市公司每股收益排行榜,上市公司净资产收益率排行榜,投资者虽可以关注它,但不能把它作为选股和股市操作的依据,为什么呢? 因为每股收益和每股净资产收益率高,并不能说明该股投资价值一定高。像有些上市公司每股收益和每股净资产收益率的名次,从排行榜后面一下子跑到排行榜前面,其因是靠一次性突发性收入获得的,你能肯定它的投资价值,把它作为选股的依据吗? 显然不能。这方面的例子是很多的[注]。如果投资者只看股票每股收益和净资产收益率,排名在前面就认为它有投资价值,买进后不涨甚至下跌都是有可能的。当然这样说,并不是否认上市公司每股收益、净资产收益率排行榜对投资者的参考作用,我们只是强调它的使用价值不大,不是我们投资时应该关注的重点。

那么,投资者选股和买卖股票时重点要关注什么呢? 上市公司每股净资产排行榜、上市公司每股资本公积金排行榜,沪深股市股价涨幅排行榜、上市公司的股价的历史表现等,这些统计数据就是我们当前应该重点关注的内容。为什么呢? 这是因为:

(1)上市公司每股净资产排行榜直接反映出每家上市公司的家当(资产)有多少。净资产越高,相对来说投资价值就越大。一般情况下,上市公司净资产值较稳定,它不可能像上市公司每股收益、每股净资产收益率的排名,因为突发性因素,忽而窜到天上,忽而跌到地下,它每年增加和减少都有一个渐变过程,因而参考价值较大。

(2)上市公司每股资本公积金排行榜表明各个公司利润积累上的差异。资本公积金越高将来送股的可能性就越大。

(3)股价一年涨幅排行榜也很重要。按照股市涨跌轮回规律,第一年涨得多的股票,第二年再涨的机会就少了,说不定不涨反而来个价值回归也很有可能;第一年跌得多的股票,第二年再跌的可能性就少多了,说不定此时股价已到谷底,来个云开月明,由熊转牛也不是不可能的。

[注]　关于这方面的例子,本书习题(第50页)已有详细交代,这里就不再展开了。

（4）上市公司股价的历史表现,仔细分析起来也很有意思。通过这一统计数据,我们可知道各个股票的价格中枢在哪里。根据以往股市操作经验,当股价高于这个中枢值时,股价就很可能被拉回,而当股价低于这个中枢值时,股价很可能再被拉上去。这里我们举一个"东阿阿胶"的例子(见表10)。

表 10 东阿阿胶股票价格历史表现

年 份	最高价（元）	最低价（元）	平均价（元）
1997 年	18.00	9.41	13.50
1998 年	17.18	11.37	14.32
1999 年	16.70	10.12	13.45
2000 年	15.93	10.50	12.86

表 10 中的平均价就是该股当年的股票价格中枢值。投资者如果在选择这个股票时就可考虑:第二年的股价低于上一年平均价时,股价很可能被拉上去,低于的幅度越大,上升空间就越大,用这样的方法去选股,取胜的把握就很大。

以上是通过上市公司年报的统计数据,向大家介绍了鉴别衡量信息使用价值大小的方法。当然,信息的实用性不仅表现于此,我们在阅读公开信息时,对信息中的一些关键词、重点内容也要特别注意。这往往是信息中最有实用价值的部分,它对我们股市操作和选股帮助极大。

我们先看公开信息中关键词的作用。比如,1999年"5·19"行情爆发后,《人民日报》发表评论,称1500点以下为"恢复性上升行情",这是一个很关键的词。它反映了中国高层领导和管理层对股市总的看法。由此可以想到,今后股市的政策都会围绕着它去展开,尽管1999年"5·19"行情在1756点见顶回落,并跌破了1500点,但记住1500点以下是"恢复性上升行情"这几个关键词的投资者心中都明白,买进股票机会又来了。后来当大盘指数跌到1341

点后,在一系列利好政策推动下,2000 年又展开了一场持续时间更长的多头行情,股指不仅冲破了 1756 点,还一举攻克了 2000 点。

当国内 A 股市场出现了"恢复性上升行情"后,聪明的投资者又想到了:在同一国家、同一环境、同一政策背景下的 B 股也应该有"恢复性上升行情"。沪市 B 股起始点是 100 点,最高到过 141 点,尽管只区区涨了 41 点,这在 A 股市场根本不当一回事,但之后就一路下行,最低见到 21 点。后来 B 股情况虽见一点好转,但离开 141 点还有很大一段距离。因此,他们断定沪市 B 股近两年一定会在 141 点以下出现一轮恢复性上涨行情,此时正是买进 B 股极佳机会。现在事实证明,这些投资者抓住公开信息中的关键词——"恢复性上升行情"进行深入研究是研究对了。

除了关键词,我们还要看看信息中有没有值得投资者注意的重点内容,这一点也不能忽视。有些公开信息中就是因为有了这样的重点内容,才大大提高了信息的使用价值。

例如,1998 年 6 月 3 日《上海证券报》、《证券时报》同时刊登介绍了深市"环保股份"公司的报道,《证券时报》上的《明天会更好》一文透露,自 1997 年 6 月起 10 年内,沈阳市政府每年拨给该公司 6000 万元作为税后利润。《上海证券报》上的文章题目是《环保股份已有 26 亿元合同在手》。显然,"每年政府送利润 6000 万"、"26 亿元合同在手",这样的内容是非常重要的。

这两篇报道清楚地告诉读者,该公司所属行业是朝阳行业,公司经营和发展受到当地政府的大力支持;政府出巨资使它今后几年利润有了保障。紧接着第 2 天,"环保股份"董事会发布公告称,公司与沈阳城乡建委分别于 4 月 28 日和 5 月 10 日签订了沈阳市南部污水厂 10 万吨示范工程、沈阳市南部污水处理厂工程和沈阳市西部污水处理厂工程合同,三个合同总金额为 22 亿元人民币。当这些公开信息发布后,该股并没有涨,一直在 24 元上下进行横盘。1998 年 9 月上旬该股突然放量下跌,很多人以为主力出逃了。

但是仔细研究过 1998 年 6 月 3 日《证券时报》、《上海证券报》关于这家公司报道的人都明白，这是主力有意识的震仓洗盘行为，趁低买进，与庄共舞，就一定有获大利机会。我们计算了一下，当时如果有谁以 19 元左右价格买进，不到两年，经过两次送股，股价足足涨了两倍(以复权计算)。

可见，阅读公开信息时对一些重点内容是不能视而不见的，这些内容是最有实用价值的，把它研究透了，选股也就有了方向。

三、要注意信息的反向效应和递增效应

通过几年沪深股市的实践，人们发现股市信息有反向效应和递增效应。投资者如能对这一问题进行深入研究和了解，对股市实战和选股是有很大帮助的。其大致规律是：

(1) 消息处于朦胧状态受人追捧，而一旦明朗就受到市场冷落。沪深股市爱炒朦胧，也就是说某一题材消息在朦胧状态会受到大众的追逐，而一旦该消息明朗化后，股市或个股会朝原来相反的方向运行。例如 1997 年市场冒出了一个'97 概念股，在 1997 年香港没有回归以前，'97 概念股因其处于朦胧状态而受到很多投资者的追捧，但真到 1997 年 7 月香港回归后，'97 概念股就立即失去了光彩，那些属于'97 概念股的股票纷纷落在跌幅榜的前列。

(2) 利好出尽成利空，利空出尽成利好。

股市中不断出现的利好消息能推动股市或个股不断上涨，但真当所有的利好消息都让股市或个股包揽后，这时的利好消息却成了股市下跌的动因。例如，2001 年年初"黑龙股份"发布公告，按每 10 股派现金 1 元，并以资本公积金每 10 股转增 5 股。业绩优良的白马股又有高额送配，公司推出如此诱人的"馅饼"，自然有"馋嘴的鱼儿"上钩，但令人遗憾的是，该股仅仅小幅上涨数日，于 2001 年 3 月 9 日就出现了破位下行的走势。如果我们看看"黑龙股份"的 K 线图，就不难看出这种利好的背后情景。该股自从 1998 年 11 月 30 日一上市就有庄家介入，这一点我们可从日 K 线走势图的成交量中看出,直到 1999 年 12 月 30 日开始拉升,股价不到一年翻一番有余,随后该公司实施 10 配 3 方案,水涨船高,配股也以 10 元配售,完成任务后,来个金蝉脱壳。类似的实例举不胜举,股市似乎在向投资者反复证明:利好出尽即利空,是股市操作的铁律。

反之,利空出尽即利好,这是股市超出人们常规思维而向投资者揭示的又一个真理。例如,沪市的"青山纸业",在 2000 年 6 月 20 日职工股上市后("利空消息"出尽),其走势一反落后大盘走势的格局,出现了一轮强劲的上涨行情,仅仅用了 2 个多月的时间,股价就翻了一番。再如"蜀都 A"、"豫白鸽"、"恒泰芒果"都是在预告亏损之后一路走牛的,善于利用坏消息的投资者获得了很好的投资机会。可见,根据信息的反向效应,投资者如能在利好出尽,或利空出尽时,看准了进行反向操作,往往会收到意想不到的效果。

(3) 在涨势中利多会被放大,在跌势中利空会被夸张。股市中有两种人很难赚钱,一种是赌性十足的人,另一种就是过于理性的人。对前者大家还好理解,对后者就不大好理解了。当然投身股海理性是需要的,但过于理性就适得其反了。过于理性的人常拿上市公司的每股收益与同期银行利率相比,由此来推断股市或股票的投资价值。我们可以翻翻几年前的证券报刊,当沪股跌到 500 多点、400 多点、300 多点时,报纸议论最多的就是股票价格向股票价值回归的问题,其中,有些人甚至认为即使上海股市跌到 300 多点,也没有投资价值。可想而知,这些过于理性的人,如果他们手中握有一些好股票,稍有上涨,就会认为股票价格背离了股票价值,这时只有获利了结,绝对不敢一路持有。上海股市中最早的一匹大黑马"豫园商城"股价从 100 元涨到 10000 多元,2 年内涨了 100 倍。据我们了解,最初握有"豫园商城"的原始股东中有不少是智商很高的早期投资者(当中有新闻记者、大学教授)。由于他们过于理性,大多数骑这匹黑马时只跑了个开头,稍有赚头就吓得赶紧从马上跳下来,到结账时连个零头都没赚到[注1]。

为什么过于理性的人在股市中赚不到钱呢?这是因为他们不明白股市的波动常常会超越一般人的理性思考范畴。在涨势中利多消息会被放大,在跌势中利空消息会被夸张。如你要在股市中趋利避险,骑上大黑马,就要放弃过于理性的思路,让自己适应股市,而不是让股市适应自己。

有人要问,为什么股市在涨势中利多会被放大呢?这是因为股市实战的基本法则,就是股市中人利用各方面的有利条件通过投机或投资获利。通常的情况是,主力的集团性资金的介入,必然是对基本面利多的充分利用。这一点,中外股市概不例外。如美国道·琼斯指数在上世纪90年代一路攀升,而同期美国的年经济增长率也仅有几个百分点。这一现象的出现,按科学的推理是不合理的,但对股市实战的行为来说,却具有合理的内核。美国股市经过数百年的发展,投资者的群体心理应该是较为理性的。出现上述情况,毫无例外地证明在强势市场中,利多会被不断放大,即使最成熟的,最具有理性的股市也是如此。美国股市20世纪90年代的一轮涨势正是美国股市的主力通过有效运作,使美国股市基本面的利多(即克林顿政府经济增长和就业增加等层面的利好)被放大或美化了,加大了美国股市跟风盘的心理预期,推动股指不断上扬[注2]。

[**注1**]　笔者一位朋友是新闻记者,1990年12月上海证券交易所成立时,手里握有一些"豫园商城"的原始股,每股面值是100元(当时未折细,相当于现在每股1元),等涨到600多元(相当于现在6元多)就忙不迭地抛了,后来该股一直涨到1万多元(相当于现在100多元)才见顶回落。应该说,这位新闻记者当时卖出"豫园商城"时是很"理性"的,但也就是这个"理性",使他错失了一次很好的赢利机会。10年过去了,至今谈起这件事他还后悔不已。

[**注2**]　进入新世纪后,美国股市出现了大幅下跌,尤其是反映新经济的"纳斯达克"指数从5000点高峰一路狂泻到1000多点,这说明即使在美国这样成熟的股市里,跌势中的利空因素和涨势中的利多因素一样,在市场中也会得到放大。

同样的道理,股市跌势中利空被夸张也是主力对基本面的利空因素进行充分利用的结果,他们夸大利空消息,以达到打压吸筹的目的。例如,1994 年 7 月,沪市从 1500 多点跌至 400 点时,股价已跌得面目全非,有些股票已跌破净资产值,许多基金已跌破面值,按理说,无论从股票投资价值来看,还是从我们国家的经济形势来看,股市跌到这个程度,也算跌到位了。但当时社会上的利空传言还是在不断被放大,很多人在 400 点时仍然在不断割肉。致使沪市上一轮熊市的 400 点底部也不能阻挡那些慌不择路的抛盘,沪股硬是跌破 400 点,坠入了 300 多点的深渊。试想,投资者如果懂得了空头市场的利空消息会被不断放大的道理,还会在沪股跌至 400 点的指数时,不顾血本地恐慌杀跌吗? 当时只要冷静地思考一下,沪股这样跌下去新股还能发行吗? 股市还要不要开下去……想明白了,就不会理睬空头市场被放大的利空消息,也不会铸成在沪市跌到最低部时割肉出逃的大错。

习题 29　张老师说:刚才下课时,很多同学围住我说:想不到在分析、利用公开信息时还有这么多技巧。但同学们觉得对这个问题听得还不过瘾,比如,大家很想知道:炒朦胧消息是主力惯用的技法,主力是如何运用这一技法的? 主力在炒作某一只股票时,从消息的发布、建仓、洗盘、拉高及出货都有周密的计划,他们的计划是如何实现的? 公开信息与市场状态有什么关系? 当上市公司因公布消息停牌,其复牌后股价走势会有什么表现? 投资者在利用公开信息时要坚持什么原则? 等等。我认为同学们这些问题提得很好,它对我们进一步搞清公开信息的特征、作用,和提高我们选股及股市操作的水平很有帮助。现在请大家对这些问题展开讨论。

参考答案　张老师讲完,同学们就热烈地讨论开来了,最后,由证券班班长把大家意见集中起来讲了几点看法：

一、炒朦胧消息，是股市中操盘主力惯用的技法之一。一般来说，当一只股票持续坚挺、跑赢大市乃至于逆市上扬时，往往会隐藏着某种不为人知的利好消息：或业绩大增，或股权变动，或送配丰厚……。起初并不引人注目，人们虽察觉其股价有异动迹象，但弄不清楚缘由，只能作些猜测；当股价升到一定幅度时，有点门路的人开始得到了一点"内部消息"，或真或假，似是而非，但绝非"空穴来风"，股价依然一路拉升，跟风盘在增加；当市场关于该股利好小道消息广为流传，连没有门路的中小散户都开始知道，股价上涨大多接近尾声；待利好消息公布，主力常把它作为出货良机，当日的开盘价被人为拉高，一般都会成为当天或一段时期内的最高价或次高价。

当然，也有一些例外，如果主力未全部出货或其利好题材对股价有实质性支撑导致其他主力愿意换手介入，那么其上涨势头会依旧不改直至多头力量衰竭。

二、主力炒作某一只股票，从消息的发布、建仓、洗盘、拉高以及出货方案等均有周密的计划，在实施这些计划时大多有上市公司以及舆论界的配合。

例如，某一公司发布公告：由于洪水泛滥，我公司饲养的鸭子被水冲散到下游，公司通过有关单位进行多方调查，直接经济损失千万元，特此通知，郑重请大家"注意投资风险"。这一通告好似一颗空头炸弹，散户割肉逃命。庄家默默地把筹码吃回去之后，该公司这时再出一个公告：洪水已经消退，我公司的鸭子由下游陆续游回，并且母鸭子们还带回了公鸭子，公司的业绩将有很大提高，特此公告。于是，股价重新"恢复性上扬"。市场主力正是通过该公司的"密切配合"，由上市公司发布一系列的利好或利空消息来完成他们的操作计划。

由于公开消息来源于正道，这样，使散户更加难以辨别真伪。

因此,我们有必要对上市公司发布的一系列消息与价格的波动进行总结和分析,掌握一些价格变动规律来趋利避害。

三、公开信息与市场的状态有密切关系。这要从两方面去分析:

(1)消息是利多还是利空并不决定于消息本身,而决定于接受消息时市场的状态。庄家吸货阶段,即使有实质性利好也无法令股价大幅上涨,股价即使反弹也会被迅速打回原地,而当主力拉抬股价时,任何消息都能被拐弯抹角地解释为利多。其实,这并不是消息引起了股价的涨跌,而是股价涨跌之后人们才去寻找消息,去解释市场涨跌的原因。

如1996年两次宣布减息之后,当天股价都大幅下跌,人们的解释是利好兑现即是利空。错了!因为股指连续上扬后积累了大量获利盘,短期回调在所难免。事实上在宣布减息的前几天的市场已经开始下跌,消息的公布只是让市场向它本来想走的方向去得更快一点而已。

(2)市场性质决定了消息对股价走势的影响。利空消息在多头市场中常会形成一个良好的进货机会。由于多头市场人气鼎沸,强劲的购买欲一时很难平息,所以利空只能造成短线客的出逃观望,但不会造成大的下跌。例如,1996年12月《人民日报》连发四道利空消息,由于沪深两市正处于一个多头市场的初期(周均线刚开始多头排列,在上升的每一个波峰均有成交量的放大),最终股指还是走完了一个创新高的行情。再如2001年春季的B股市场,出现少有的牛气。2001年3月7日,证监会主席周小川讲5至10年内A、B股不会合并的消息,B股全面打开涨停,有的投资者当日被套20%,然而,没过几天深B指连创新高,上海B股市场也重拾升势。前期在B股上被套的投资者都反败为胜,成了赢家。

同理在一个熊市的初期,任何利好都会构成出货机会。而在一个熊市的末端,成交量一缩再缩,技术上周、月"MACD"出现"底背离",此时出现的利空消息通常会给投资者提供了一个进货良机。因为在一个连续下跌的过程中投资者心理承受着巨大的压力,在这种情况下,庄家就会利用散户的恐慌心理,借用消息打压指数。例如,1999 年 5 月 8 日,美国轰炸我驻南大使馆,股指向下跳空开盘,众多的投资者参与了杀跌的行列,经过此后一跌,反而引发了 1999 年"5·19"大行情。因此,投资者必须认识到:趋势对消息的影响是至关重要的,趋势会改变消息对市场的作用力。

四、上市公司因公布信息而停牌,应仔细研判其复牌后的股价走势。

(1) 停牌股票的补涨、补跌特点。在大盘上涨时停牌的股票可能在开盘后会出现补涨,同理,在大盘下跌时停牌的股票可能在开盘后会出现补跌。

(2) 含权的时间差技术。当大盘处于弱势时,一些股票在配股登记日时的股价可能会接近或跌破配股价,激进型投资者此时可以适当吸纳这些品种,以达到含权的目的。在随后的 10 个配股交款日中,如果股价回升到远高于配股价时则宜及时获利了结(因在弱势中,很多股票计划完成后,承销商不再扩盘,股价会跌下来,甚至跌破配股价)。当股价跌破配股价时,配股会失败,配股承销商很有可能成为重仓套牢庄家,此时可以在股价远低于配股价时吸纳,可谓短线机会较大,而且容易把握机构动向。

(3) 异动的时间差技术。如果某一股票因上市公司发布一些对经营没有实质性影响的消息,复牌后导致股价急速下跌,但没有影响中期上涨趋势,那么投资者可适时逢低吸纳。

五、利用公开信息要坚持以下几条原则:

(1) 再可靠的消息也需要用自己熟悉的方法进行重新审视,不能轻易把自己的资金寄托在没有把握的消息上。

(2) 对于消息的利用。可以根据效能原理投入实战,比如说有实质性内容,信息含金量高的,特别有把握的可以重仓出击,反之根据情况按照技术指标运作。

（3）对于符合自己操作原则的消息可以加大运作力度。反之，要减少力度，或不参与。

（4）利用消息的最好方法是拿它与盘面情况作对比，看盘面走势是否支持这个消息的存在。对于真正的炒股高手来说，根本不需要整天去打听什么消息，一切都已通过供求关系的变化在盘面上清楚地反映出来。因为某个消息到底能给盘面造成多大的影响不决定于其自身的影响，而决定于盘面当时的处境。比如好消息一出不升反跌，应看成利空，以暂时退出为佳；坏消息一出不跌反升，应看成利好，可继续持仓观望。

（5）在股市中消息常常会被主力作为操纵市场的工具。投资者应对消息去伪存真，具体问题具体分析，不宜盲目追涨杀跌。

（6）一般来说一个消息公布的时间越迟，对市场的影响越小；同一类消息在市场出现的次数越多，对市场影响就越弱。

习题 30 张老师说：从公开信息中寻找投资机会和选股练习这个题目很重要，所以我们就多讲了些。现在，为了巩固我们所学到的知识，更好地掌握这方面的操作技巧，我再布置大家一个作业，同学们各自从自己接触的周围人群中，或从报纸上找一个在这方面做得成功的例子，把它作为自己学习的榜样。

参考答案 我找的成功例子是：北京有一位姓李的投资者，前几年刚入市时，因为到处打听小道消息，结果遭到惨败。后来他总结了失败的教训后，制定了 1999 年炒股的原则：什么小道消息都不听，完全按照自己的研究成果来操作。意想不到的是：1999 年的收益有 80%，而 2000 年的收益差不多有 4 倍多。

谈到为什么在这么短的时间内，能够取得这样好的成绩时，李先生总结到，主要是自己很刻苦。早晨 6 点钟起床，第一件事情就是上网,浏览各种消息,比如基本面、上市公司公告等,对需要关注的问题进行简要记录,便于在交易期间重点关注。7、8点钟开始看电视新闻,9点钟就坐在电脑前面等待交易了。交易期间认真看盘,对于盘中的异动股票随时关注,并记录在案。中午也不休息,看财经新闻,到下午3点收市后,总结思考并记录分析,然后做笔记。晚上12点才睡觉,忙的时候也会到临晨2、3点才睡。

　　李先生认为,如果一个股票基本面好,股价走势图形又好,概率向上可达90%,此时就应大胆地满仓操作;如果基本面好,股价走势图形不是最理想的,向上概率只能达到70%,此时可在1/2仓位操作;如果基本面好,股价走势图形不理想,向上概率是60%,此时根据不同情况,具体分析后,少量参与;若基本面好,股价走势图形很不理想,向上概率在50%以下,绝不参与。有的图形非常特殊,即使有1只股票涨得非常好,哪怕翻几番,但同类的其他图形,可能有9只股票都失败了,那么这种图形没有普遍性[注],根本说明不了问题,即使赚钱也是靠运气。因此,对这种图形的股票以不碰为妙。

　　说到这里,李先生非常自豪地拿出一摞笔记本,那是他记录总结的心得,并用花花绿绿的彩笔对自己关注的股票进行手工绘制的图表。他说,对股票进行分类,最初是从技术面开始,以后逐步加入一些基本面的分类,至今已有45个大类,350多个小类。虽然分得非常细,但有些类型的案例比较少,自己还需要不断积累。而且我总是用99%的时间研究分析判断,只用1%的时间买卖操作(编者按:这一点非常重要,很多投资者整天打听消息、听股评,而真正用于股票研究的时间实在太少,这样本领没学好,股票操作成绩自然不理想)。

　　[注]　股票走势的图形是否具有普遍意义,请参看《股市操练大全》第一册第二章技术图形的识别与练习,和《股市操练大全》第二册第一章移动平均线图形的识别与练习。

我们看到他背靠着的墙上，摆满了很多大大的文件夹，上面写着诸如"黑马"、"止跌"、"刻意划线"、"不破不立"等字样，也许这种分类标准只有李先生本人才清楚其意义何在，但这种对工作极端认真负责的精神，确实是值得我们每个投资者应该好好学习的。

为什么股票对他有如此大的魅力呢？他颇有感触地说，你一旦研究进去了，就会发现总有很多问题等待你去解决。虽然自己炒股有了一些成果，但那也只是一个开始，真正的路还远着呢。现在我除了吃饭睡觉外，其余时间都用来研究股票了，但觉得时间很不够用。

爱情需要"长相守"，但炒股最忌讳"长相守"。有很多朋友天天满仓，来回坐电梯，赚钱了舍不得出——"贪心"，赔钱了没法出——"忧心"，年终一结算，反而亏损，即使已有的利润也全部成了"水中月，镜中花"。其实，这种方法是最不对的。赚钱了，在发现有明显头部迹象，或者大盘太差的情况下，一定要及时获利了结；赔钱了，一定要知错即改，一旦跌到止损点以下，该割肉时，一定要坚决割肉，坚决斩仓，以免遭受更大的损失。

李先生的选股原则是：(1)必须基本面与技术面相配合。基本面要有上涨潜力，技术面要有上涨趋势。(2)必须要有中线投资价值。在有中线投资价值的股票上进行短线操作。即使短线操作失败，但中线套牢的风险相对较小。

第二章　依据市场面寻找最佳投资机会与选股练习

第一节　从市场炒作题材中寻找投资机会与选股练习

习题 31　张老师说：自从沪深股市开始交易以来，股评和证券报刊中出现最多的一个名词就是题材。无论牛市、熊市，题材似乎是不死鸟，总有人去挖掘题材，也总有人根据题材进行选股、炒作。但真要问大家什么是题材，题材包括哪些内容？题材与选股有什么关系，等等，很多人又说不清楚。今天，我们就要来个打破砂锅问到底，非要把它弄明白不可。下面请同学们围绕"题材"展开讨论。

参考答案　什么是题材呢？题材就是炒作股票的一种理由。市场主力炒作任何一只股票都要有相当的理由和依据，才能吸引市场跟风，否则，主力只能一路自拉自唱。

市场上题材变化万千，总的来说有以下几类：业绩改善题材；地产升值题材；国家产业政策扶持题材；资产重组或股权转让题材；增资配股或送股分红题材；控股或收购题材。所有的炒作题材一般都逃不出上述几类，在主力机构的挖掘和夸大之下，这些题材显得具有无穷的能量，激起了人们的购买欲望。事实上，这些题材对上市公司本身有多大的好处，有待根据具体情况进行具体分析，决不能一概而论。但市场的特点是,只要有题材,就有人乐于去挖掘和接受,题材的真实作用反而被忽视了。现在我们来分别看看上述炒作题材的意义。

(1)业绩改善题材。我们知道,影响股价的因素很多,短期内股价与业绩不见得相对应,但从长期看,股价的高低基本上是按业绩的好坏及成长性排序的。因为人们投资的目的是要取得收益,只有业绩才能长久支持股价,这一点,可从分析沪深股市的长期走势与业绩的关系中得到证明。如一个公司的业绩得到了改善,其股价通常会重新定位。因此,作为庄家和明智的散户来讲,一方面要关心宏观经济环境变化对上市公司业绩可能造成的影响,另一方面要注意收集和分析上市公司的资料,挖掘那些业绩有重大改善,或成长较快的公司。

业绩改善题材炒作的特点是:在公司公布业绩报告之前,朦朦胧胧,给人以很大想象空间;在业绩公布之后,常会出现股价不涨反跌的现象。

(2)企业成长题材。股谚云"现实是铜,成长是金"。买股票就是买未来有发展前景的企业。因此,预期将来有广阔发展空间的板块或个股,常常会受到市场主力的光顾,这个题材一旦得到市场的认可,很可能先是炒过头,后再盛极而衰,进入长期调整。

(3)地产升值题材。土地本身是一种特殊的资产,土地的价值是难以估量的,特别一些地处大城市繁华地段的上市公司,更可能因为拥有一片土地而脱胎换骨。举例来说,上海浦东开发使拥有庞大地产的浦东股确实很是风光了一阵子。香港'97回归也使毗邻香港的一些拥有深圳大量房地产的上市公司成为某些庄家经常利用的题材。某些特区,城市范围的扩大也会造成某些公司地产急剧升值,其效益就随时可能因土地转让,资产重估或开发而表现出来,自然,其股价就应重新定位。有心的散户和庄家都会认真研究上市公司资料,看其拥有地产的数量,账面价值与市值之间的差额,从而能够发现这种潜力股。

(4)国家产业政策扶持题材。国家从全局和长远利益出发,对一些产业予以信贷、税收方面的支持。这既有助于减少这类公司经营风险,又有助于提高其效益,投资这种股票自然收益较有保证。作为散户,应该通过上市公司历史资料推算出某一板块、某一个股,如果得到减税和扩大贷款等方面的优惠,这将会对每股收益带来多大影响,然后看看该股合理的定价位置应在哪里,从而预测最起码的炒作空间是多少,以此确定选择这样的板块或个股建仓是否值得。

(5)资产重组或股权转让题材。这个题材极具想像力,市场上对这类题材常常炒得不亦乐乎。但此类交易对上市公司来说,究竟利益有多大,则要仔细分析。比方说,某个资产重组项目实施对提高公司技术水平,降低生产成本,扩大市场销路,改善经营管理会有好处,但好处究竟有多大,短期和长期每股利润的增长是多少,则要多作认真分析。当然,不管这种交易对上市公司利益大小如何,投资者应关注庄家的行动和散户的反应后再确定对策。比如,即使这种交易的实质意义不大,如果公众受惑于庄家的煽动,市场反应很热烈,那么,采取短期的跟庄策略也是正确的选择。

(6)增资配股或分红送股题材。

增资配股本身并不是分红行为,它并没有给股东什么回报,只是给股东一个增加投资的权利。然而,在牛市中,这种优先投资的权利往往显得非常重要,并具有了一定价值,会受到投资者的追捧。因为牛市中人们预期股价会上升,优选投资后,必会给投资者带来良好收益。

分红送股的市场意义是:一则说明公司有成长潜力可增加投资者对上市公司的信心;二则主力可利用人们视觉及心理上的错觉,使投资者误认为除权后股价比原先便宜,以此来吸引市场跟风。所以,有送股题材的个股在牛市中会受到不断追捧。

但是这里面要注意的是：增资配股或者分红送股之所以成为一种炒作题材，是因为人们的牛市预期。一旦市势逆转，人们预期熊市到来，则送股也好、配股也好，都不能激起人们的购买欲望。

（7）控股或收购题材。这是一个非常有吸引力的题材。控股或收购题材之所以能被市场所瞩目有两个原因：一是被收购的股价被市场严重低估，因而收购有利可图，或是其资产因管理不善未能有效发挥作用，被收购或控股之后，业绩往往会得到迅速改善；二是某一收购方与其他收购方或反收购方对股权的争夺会锁定筹码，令股价狂升。但就中国股市目前来讲，在二级市场上发生真正的抢股和收购几乎是不可能的。其原因是：一则对大多数公司而言，流通股占总股本的百分比太小；二则由于政策法规限制，举牌收购成本很高。这类题材的炒作特点是：在收购或举牌公告出来之前，股价往往会随之出现一轮上扬行情；在收购或举牌公告出来后，股价往往就会见顶回落，出现一轮调整走势。所以目前，控股和收购只是一种纯粹的炒作题材，并无实际意义。当然我们希望将来某一天，能出现真正的控股和收购，那也许是中国股市走向成熟的一种标志。

习题 32　张老师说，在题材问题上很多投资者都吃过苦头，因此，他们认为题材都是人为的，所谓"题材"只不过是"炒家"的借题发挥，股评家的哗众取宠而已。题材犹如一道彩虹或者说一道闪电，来也匆匆，去也匆匆，留下一段耐人寻味的遗憾。说白了，题材就是庄家为投资人设置的陷阱，真正的题材只有一个：即"套牢题材"。题材横行，最终受害者还是投资大众。请问，你对这个问题是如何看的？题材究竟是虚无缥缈的，还是真有其事？从题材中寻找最佳投资机会有没有这个可能？请举例说明。

◇◇◇

参考答案　炒股离不开题材。正所谓"师出有名"，名不正，则言不顺;言不顺,则事不成。干啥事都得有个"说法",这个"说法"适用于股市,即为"题材"。无论是短线炒作,还是中长线投资,题材的作用是不可低估的。尽管对操盘主力来说,发掘题材,炒作题材只是他们谋求获利的一个手段,然而不可否认的是,题材毕竟赋予大盘以新的生命活力。没有题材的股市,犹如一潭死水。黑格尔说过,存在的就是合理的。我们认为,不管你是肯定还是否定股市的题材概念,都应该看到无论是国内还是海外股市都有一个"题材效应"的现象。

股市中有各种各样、长短不一、轻重不均、大大小小的题材。题材与盘面走势、与时间季节、与市场热点,犬牙交错,水乳交融,紧密相关。这就是为什么大盘涨了许多点位,有人却赚不到钱;而大盘跌了许多点位,有人却赚得盆满钵满。它说明了一个道理:重视市场题材效应,顺势而为的往往就抓住了在股市中的赢利机会;而对市场题材效应麻木不仁的,往往就会失去在股市中的赢利机会,甚至成为赔钱的冤大头。

例如,1996年初中国股市走出低谷,基本面好转固然是重要的原因,但又有谁能否认如果当时没有"'97概念题材"的引导,积重难返的沪深股市何以能在短时期内重新聚集人气,吸引投资者,从而导演出一场波澜壮阔的牛市大行情呢?可见,题材就是为股价上升找到合理性,用来当作市场跟进的号角。因此,新颖题材是市场活跃的催化剂,它能改变某些股票,甚至大盘的运行轨迹。

但是话又要说回来,题材犹如一把双刃剑,它对股市的负面影响也是不可否认的。例如,1999年延续到2000年的"网络革命"题材将全世界都网了进去,中国证券市场中的上市公司纷纷响应,有资料显示2000年4月有近20％的上市公司宣布"触网"。一时间围绕网络题材,在市场中出现了许多新概念,如:"电子商务"、"点击"、"眼球经济"、"注意力经济"、"市梦率",等等,等到人们把网络题材和这些概念弄清楚了,许多人却发现被套了进去,这个"网络革命"的题材炒作的最后结局,不仅引发了西方股市的狂跌,也把中国股市的高科技股和网络股一齐都拖了下去。

中国有句古谚:"成也萧何,败也萧何"。今天我们拿它用来比作股市的题材炒作再也恰当不过了。股市活跃靠题材,但题材炒作结果又会套牢一大批后知后觉者,这也就是那些吃了题材炒作苦头的一些投资者对题材特别反感的原因。其实,平心而论,这不能怪市场,也不能怪题材,怪只能怪自己不能适应市场,不懂得怎样利用题材。要知道依靠题材寻找最佳投资机会与选股,并非是我们中国人的发明,在西方股市中早就有这回事。

题材炒作的理论基础是英国著名的经济学家和成功的投资家凯恩斯于 1936 年所论证、阐明的"空中楼阁"理论。该理论的基本观点就是作为专业的投资者,他们往往并不愿意把精力花在估计其内在的价值上,而却愿意用主要精力去分析大众投资者未来可能的投资行为。如同参加报纸选美比赛,聪明的参赛者明白个人的审美标准与参赛的输赢无关,明智的策略是选出其他参赛者很可能会喜欢的脸蛋才可能取胜。而在股市,作为一个成功的投资者,要有一双非常锐利的眼睛和灵敏的嗅觉,去仔细洞察市场。特别要能估计何种股票适合建筑"空中楼阁",并抢先买进,直至大众完全认同时抛出。

股市炒作的一个个概念题材,正是市场营造起的一座座空中楼阁,有的真的美如海市蜃楼,光彩迷人。1992 年狂炒老八股题材,1993 年狂炒房地产题材,1994、1995 年炒作浦东题材,1999、2000 年炒作的网络股题材,等等,绝大多数都没有业绩支撑,它们无一不是"空中楼阁"。学习"空中楼阁"理论,再结合看看中国股市的实践,投资者就会发现,抢先预测和买进下一段时间将要流行的题材股,而不必管它是否具有内在价值,很可能就是先知先觉的大赢家。当然,每一种风靡一时的概念、题材最终的结局都不过是由投资走向投机,最终把股价推上高位,从而完成肯定——过渡——否定的过程,并让后知后觉者交上昂贵的学费。

该理论还认为市场永远在变。当股市中一座"空中楼阁"幻灭了,另一座"空中楼阁"就会产生出来,股市只要存在一天,这种"空中楼阁"就会无穷无尽的问世下去。而这道美丽的风景线,正是股市不同于债市、汇市、楼市的一大特色,也是存在于股市内在之中的一个取之不尽的"宝藏"。谁要是发现了它,认识了它,并时时不断地去研究市场下一个可能被营建的"空中楼阁"是什么题材,谁就能始终站在"潮头",在股海的浪涛中立于不败之地。

可见,不管你在股市的题材炒作中曾经受到多大伤害,你都没有理由去排斥题材,因为就股市本质而言,股市交易说到底就是一种题材炒作,而股价正是反映了人们对未来将要营建的"空中楼阁"——题材的一种预期。投资者应该明白,现在我们要考虑的不是指责题材横行,将给股市带来多少负面影响,这不是我们能够影响和改变的,我们要考虑的是如何适应市场,如何根据凯恩斯的"空中楼阁"理论,顺势而为,从股市题材中寻找最佳投资机会。

说到这里,有的人可能要想,题材这个问题太玄了,从中寻找投资机会说易行难,至今我们还没有看到有谁在这方面做成功的。应该说,一些投资者有这个想法很实际,至今没有看到这方面成功的例子也是事实(因为在一个投机气氛很浓的市场中,如果你整天在股市中,看到的都是一些冲冲杀杀的短线客,这自然就发现不了那些大智若愚的投资者,擅长从题材中寻找投资机会并获得成功的例子)。那么,为什么一些人觉得这个问题说易行难呢?我们认为根本原因是投资者没有认识到题材问题既是一个很深的理论问题,又是需要通过实践不断解决的问题。一位哲人曾经说过:感觉到的东西不能深刻理解它,而理解了的东西才能深刻感觉它。试想:倘若你对题材出现的原因,题材的特性、作用等只有一知半解,那你又如何来用好这个理论呢?另外,理论学好了,还要勇于实践,这样才能获得成功。在这方面并不是没有成功的例子,笔者就收集到很多从题材中寻找最佳投资机会的成功例子。

这里我向大家介绍一个比较典型的案例:南京有一位名叫顾欣的投资者,1992 年 8 月怀揣 5 万元入市,几年下来,屡买屡套所剩无几。失利之后,小顾暂别股市,把自己关在家里反思:问题的症结在哪? 中国股市的真谛究竟在哪? 他苦苦地思索着,寻求着。一个偶然的机会,他接触到一本西方经典证券书籍《温游华尔街》。他爱不释手地细细阅读着这本书,顿时被书中讲述的一条理论所深深吸引,这条理论便是"空中楼阁"理论。在他深入学习该理论后,终于明白了,股市上上下下波动无一不和股市题材炒作有关。因此,作为一个聪明的投资者,平时炒股不单要培养自己看盘的功夫,还要多学习、吸收一些新鲜的思想,多关注世界经济的潮流走向,研究西方股市,特别是美国股市多年走过的轨迹,以便达到能预测未来的投资题材是什么,争取在美丽的"空中楼阁"正在营建之中就抢先参与进去。

他是这样想的,也是这样做的。1996 年,中国与美国展开入关第一轮的谈判。敏锐的小顾立刻想到,市场下一步很可能会形成一个"入关概念"。尽管当时未见炒作端倪,但是他认为市场一定会借题发挥。于是他提前果断杀入主营外贸、且市场主要面向欧美的"兰生股份"。当时该股价格仅在六、七块钱,不久,市场果然形成了一个独特的"入关概念"。

他在投资兰生股份获得成功后,又把目光注视到"申达股份"、"龙头股份"等一批经营不景气的上市公司上。他想,要改变这些企业面貌,必须走资产重组的路,他预测不久市场必将兴起"资产重组"的热浪。经他细心观察后,这时他发现"美纶股份"被天津高新技术开发区(即"泰达集团")收购,经过分析认为"泰达集团"所经营的是中国最好的高新技术开发区之一,许多著名大公司如摩托罗拉、雀巢、顶新集团都在该开发区投入巨资设厂经营,其前景无量。他便于 11 元重仓吃进有可能成为领头羊的"美纶股份"(现改名为"泰达股份")。

1999 年初,大盘低迷,他又一直在思考,假如 1999 年一旦大势转暖,将会风行什么题材呢?将会有哪些股票适合建筑"空中楼阁"呢?正好这时,《证券市场周刊》连续讨论有关风险投资的概念,并在文章中着重阐述了领涨本轮美国大牛市的一些网络股的基本情况,特别提到雅虎、美国在线、亚马逊网上书店等股票的杰出表现,给他留下了极为深刻的印象,激起了他的灵感。他敏感地意识到,美国股市的今天也许就是中国股市的未来,互联网及其相关产业必将是中国经济下一个热点之所在,从那时起,他就研究现在的上市公司有哪些与网络有关,逐一筛选出"厦门信达"、"东方明珠"、"中信国安"、"电广实业"等公司。记者在采访他时,发现了他当时买进卖出这些股票的一份清单:1999 年 5 月 10 日,15.25 元买入 28 000 股"东方明珠",11.80 元买入 5 000 股"厦门信达",16.81元买入 8 100 股"电广实业"(现改名为"电广传媒"),13.76 元买入23 000股"中信国安",20.06 元买入 4 000 股"有研硅股",14.78元买入 9 000 股"航天科技"。5 月 25 日,以 24.16 元卖出"电广实业",20.53 元卖出"中信国安",24.99 元卖出"有研硅股",18.56元卖出"航天科技"。短短的 10 多个交易日,平均收益就超过50%。

细心的读者可能会发问:1999 年 5 月 10 日,那正是大盘最低迷,令众多股民感到惊慌的日子。而小顾却斗胆"进军",而且特别令人蹊跷的是他选中的"目标",竟全是随即领涨这轮井喷行情的网络科技股,且几乎又都是"地板价"。难道他真的有"先知先觉"的特殊本领?还是"内部"有可靠的消息透露给了他?然而,回答是否定的。"说起来也许让人不大相信。我在这轮行情到来之前能大胆进军网络股板块,说实在话,既没有内部消息透露给我,我也更没什么'先知先觉'的本领,而完全靠我多年来所崇尚的'空中楼阁'理论的一种感悟。"小顾直率而坦诚地回答记者提出的疑问。

小顾正是凭他对"空中楼阁"理论的深刻理解,当时在庄家还没有对网络股发动攻击前就抢先占领了网络股这一"制高点",等庄家在这一高地上建成一座座亮丽诱人的"空中楼阁"时,他已享尽无限风光,而潇洒离场了。

投资需要理论,理论指导着投资。小顾从屡买屡套的一个散户,变成一个令庄家都对其敬畏三分的股市大户,这一事实充分地说明,只要你肯学习,自觉地运用正确理论指导实践,你就能在股市中成为一个大赢家。而那些天天跟着市场主力炒题材,却不知道题材的理论基础是什么;天天想挖掘题材,却不懂得如何根据凯恩斯的"空中楼阁"理论预期下一个题材是什么的人,只能被题材牵着鼻子走,最终栽在题材的陷阱里不能自拔。

习题 33　张老师说:现在大家知道了,无论是国内股市还是国外股市都有题材炒作这回事。题材炒作并非是空穴来风,它有着完整的理论基础。题材炒作虽会对股市带来负面影响,但总的来说,对股市发展还是功大于过。现在我们能做到的就是,要尽量减少它的负面效应,增加它的正面效应。请问:如果要做到这一点,投资者在利用题材寻找最佳投资机会与选股时,操作上要注意哪些问题?

参考答案　因为股市题材具有正反两方面的作用,因而我们在利用题材寻找最佳投资机会和选股时,操作上要注意以下几个问题:

（1）题材发现要早,当一个新题材出现时,只要新题材能引起市场共识,就应该顺势而为,充分利用题材来趋利避险。

（2）任何炒作,题材本身并不重要,重要的是能否引起投资大众的共识。如能引起市场共鸣,形成热点可积极参与;如不能引起市场共鸣的题材,尽量不要参与。

（3）除了股票的质地和业绩外,题材只是庄家借用的一个旗号,那些被恶炒得太离谱的各种概念终将回归其本身的价值,盲目跟风的投资者就会成为庄家的囊中之物。

（4）要抢在题材酝酿之时加入,题材明朗之前退出,题材具有前瞻性、预期性、朦胧性和不确定性。题材只有处于朦朦胧胧的状态,对投资大众才有吸引力,股价才会上涨,而一旦题材的神秘面纱被揭开后,这个题材的作用也就到头了,股价就要下跌。

（5）题材贵在创新,留恋旧题材要吃大亏。在创新题材刚推出时,对与之相关的个股就宜采用耐心持有的中长线操作方法,这时往往可以获得大利润。但当该题材已被利用了很长一段时间,在市场上到处乱传时,对与之相关的个股就宜采用投机性的短线操作法,如果操作慢了,就很有可能被套在高位。

（6）要注意题材的真实性,对虚假的题材要提高警惕。股市不能没有题材,但人为杜撰的题材是没有生命力的,只有具有真实内涵的题材才能在市场上发挥效用。

习题 34 下课后一位同学对我说,张老师在课堂上讲利用题材选股时,在操作上要注意 6 个问题,前 5 个问题好把握,就是最后 1 个问题很难把握,因为在信息不对称的情况下,作为一个普通投资者根本无法鉴别出题材的真假。这样的话又怎么可能做到对虚伪的题材提高警惕呢? 请问:谁来帮助这位同学解决心中的疑问?

参考答案 我来帮助这位同学解答心中的疑问。毋庸讳言,普通投资者要想鉴别出题材的真假确实是一件很难的事。因为庄家在暗处,中小投资者在明处,再加上目前我们股市信息严重不对称,普通投资者,特别是中小散户对题材的把握往往滞后,这就为市场主力、庄家利用题材诱骗中小散户造成了可乘之机。那么中小投资者是否对此就无能为力了呢? 答案应该是否定的。因为主力庄家再狡猾,他们在利用假题材诱骗中小散户时,也不可能做到天衣无缝,总会在他们的言行中露出一些蛛丝马迹。投资者对此只要仔细地进行分析研判,就能抓住主力、庄家的狐狸尾巴,找到对付他们的办法。其方法是:

第一,将题材与盘面走势进行对比,看看盘面走势是否支持题材的存在。例如2000年7、8月份,市场传说"ST京天龙"有重大重组题材,大多数投资者对这种题材股既羡慕又害怕,只能做旁观者,其原因主要还是由于信息真伪难辨。如"ST京天龙",一路上涨,股价从7月的8元多涨到18元多,四个月不到股价翻番,而公司却一再出警示性公告。但最终又发布公告称,北京电子控股将逐步入主"ST京天龙"。对于这种信息极度不对称的题材股,投资者要想从公开信息中辨别出资产重组这一题材的真假,这是很难办到的。而目前惟一可行的办法就是从技术面角度去把握。"ST京天龙"股价走势始终没有跌破上升趋势线,这说明"ST京天龙"极有可能将重大题材压着不向市场公告,因而庄家才敢于采用逼空手法,将股价不断推高。

第二,根据市场背景来判断题材的真假。有一种情况我们需要注意,某个题材确实是真的,但因为市场形势严峻,主力即使把这个题材挖掘出来,也无人响应,这样真的也变成了"假的";反之,某个题材真实性很不可靠,但因为市场形势非常好,主力就此借题发挥,跟风的人很多,这时假的也变"真的"了。为何会产生这种现象呢? 主要是因为某个题材到底能给盘面造成多大的影响,并不是由题材本身所决定的,而是由当时盘面的情况决定的。比如说,一根火柴可不可以点燃一场森林大火呢? 我们说,既可以也不可以,这并不决定于这根火柴的威力,而决定于当时森林的状态。如果正值风高物燥,林中干草遍地,则星星之火可以燎原;如果正是春暖花开,细雨绵绵,就算你花一盒火柴也点不起一堆火。市场也是这样,市场的气氛有干有湿,人气有旺有衰,同样的题材投入到市场之中,反映常常因时而异。

说到这里,读者大概已经初步明白了这个市场的微妙之处。可以想像,在漫漫熊市之中,谁会关心上市公司有什么题材呢?题材再好,再真实,也激不起投资者投资热情。反之,如果在牛市中,即使一些题材真实性并不可靠,但很多人宁可信其有,股价就会炒上去,大家只要想一想,1999 年、2000 年很多股票,只要一触网,股价就往上涨,这不是很能说明问题吗?

因此,我们在判断题材真假时,不能忘记市场背景,在有利做多的市场背景下,只要形势没有热过头,一些市场热门题材就要当真的看,顺势而为跟着做多;反之,在有利做空的市场背景下,只要形势没有冷到极点,即使真的有什么好的题材出现,也不能看成是真的,短线上涨千万别追,逢高减磅应是最佳选择。

第三,对题材的挖掘、宣传要有个度,超过这个度就要保持一份警惕,投资者一定要采取宁可错过,不可做错的策略,对它敬而远之。

所谓"度"就是指事物发展的合理性,即在逻辑上和常识上都能作一番合理的解释。比如我们形容一个人忘我工作可以说他通宵达旦,一天一夜没合过眼,但不能说他忘记了白天黑夜,三天三夜没合过眼。因为一天一夜不睡,人的生理是承受得了的。三天三夜不睡,人的生理是无法承受的。又如我们评价一个企业成长性非常好,预测它未来几年,主营业务、利润有可能以 50%—100%速度增长。这样推测在合理范围内,你可以相信它,因为确实有一些很好企业,以前曾经达到过这个速度[注]。但如果我们因为这个企业成长性好,预测它未来几年主营业务、利润每年以 200%—300%速度递增,这个业绩增长的题材挖掘就过度了,你就不能相信它,

---

[注] 这里主要指那些规模较小的优秀企业,但即便如此,一旦它们的经营规模扩大,渡过了成长期,发展速度也会逐渐降下来。因此一家企业要长期保持 50%—100%增长速度是很难做到的。

因为它不符合企业成长发展规律,这一般是不可能做到的。在股市中过度宣传、过度挖掘题材的事常常发生,我们在运用题材选股时必须保持一份警惕。

例如,早几年沪上一些著名市场人士在分析沪市"金花股份"投资价值时,预测它在 2000 年的利润可达到 40 亿元,这 40 亿元是个什么概念呢? 它对当时一个总股本不过 12 000 多万股的"金花股份"来说,意味着二、三年后每股收益将要达到 30 多元,试想,有这种可能吗? 但是,很多头脑发热的投资者,对这种肆意夸大的题材竟然坚信不疑,在股价大幅上涨的情况下,仍不顾一切地冲了进去。但是结果呢? 自他们买进后就一直套到现在,即使在 1999 年、2000 年的大牛市中都没有找到解套机会。

第二节　从市场热点中寻找投资机会与选股练习

习题 35　张老师说,事物总是在不断变化之中,股市也同其他事物运动一样在不断推陈出新。正因为如此,所以每一轮多头行情都会出现一些新的热点。请问:什么是热点? 热点有何作用? 热点从形成到消失有何规律? 热点与选股有什么关系?

参考答案　所谓热点就是一群联袂上行的个股。如果你查看股票涨跌排行榜,你就会发现在涨幅榜的前列大多是他们的身影。用一句通俗的话说:热点就是某一特定时间内在走红的板块或股票,这些在特定时间内走红的股票,常常被当时的股民称之为"热门股"。

为什么某些板块或股票会在某个时段走红呢? 这主要是由这段时间内特定的经济、政治、军事和社会诸方面的因素,包括国家的方针政策和利好消息所促成的。例如,在西方股市中,20 世纪 60 年代电子工业股的走红,与当时美苏两国的太空竞赛有关;70 年代的石油股热门,缘于中东战争引发的能源短缺、石油涨价;80年代生物工程股坚挺,与艾滋病蔓延、人们日益关切自己的身体健康有关;90年代高科技股、网络股突现,是它们对现代经济生活的重大贡献……总之,翻开国外成熟股市的历史,可以说就是一部热点不断交替的历史。

我国属新兴股市,未具备外国成熟股市的历史,但热点的变换,也离不开上述的原因。如2000年初纺织板块的兴起,是中国即将加入世贸(WTO)使然;2000年夏我国钢铁板块诸如"马钢"、"莱钢"的股价翻倍,得益于国家"总量控制"政策的初见成效,以及加入世贸,房地产复苏加大对钢材的需求,市场价格回升等因素。

那么,热点有何作用呢?热点是刺激股市的兴奋剂,在一段时间里,股市上总会出现不同的市场热点。有了热点,股市才显得长盛不衰。而一旦失去热点,则预示着牛去熊来,市场随之进入瘟市或死市状态。市场有无新的热点出现,是研判大势走向的重要依据之一。倘若股市中新热点不断出现,则表明股民不甘寂寞,大盘有上扬动力,这个市场就是一个多头市场,而股市中很少有热点,甚至无热点出现,市场则如耗尽油料的汽车必然寸步难行,这个市场就是一个空头市场。在多头市场中做多获利机会较多,因此投资者要以持股做多为主;在空头市场做多十有九输,因此,最好的投资策略是持币观望。

热点酝酿的过程就是主力资金介入的过程,一般来说,热点酝酿的时间越长,热点能够持续的时间就越长。按照以往的经验,市场的热点从形成到结束通常有三个阶段:第一个阶段为单一热点发动行情,此阶段的热点一般持续的时间较长,如1999年底至2000年初的网络股行情,持续了两三个月。第二个阶段由单一热点扩散到多极热点,其持续的时间较短,如2000年四五月份的生物制药、钢铁、水泥和石化板块。这里特别要注意的是:如果市场出现多个热点同时疯炒的情况,要留意大盘是否在走最后一浪。第三个阶段为热点转移与消退阶段,这一个过程持续的时间更短。一般而言,当能炒的板块都被轮炒一番之后,大盘就会进入休整期,以孕育等待下一个单极的热点出现,如此循环往复。

有些热点因为所在行业辐射性广、群众基础好,市场主力会反复加以利用,直到无利用价值时把它抛弃。这类热点的特点是:你相信它1次、2次是对的,但你相信它第3次或第4次就错了。一些投资者不懂得其中奥妙,吃这类"热点"亏最大。因此,投资者在跟市场热点寻找投资机会时必须明白,市场上不会有永恒的热点。"盛极而衰"是一种自然法则,当然也适用于股市。当一个市场热点持续一段时间后,人们就渐渐对它失去了新鲜感,跟风炒作的人越来越少,市场热点就会向另一个新的更具号召力和认同感的热点转移。这时原先的热门股价格就有可能出现一次向下幅度不小的调整。投资者应及早从原热门股中退出,保护好胜利果实,免得受套牢之苦。

譬如,证交所开张的那几年,浦东题材是沪市一大热点,"陆家嘴"、"外高桥"、"金桥"、"东方明珠",占据浦东天时地利的优势环境,因而被人誉为沪市"四大天王"。"四大天王"一涨,沪市就涨,"四大天王"一跌,沪市大盘就跌,可谓风头出尽。当初一些报刊舆论也认为买"四大天王"是"只输时间不输钱"。因此,1995年、1996年"外高桥"、"陆家嘴"疯涨到了30多元价位时很多人都不当一回事,想都没想就买了进来。但后来因为浦东题材反复使用,老调重弹,再也不能引起投资者的兴趣,市场热点便转移到别处。一些在高位买进"外高桥"、"陆家嘴"的投资者,做梦也没想到,他们就此深套其中,而且一套几年,直到现在都没解放。

最后,我们再来看看热点与选股的关系。热点板块的存在使股市的上行有了一群核心骨干,也为股市的上涨行情打上了特殊印记。如1999年"5·19"行情是科技股,2000年元月行情是网络股,而2000年6月行情是国企大盘股等。一般来说,在一个中级以上行情中,热点板块大约能持续几周,长的可达几个月。因此,选股在热点板块里选，胜算就大得多。

总之，股市不能没有热点，股市的热点层出不穷，但世上没有永远的热门股，要果断地不失时机地买卖。若能具有如此的胆识和高超的艺术，必将成为股市的大赢家。

习题 36　张老师说，上一节课，我们只是概略地分析了热点当中的一些问题。这些分析是很初步、很不全面的。如果我们想把热点问题中的关关节节都搞清楚，就有必要把热点问题的讨论深入下去。我这里先提出一些讨论题目：(1)热点有无主次之分，如何根据热点来判断行情的性质？(2)盯住热点板块首先要盯住哪些个股？(3)如何掌握好热点转移与消退时机？(4)参与热点板块，主要投资策略是什么？(5)当一个热点板块或热点个股冷下来后，投资者应对其采取什么态度？现在，请同学们围绕这些题目畅所欲言。

参考答案　张老师说完，大家对张老师提出的问题展开了热烈讨论。最后张老师根据大家的讨论，作了总结性发言。张老师说：我们在把握热点，利用热点选股时必须注意以下几个问题：

(1)热点有主流热点和一般热点之分。在大级别的反转多头行情中，所形成的热点就是主流热点，在小级别的反弹行情和箱形盘整行情中，所形成的热点就是一般热点。一般来说，主流热点板块必须是一个比较大的板块，其行业对于整个国民经济的影响面大，市场号召力强。如，1997 年初以"四川长虹"、"深发展"为首的绩优股板块热点，1999 年"5·19"行情中以"东方明珠"、"清华同方"为首的网络科技板块的热点。这些热点板块兴起，在市场举足轻重，具有牵一发而动全身的作用，而比较小的板块，行业独特的板块都不可能成为发动大行情的板块。

为什么要强调把热点分为主流热点和一般热点呢？因为当你学会对热点区分后，那么你对行情的估计和选股就更有把握了。

比如,当一轮行情兴起时,你只要发现主流热点出现,那么你就可以测算出这一轮行情的性质是反转,而不是反弹,是一个大级别的行情,而不是一个小级别的行情。这时你就可以大胆做多,或是以长多短空为主,或买进股票后采取一路捂股的策略;反之,当一轮行情兴起时,你发现出现的热点只是一般热点,那么你只能估计这一轮行情是一个小级别的行情——是反弹行情而不是反转行情,这时你采取的投资策略就应该以短多长空为主,当接近上一轮高点,或在密集成交区,以及关键点位遇阻后,应果断做空离场。

(2)要盯住热点板块中的领头羊。在热点板块中,并不是所有的个股都能够涨得很好。大出风头的首先是行情的领头羊。领头羊是主力为了使热点板块能够顺利启动,也为了号令天下而刻意塑造的一个市场形象。在行情初期,最先引起轰动效应的肯定是领头羊。热点板块的其他个股都是看领头羊的号令行动,股民们也是在领头羊的示范效应下才会改变对市场的看法,由空翻多。由于领头羊在行情中具有重要作用,主力在培植领头羊的过程中往往也不计成本,股价可以拉到惊人的高度。从最近两年的行情看,领头羊的涨幅一般都在100%～200%之间,并且在上涨过程中气势如虹,股价也一飞冲天,根本没有犹豫、喘息的迹象,也不给空方以打压的机会。

事实上,主力并不指望在塑造领头羊形象的过程中挣到钱,但只要能够把行情带起来,领头羊的使命也就完成了。钱可以在同一板块的其他股票上挣。因此,在行情的初期,一旦出现热点板块,就应该赶紧找出领头羊,毫不犹豫地跟进,一直捂到热点板块转换。

读者要问:怎么知道某个股票是领头羊呢?这其实并不难,行情初起时,你只要把热门股排排队,找出一段时期内成交量、涨幅最大的股票,这十有八九就是该热点板块的领头羊。

(3)要掌握好热点转移与消退的时机。我们前面说过,热点不可能是永恒的。任何热点都会从热向冷的方向转化,这里最重要的是要掌握好热点转移与衰退的时机。如果你在热点没有退潮之前提早出局,就会错过一段行情,使盈利大打折扣;如果你在热点悄悄退潮后,还没有发觉仍在其中,那很可能就此成为套中人,不但会将你原来赢的钱揩掉,弄不好还叫你赔了夫人又折兵,把老本输光。因此,最佳的办法是在热点开始转移的初期顺利退出。要做到这点是有一定难度,但你如果知道了热点转移和消退的过程后,操作起来还是有相当把握的。

从总体上看,当一个热点从产生到发展,必然有一个市场从犹豫到响应的过程。而且一旦热点形成后不会马上结束,除非有突然的利空打压。只有热点升温到炙热状态才会退潮,这就是股谚中所说的"行情在欢呼声中结束"。因此,如果你看到你周围的投资者不愿意追入这个热点时,说明行情未结束;如果你看到你周围的投资者都认同和纷纷加入这个热点,说明行情就要结束。认识这点对防范热点的转移和消退非常重要。

例如,1997年2月至7月沪深股市的绩优成长股的热点形成与消退就充分说明了这个道理。在1997年2月,崇尚绩优的热点刚形成时,投资者因为在前期刚受到股市一轮暴跌打击,都心有余悸,对绩优高价股能否攀升持怀疑态度,一般都不敢加入。而这时以"四川长虹"、"深科技"、"东大阿派"为首的高价绩优股却在市场犹犹豫豫的心理支配下一路走高。特别是到了1997年5月沪深两地股市在1 500点和6 000点见顶回落,大盘一路下沉时,而"长虹"、"深科技"、"海尔"等绩优股却不跌反涨,屡创新高。眼前的事实,使原来怀疑绩优股能否攀升的投资者也不得不承认崇尚绩优热点所带来的巨大投资收益。而股市真喜欢和大多数人开玩笑,正当众人一致认为崇尚绩优使市场变得成熟,投资趋向理性,纷纷买进绩优股时,崇尚绩优的热点突然在市场一片看好声中消退了,高价绩优股开始回落。之后在沪深股市跌至1 100点和4 000点见底回升时,市场热点又从崇尚绩优转移到追逐题材上来,一些市盈率高达几百倍和上千倍的绩差股、亏损股在资产重组的幌子下被市场捧上了天,连连涨停,而市盈率很低的绩优股却一反常态,成了市场抛售和平仓的对象。绩差股的狂升和绩优股的猛跌,使一大批"理性"投资者失去了方向,他们不明白市场发生了什么错乱。其实,这不能怪市场,这一切都是热点轮换所造成的。你如果对市场热点转移和消退规律一无所知,或者说对市场热点转移和消退时机把握不好,在追逐市场热点时,吃套、输钱也就不可避免了。

（4）参与热点板块的主要投资策略可用八个字概括——买进要早,斩仓要狠。俗话说:兵无常形,水无常势,市场热点的形成与消退并非都是理性的。因此你如果想从市场热点中寻找投资机会,就不必拘泥于投资、投机,只要看准了完全可以大胆参与。一般来说,对启动初期放量上扬的热点板块可以果断建仓,但在建仓的时机选择上一定要迅速。这是因为,热点板块兴起时,持续强势的时间不长,往往涨升了一段时间后,就要出现整理。所以如果丧失了个股启动初期的买入时机,再追涨买入就很可能遇到比较难耐的整理走势,所以趁早果断买入是追逐热点、选好股票的一个相当重要的环节。

此外,市场上热点板块或热门个股是一个高投机、高风险的品种。有人戏言:参与热点板块炒作是在和魔鬼打交道。既然是和魔鬼打交道,就要有一套对付魔鬼的办法。打得赢就打,打不赢就走。投资者要切记,在参与热点炒作游戏中一旦发觉魔鬼变脸,就要赶快斩仓逃命,万万不可恋战。因为一旦热点板块或热点个股的庄家在高位把大部分筹码派发,实现胜利大逃亡后,接下来他所要做的或是釜底抽薪,移师别的战场,从而使这个热点板块或热点个股变成无人关照的孤儿,股价很快回落;或是用剩余的筹码来狂轰滥炸,把股价打回原地,再拾些低位筹码做一波反弹。故此,我们只要发现热点板块或热点个股的庄家开始撤庄,就不要抱有幻想,赶快逃命,哪怕此时已有10％—20％的损失也要忍痛割爱。因为这时你要明白,逃命越晚损失越大。这就是所谓斩仓要狠。在沪深股市中,曾有一度被炒作到40多元的热门股最后一路跌到2

元多的悲惨记录。许多参与热点板块或热点个股的人就是因为热点转移与消失时斩仓不狠,最后盈利揩光,甚至将老本输光。这个教训值得每个投资者牢记。

(5)对失宠的热点板块或热点个股不要留恋,不要轻易进行补仓。在股市中的某一热点退潮后,投资者对失宠的热点板块或热点个股不能再留恋。因为,一般来说,一个热点退潮后,要再次得到市场的宠爱,决非短期内可以实现的,它需要有一个很大的下跌调整空间,这种调整几个月、几年都有可能。因此,有经验的投资者,对那些失宠的热点板块或热点个股,都会采取一刀两断的做法,即使有些损失,也在所不惜。这些投资者心里都很清楚,股市是个喜新厌旧的市场,你不抛弃旧的热点,市场就会抛弃你,让你输得没完没了,动弹不得。

有的投资者可能会想:当这些失宠的热点板块或个股大幅下挫后,买进风险不大。因为,一则世界上没有只跌不涨的股票,更何况这些昔日黄花前一阶段也得到过市场宠爱,那么在它们大幅下挫后,市场多少要给它们一些面子;二则从技术上说也会有一个反弹机会出现。但事实上这些投资者的想法只是一厢情愿而已。股市中通常用的分批买进法、拨档子操作法、金字塔买进法,以及股市中常用的利用黄金分割率[注]——0.382、0.618 来计算股价跌

[注] 黄金分割率,意即宇宙间最完美的分割比率。其最早是人们观察古埃及金字塔发现的。古埃及大金字塔以其巧夺天工的美学意义闻名于世,一组奇妙的数字使它更显神秘。金字塔的高度约 146 米,其正方形底部每边长约 230 米,它们的比值为 146:230≈5:8,所以产生了既美又稳定的效果。自然界的和谐存在于这一比例之中。5 与 8 之和为 13,所以 5:8 可写成 5/13,即 0.384:0.615,经不断修正后可得出 0.382:0.618 这两个数字比值。这两个数字比值就称之为黄金分割率。自从股市诞生以后,黄金分割率在这个由各种数字组合而成的奇妙世界里有了新的用武之地。例如,根据黄金分割率可以粗略地测算出某一波反弹或回档的极限点位。因此,只要预先准确地推算出每一波浪上升或下跌的黄金分割位,如 0.382、0.618……就能选择一个比较好的买进、卖出的价位。但近年来主力也常常利用黄金分割率设置陷阱,对中小投资者进行诱多或诱空,让迷信黄金分割率的投资者屡屡上当受骗。

落后的反弹位置等操作法,用在失宠的热点板块或热点个股上往往都会失效。因为热点板块或热点个股一旦回落,就像一个断了线的风筝,你根本不知道它会跌落到何处,是跌在高山上、树梢上、地上,还是海里。这里未知数太多。在沪深股市中,采用分段买进法,以及黄金分割率计算它的反弹位置,买进从高位回落的"热门股"的投资者,结果大多输得很惨。这不是说股市中分段买进法以及黄金分割法等操作方法没有用处,而是说这些用在其他方面行之有效的方法,用在失宠的热点板块或热点个股上犹如"秀才遇到兵——有理说不清"。

例如,笔者了解到有一位投资者在"亿安科技"从126元顶峰回落后,当其下跌到70多元进行横盘时,这位投资者经过计算,发现当时"亿安科技"的横盘价位,正好处于126元下跌后0.618黄金分割位置上,于是他买了很多"亿安科技"股票,但是这个"亿安科技"并没有给"黄金分割理论"一点颜面,什么反弹都没有,横盘一阵子后,继续大幅下挫,使这位按照黄金分割理论轻易补仓的投资者输得惨不忍睹。

因此,退一步说,即使投资者要对失宠的热点板块或热点个股进行补仓,也只有在它们狂跌之后,出现止跌回升,同时又有成交量重新放大的迹象后,你才能推测这些失宠的热点板块或热点个股有庄家开始重新入驻,方可用少量资金进行补仓,与庄家同庄共舞,但要预先设立好止损位[注],一发觉形势不对,就即刻止损离场。

习题37　张老师总结完后,一位同学站起来说:过去做股票,对股市热点的认识很模糊,现在经过这样深入讨论后清楚多了。

[**注**]　止损位设立有两种方法:一是按买进价位,下跌5%或7%就卖出离场;二是跌破5日均线或10日均线就抛空出局。

不过我觉得在如何判断市场热点的形成和衰退,如何判断热点变化,如何把握热点轮换等问题上,仍然有一种似懂非懂的感觉。张老师听了这位同学发言后,问大家:谁来解答这位同学心中的疑问。

参考答案 证券班学习委员王美娜同学站起来回答说,关于如何判断热点的形成和衰退,如何判断热点的变化,如何把握热点等,我认为,可以通过以下几个途径予以解决:

(1)从媒体推荐的板块和个股中,判断市场热点的形成和衰退,以此确定自己的选股策略。在行情初期,投资者对于媒体极力推荐的板块和个股不妨信它一回,因为此时的推荐带有政策引导性质,影响面大。反之,在多头行情运行已有了很长一段时间,大盘也有了较大涨幅后,投资者对媒体极力推荐的板块和个股,则宜把它作为反向思维和操作的重要依据,媒体推荐和宣传得越厉害,说明这个热点衰退将来得越快。

(2)从资金动向中判断热点的变化,以此决定自己应该是做多还是做空。热点板块是主力的主攻目标,主力的弹药大都往这个板块打。在行情发动初期,那些成交金额、成交量排名靠前的股票里面肯定有不少是属于这个板块的。主力既然敢于大量吃进,一定有好戏在后头。所以,你只要跟上主力部队就能抓住市场热点,选择这类个股建仓获利机会较大。反之,在多头行情已经运行了很长时间,热点板块的个股已有较大涨幅之后,很多资金仍旧不断涌向这个板块,这就不一定是好事了,这时要警惕热点盛极而衰。空仓者不宜再选择这类个股买进,持有这些热门股的投资者,应密切观察盘面走势进行减磅操作。

(3)从区分强势股、弱势股入手,判断热点的轮换,以此确定自己的投资策略。大凡热点形成的板块和个股,必然会以强势形态出现,热点衰退的板块和个股,必然会以弱势形态出现。因此,我们只要能区分出什么是强势股,什么是弱势股就能大致知道热点是否开始形成或衰退了。

那么,什么是强势股呢? 一是日、周成交量或换手率均居于大盘前几名的股票;二是大市上扬的时候,跑赢大市的股票;三是大市下跌的时候能逆市上扬,或下跌幅度小于大盘,显示出良好抗跌性的股票。

什么是弱势股呢? 一是日、周成交量或日、周换手率均低于大盘平均水平的股票;二是大市上扬的时候,它不涨,甚至下跌,即使上扬,其上涨幅度也小于大盘涨幅的股票;三是大市下跌的时候,率先下跌,或跌幅大于大盘的股票。

在股市中,没有什么恒定不变的热点,因此也就没有恒定不变的强势股和弱势股。风水轮流转,某一时期的强势股、强势板块,在另一时期就可能变为弱势股、弱势板块。反之亦然。因此作为一个头脑清醒的投资者,要善于根据市场强弱变化,及时调整自己的投资策略。若强势股风光不再,说明与强势股相联系的板块所形成的热点已经衰退,甚至消失,这时投资者应该赶紧找机会出局。反之,当某一个或两个弱势股开始转化成强势股时,说明与这些弱势股相联系的板块所形成的市场冰点开始融化,此时,投资者可关注这一板块的整体走势,以便及时抓住市场新热点。

习题 38　张老师说:王美娜同学发言很好,基本上把热点转换与根据热点转换选股的问题说清楚了。不过,我觉得有些问题还需要作进一步探讨,例如,怎样关注热点转势的信号? 热点转势后是退出还是换筹好? 如何以换手率[注]来判断热门股? 等等。请问:(1)既然王美娜同学发言很好,为什么张老师还要提出一些问题让大家作进一步探讨? (2)你能回答张老师提出的这些问题吗?

　[注]　换手率是指在一定时间内市场中股票转手买卖的频率,是反映股票流通性的指标之一。其计算公式是:换手率=(某一段时间内的成交量÷流通股数)×100%。

参考答案 （1）为什么张老师要提出一些问题让大家作进一步探讨呢？因为热点问题不仅仅是个理论问题，更是一个实践问题。虽然王美娜同学把热点问题从理论上说清楚了，但在方法上交代还不够明确。这样操作起来就会出现一些问题，该做空的时候没有及时做空，风险很大。正是考虑到这一点，张老师觉得有必要对热点问题作深入探讨，其目的是要让大家参与热点板块炒作时，更好地把握投资机会，规避一些不必要的风险。

（2）一般来说，一个板块由强到弱都会伴随着一些转势信号，其主要信号有：① 热点板块领头羊连连下跌，热点板块大部分个股涨升乏力；②热点板块成交量逐渐萎缩，显示主力资金与市场游资正逐渐从原来热点板块中撤离；③消息面对热点板块有不利的说法（譬如，前一阵子管理层表示对操纵市场行为要进行严肃查处，引发了某些庄股跳水）。一旦从上述几个方面综合判断热点板块转势后，宜及时从中撤退，即使其中个别股票仍有上涨空间，也应断然退出。

有人说，当热点转移后换筹行不行呢？我认为这样操作风险仍然比较大。因为市场热点在转移过程中，大盘往往有一次幅度不小的调整，以利于主力机构调整持仓结构。所以，一般来说，当投资者发现市场热点转移时，应先退出观望再说，而不要急于换筹。等大盘在调整企稳后再换筹不迟。当然，换筹也不是随便换，而是看准了再换，换上有可能成为新热点的板块。

如何以换手率判断热门股呢？换手率高，说明近期有大量的资金进出该股，流通性良好。投资者可将近期每天换手率连续超过2％[注]的个股，列入备选对象之中，这样就可大大缩小选股范

[注] 换手率的高低是一个相对的数值，在不同时期内其标准是不一样的。根据经验，空头市场日平均换手率高于2％为热门股，多头市场日平均换手率高于5％为热门股。考虑到最初热门股往往是在空头市场向多头市场转化中出现的，所以本文提出将每天换手率超过2％的个股，列入备选对象之中。

围,然后,再根据一些辅助规则,从高换手率个股中精选出最佳品种。操作中可利用以下的几个辅助规则:

第一,要找换手率能否维持较长时间的个股。若在较长的一段时间内保持较高的换手率,说明资金进出量大,热度较高。如"上海梅林"自 1999 年 12 月中旬以来,每天换手率接近 2%,较早发出了买入信号,之后该股果然成为 2000 年初的一匹大黑马。

但运用这一规则时要注意以下情况:一些个股仅仅有一两天成交突然放大,其后重归沉寂,并不说明该股股性已转强。此时,不能盲目选择买进。例如"深发展"2000 年 7 月 27 日成交量柱状图突然竖起一根"电线杆",其后很快缩量,弱势难改,随便跟进就很容易吃套,而"方正科技"自 1999 年 12 月中旬开始,每天的换手率平均超过 3%,持续性强,增量资金源源不断地"增援",使该股股价水涨船高。如投资者能在低位买进,获利就相当丰厚。

第二,要把走势形态、均线系统作为辅助判断。换手率高,有可能表明资金流入,亦有可能为资金流出。一般来说,出现较高的换手率(近几日换手率在 5%—8% 之间,成交额稳步增加,外盘为内盘的 2 倍以上)的同时均线系统保持多头排列、重心上移,表明有大资金在建仓,后市以盘升为主。这样的个股应加以重点关注。反之,出现较高的换手率的同时均线系统保持空头排列、重心下移,表明资金从该股流出,后市以跌为主。这样的个股应以不碰为宜。

第三,从价量关系上看,一些热门股上涨过程中保持较高的换手率,此时继续追涨风险较大。一般来说,当股价处于低位,日换手率达到 2% 左右时,应引起投资者的关注,而上升途中换手率达到 20% 左右时,则应引起高度警惕,预防主力在"价升量增"的掩护下,出现"胜利大逃亡"。

第三节 从股本结构中寻找投资机会与选股练习

习题 39 张老师说:做股票要看盘子大小,股票有大盘股、中盘股、小盘股之分,请问:大盘股、中盘股、小盘股是如何划分的?它们各自的特点是什么? 投资者在什么情况下应选择大盘股? 在什么情况下应选择小盘股?

参考答案 在股市中,所谓的大盘股、中盘股、小盘股都是以流通股本规模的大小进行区分的。一般而言,流通股本在 1 亿股以上的个股称为大盘股;5 000 万股至 1 亿股的个股称为中盘股;不到5 000 万股的个股称为小盘股。

在小盘股中,有的流通盘不足 2 000 万股,我们称之为"袖珍股"或"微型股"。在大盘股中,有的流通股本超过 5 亿股,我们称之为"超级大盘股"。

大盘股、中盘股、小盘股在市场中的特点是不一样的。

从历史上看,大盘股的企业成长性和股本扩张能力较差,且盘大不易炒作,因此,股性一直比较呆板;而小盘股的企业成长性较好(尽管有些小盘股因业绩很差,甚至亏损,受到了管理部门特别处理,但一旦重组成功,"成长性"马上就会体现出来)和股本扩张能力强,且盘小易于炒作,因此股性比较活跃;中盘股的企业成长性和股本扩张能力介于大盘股和小盘股之间,因此股性既不是十分活跃,也不是很呆板,其表现较为沉稳。

从市盈率水平讲,如不考虑其他因素,相同业绩水平的个股,小盘股的市盈率会比中盘股高,中盘股要比大盘股高。

从市场炒作角度看,大盘股和中盘股适合大资金的进出,在大级别多头市场中,实力机构和大资金常偏重于中、大盘股。特别是从选择市场龙头股的角度,显然绩优大盘股比较合适,对指数影响大,控制这些个股就能达到四两拨千斤的作用,而小盘股就难以达到这样的效果。因此,在牛市中充当主流热点板块的领头羊,一般都由中、大盘股担当,而在小级别的反弹行情或盘整市道中,小盘股才有可能在局部范围里担当起短暂的领头羊角色。

当我们明白了这个道理后,作为普通投资者在选股时就可以作出这样选择:在大级别的多头行情中,应倾向于挑选一些在市场已有表现,但还没有大涨过并有市场潜力的大盘股和中盘股。在盘整市道或小级别行情中,应倾向于选择一些市场潜力较大,并已走出底部的小盘股或中小盘股(流通股本小于 8 000 万股)。

讲到大盘股、中盘股、小盘股,我们还想补充讲一点:随着股市发展,大盘股、中盘股、小盘股概念也在不断变化。过去的大盘股过若干年后,可能就会变成中盘股,甚至小盘股。例如,1992 年"氯碱化工"上市时,流通盘仅 1 000 多万股,但当时沪市的上市公司流通盘子都很小,这 1 000 多万股盘子就是一个很大的盘子了。因此,"氯碱化工"上市引起市场很大恐慌,没过几天就跌破了发行价,迫使股指又进一步破位下沉。而从现在水平看,这 1 000 多万股盘子连小盘股帽子套上都嫌太大,确切地说,只能称之为"袖珍股"。可见事物在发展变化,人们对事物的认识和评价也在发展变化。也许几年后,1 亿股流通盘子的股票又算不上什么了,它比起几十亿股,甚至上百亿股流通盘的股票来说,只是股市中的"小弟弟"而已,那时人们或许会把它称之为中盘股,甚至小盘股。我们现在讲这个问题,不是在玩概念游戏,目的是要大家辩证地看待流通盘的大小问题,这样选股时就会更加有方向。

习题 40　张老师说:刚才我们分析了大盘股、中盘股和小盘股的各自特点,并向大家介绍了选择大盘股、中盘股和小盘股的一般原则。但是有一点我们必须认识到,小盘股容易跑出大黑马,因此我们选股时要多关注一些小盘股。请问：为什么小盘股黑马多？小盘股中哪种类型的个股容易成为大黑马？

参考答案　为什么小盘股容易跑出大黑马呢？这里面有 3 个原因。

（1）小盘股跑出大黑马是由供求关系决定的：稍微有点经济学常识的人都知道，供求关系是决定价格的一个重要因素，当求大于供的时候，整体价值中枢将以上移方式来实现新的供求平衡，而供大于求的时候则会相反。如果我们将某个上市公司的流通股本规模当作"供"，而"求"的源泉则取决于人们对其价值的认识。这样，如果一家小盘股的基本面发生重大变化，由于筹码供给量有限，而市场对其需求量却在不断增加，这样稍有增量资金介入，其股价的上升力度必然强于股本规模大的品种，这就是小盘股最基本的魅力。

（2）小盘股跑出大黑马是因为资产重组成本低，想象空间大。大家知道上市公司质量是股市生存和发展的基础，而现阶段由于我国经济发展仍处于经济结构转型和升级转换阶段，上市公司的质量普遍不高，极少有能够长期持续发展的成长股，即使当年的绩优成长股的代表"深发展"、"四川长虹"也从初期的高成长转变到近几年的调整巩固，业绩也从绩优到绩平再到绩差。因此，可以预料要想整体上提高我国股市上市公司质量，就必须对上市公司作一次"脱胎换骨"的改造，使差的变好，好的变得更好，而这种脱胎换骨的改造只能通过资产重组方式实现。可见资产重组是我国股市现阶段重头戏。

从理论上讲，无论大盘股、中盘股、小盘股都可以进行资产重组，但事实上就我国股市目前状况来说，小盘股资产重组成本最低，想象空间最大。

现在我们将一个总股本 1 亿股，流通股本 3 000 万股，每股净资产2元的微利或微亏股作为一个标准的小盘股模型来进行分析。对于这样一个公司,收购方只要付出5 800万元即可收购该公司的29％股权(现在中国证监会一般不太会豁免收购比例超过30％的要约收购义务),而且只要注入5 000万元的利润,就可使该公司的每股收益达到0.50元,这个数值已远远超过沪深股市所有上市公司的平均水平,已经可以称得上是绩优公司了,这样想要配股或增发新股都没问题了。而且这样一个公司净资产才2亿元,即使搞个整体置换,难度也不是太大。

我们再可以作一个假设,该股重组前股价为10元,流通市值仅3亿元,如果经过资产重组使之变成为像"托普软件"那样的高成长朝阳产业的上市公司,你说上升空间有多大?而这样的好事在大盘股身上就很难出现,大家可以想一想:如果我们将这个小盘股换成总股本二、三十亿股和流通股为几亿股的大盘股,那资产重组成本就不知要高出多少倍。而现阶段我们国家又有谁能拿出这么大的一笔资金来搞这样大规模的资产重组呢?说句不好听的话,在现行体制下,即使有谁能筹集到这么大的一笔资金,要对超大型企业实施资产重组也会遇到重重阻力,真的要搞也不易成功。正是由于这一个原因,小盘股资产重组才会搞得如此红红火火,备受市场青睐。

(3)小盘股跑出大黑马是因为它容易受庄家控盘操作。我们知道,新兴股市投机气氛都非常浓,在沪深股市中表现得尤为明显,而投机市场最大的特点就是炒作频繁。像上面介绍的那个小盘股,如果没有庄家活动,其股价必然在15元以下,甚至低于10元都有可能,庄家如果能够在15元以下吃进该股40％的流通筹码的话,投入资金不过2亿元,加上以后拉升及备用的资金,最多也只要4亿元就足够了。现在市场上能够筹集到这点资金的庄家很多,因此资金上没有什么难处。如果流通盘翻一番,庄家需要的资金量也至少要翻一番,这样庄家筹集资金的难度就要大得多了。而且一个微利或微亏的公司,重组后业绩一下子提高到 0.50 元,其市场形象就会大大改观,市场舆论也会为其重新定位,早已高度控盘的庄家借机发力,股价翻上几番也不会成什么大问题。如果上市公司配合庄家炒作,再推出个 10 送(或转赠)10 股的方案,那就会吸引一大批跟风者,庄家很容易从从容容地在"低位"派发了。庄家这样炒作的结果,不仅可以把收购公司和帮公司重组的成本全都赚回来,还可以有一笔丰厚的利润。

当然,这里必须说明的是:小盘股不是产生黑马的必要条件,随着市场规模的不断扩大、机构投资者实力的迅速增强,许多中、大盘股的中高价股中也不时有黑马跑出来,所以对"小盘股容易跑出大黑马"这个观点也不能一概而论。但毋庸讳言,从总体来看,小盘股跑出大黑马的机会更大一些,搏差价也比较容易。

那么,哪些小盘股最容易成为黑马呢? 我们对近年来小盘股的涨跌进行统计,从中发现下列类型的小盘股最具有升值潜力:

(1) 总股本最好在 3 亿股以内,流通盘最好在 5 000 万股以下;

(2) 绝对价位一般应在 15 元以下,如果在 10 元以下则更好;

(3) 近半年至一年间没有被爆炒过,盘中明显有大资金活动的痕迹;

(4) 技术形态良好,均线呈多头排列;

(5) 有迹象表明该公司将转向信息技术、生物技术等朝阳产业;

(6) 有较高的资本公积金或较高的未分配利润;

(7) 有配股资格或已踏进配股及格线的为佳,这样可以缩短重组后主力再筹资的时间,主力会更感兴趣。

习题 41　张老师讲了小盘股容易出黑马的道理后,一位同学站起来问张老师:以后我们做股票是不是看到小盘股就可以买进? 张老师听后反问大家,这位同学的观点对不对? 为什么?

参考答案 这位同学的观点显然是错误的。在股市中,哪有不讲条件买进什么股票就稳赚钱的道理。如果真有这样好的机会,恐怕也轮不到咱们中小散户。我们说小盘股容易出黑马,但这并不意味着小盘股就是黑马。小盘股中不是黑马,连一般的马都不是,而是地地道道套人的劣马也不在少数,这怎么能够将小盘股和黑马划等号呢?

要弄清楚这个问题,有必要将黑马的概念说一说。什么是黑马呢? 黑马就是现在尚不被人所知,但在今后一段时期能够远远跑赢大市的股票。知道这一点很重要。一个股票要成为黑马,它至少现在还不被人所知,如果一开始大家都知道的话,那也就永远成不了黑马。也许正是因为这样,那些蕴藏着重大题材,但一直未露峥嵘的小盘股对市场才具有吸引力。可见,小盘股能否成为黑马有许多不确定因素。因此,我们不能一看见小盘股就不问三七二十一把它买进来,这样做风险很大。

介入小盘股和介入其他类型的股票一样,都要讲究操作技巧。那么买卖小盘股的技巧是什么呢? 我们这里简要讲几点:

(1)针对主力收集小盘股筹码不易的特点,投资者应学会同主力进行拉锯战。一般而言,股本较小的股票,主力吸筹的难度较大,而且由于绝对数量小,如果涨幅太小获得的利润就太少,因此主力一旦大举介入流通盘较小的个股,一般都会运作较长时间。正因为小盘股的收集难度比大盘股困难得多,所以主力的重点吸筹区域一般都控制在15[注]元以下, 少数有确定的重大题材,或市

[注] 15元是根据近几年小盘牛股的走势资料统计得出的。但这个价格会随着市况变化而变化。目前,由于市场对小盘股过多的渲染,现在小盘股的绝对价位已经不低,10元以下的小盘股很少见到。正是考虑到诸方面因素,所以我们推断:目前主力对小盘股的吸筹区域大多定在10—15元之间。

场气氛特别火爆,或定位较高的新股,主力才会在 15 元以上建仓。正因为如此,在一般情况下小盘股 15 元以下的走势会十分复杂。很可能在 10—15 元,或 12—15 元之间作上下震荡,直到很多投资者失去耐心,抛空出局,主力完成筹码收集的任务为止。针对这一情况,投资者可依据"矩形"[注1]操作原理,在股价接近矩形上边线时抛出,回到矩形下边线时买进,以此减低持股成本,与主力打持久战。

（2）针对主力在小盘股突破上经常玩弄假动作的特点,投资者宜采用后发制人的投资策略。一般而言,小盘股的股价第一次突破股价上档压力线（比如说冲破 15 元这个价位）时以假突破居多,此时投资者不宜盲目跟进。比较安全的做法是:股价在第 2 次或第 3 次有效突破上档压力线时,投资者才可考虑跟进。

（3）针对主力炒作小盘股是在搞资本运作这一特点,投资者应学会根据市场信息反向操作。当前常用的资本运作模式都是一、二级市场协同进行。手法主要有先吸筹后寻机重组和边吸筹边重组,先重组后吸筹的案例几乎没有。由于一个完整的资本运作过程牵涉到出资方、策划方、上市公司、某些地方政府等千丝万缕的关系,因而就有一个各方面利益的分配和协调的问题,任何一个环节出了问题都会导致资本运作失败。正是这个原因,主力在炒作小盘股时,常常会得到上市公司和媒体的"密切配合"。如果主力要吸筹,股价有时会莫名其妙地下跌,操盘者常常用"对敲"[注2]方式制造放量长阴,让技术形态趋于恶劣,媒体和上市公司还会"恰巧"有利空消息发布。此时会有

　　[注1]　关于"矩形"的特征和技术含义,以及市场操作要点,详见《股市操练大全》第一册第 282 页～第 284 页。

　　[注2]　关于"对敲"的特征和技术含义,详见《股市操练大全》第二册第 433 页。

相当一批投资者因熬不住而挥泪斩仓,结果掉进主力设置的空头陷阱中,输得很惨。如果主力要发货,就会采用他们惯用的手法,通过"对倒"来制造价升量增的假象,媒体和上市公司又会有很多利好消息配合着向外公布。此时就会有为数不少的人挡不住诱惑而前仆后继地加入到抬轿大军的行列,结果掉进主力设置的多头陷阱中,在高位被套。像这样例子在股市中多得不胜枚举,随时都可以见到。

投资者知道这一"诀窍"后,不妨用反向操作办法同主力对着干。具体方法是:只要这个小盘股没有怎么大涨过,股价又比同类小盘股的股价要低,股价越是"放量下跌",媒体和上市公司越是提醒大家因公司经营出现问题,要注意投资风险之类的话,投资者就越是要想到这是主力和媒体、上市公司在联手做戏。这时自己一定要冷静,千万别让他们把筹码骗掉,如手中有资金也可跟着主力来个逢低吸纳。反之,当股价已有很大涨幅,股价越是"价升量增",媒体和上市公司越是发布利好消息或是大谈其投资价值时,投资者就越是要警惕主力是在借媒体、上市公司之手实现"胜利大逃亡"。这时自己头脑一定不要发热,盲目地追进去,如手中有筹码也不妨跟着主力来个顺势派发。

第四节　从板块运动中寻找投资机会与选股练习

习题 42　证券班张老师说,在市场投机气氛较浓的情况下,主力庄家奉行的一个原则就是"什么好卖炒什么",当股市中的高价股、中价股、小盘股、新股和次新股都炒过之后,主力常常会将注意力转移到什么股票上?这时,中小散户应该如何操作呢?

参考答案　在市场投机气氛较浓的情况下,当高价股、中价股、小盘股、新股和次新股都炒过之后,主力下一步最有可能炒作的就是久卧不动的低价大盘股。为何这样说呢?因为:

(1)便宜是金,没怎么炒过的股票都是金,而炒得越高越热闹的,其"股质"在变,由金变成铜,由铜变成铁。从二级市场看,股价越高风险越大,当高价股、小盘股、新股和次新股都炒过后,这些股票风险自然在加大,它们已成了主力脱身转移的对象。

(2)风水轮流转,你方唱罢我登场,主力不可能总守在一个或几个股票上。总要利用或者制造种种理由,使用种种花招,运用种种计谋,挖掘出可以自救、可以夺利甚至可以暴利的战地黄花。在各种该炒的股票都炒过后,久卧不动的低价大盘股自然会倍受主力青睐。

正是由于这两方面的原因,在沪深股市 10 余年发展中,我们发现每轮多头行情的中期和末期,一些超跌的低价大盘股常常会在主力关照下"一鸣惊人"。例如 2000 年 4 月,在"亿安科技"、"清华紫光"创下 100 元高价后,市场纷纷猜测下一个冲击 100 元大关的股票应该轮到是谁的时候,突然人见人弃的"马钢"启动了,从而引起了市场强烈关注。这时有很多投资者,包括一些股评人士纷纷跑出来找"马钢"上涨的理由。有的认为"马钢"业绩比过去有了提高;有的说"马钢"钢材出口额大增;估计还会有"马钢"的持有者希望"马钢"与高科技联姻。其实,"马钢"的上涨最大的理由是:跌久了要涨,价格便宜。至于围绕"马钢"上涨的各种猜测和利好消息对"马钢"上涨来说都是无关紧要的。

众所周知,在投机市场中,主力要炒作一个股票总能找出使人怦然心动的理由,不炒也有堵你个哑口无言的办法。可能有人要问,当时主力为什么会相中流通盘子很大的"马钢"呢? 这个道理很简单,因为一方面大盘涨了几百点,而"马钢"股价仍在原地踏步,其本身就有强烈补涨的要求。另一方面,当市场都在关注100元的股票时,股价最低的"马钢",由于和这些100元高价股反差特别强烈,这时反而有了很好的市场表现机会。主力心中很明白,虽然"马钢"流通盘子有6亿多,但股价只有2元多,整个流通市值不足15亿元。这样主力做庄控盘"马钢",投入的资金总量并不是很大。再说,在低价股有着强烈补涨要求的氛围下,即使把"马钢"股价炒翻一个跟头,也不过五、六元,仍属低价股。在市场大多数人已经看惯了80元、100元高价股的情况下,五、六元的低价股很容易被市场接受。正是因为有这样的背景,主力炒作"马钢"的成功概率就很大。实际上对主力而言,当时将"马钢"从二、三元炒到五、六元,其过程就相当于将5 000万盘子,30元的股票炒到60元。这不用说,两者炒作难度是截然不同的。高价股越往上走,跟风的人就越少,曲高和寡,其炒作难度(除非该股盘子很小,已被庄家绝对控盘,或者市场资金量很充沛,人气极度旺盛)要比有一定群众基础的低价大盘股的炒作难度大得多。这也就是为什么在多头市场中,在各种类型的股票都被炒过后,超跌的低价大盘股会倍受主力青睐。在我们明白了主力炒作低价大盘股的原因后,接下来我们再来看看主力炒作超跌的低价大盘股有哪些特点。概括起来有以下几点:

(1) 主力炒作这类个股时,正是市场最不看好它们的时候。

(2) 主力炒作低价大盘股常常采取突袭的方式,事先并没有什么征兆。

(3) 以点带面。每轮多头行情的中期和末期,主力重点只炒作一个或一、二个低价大盘股,其他的超跌大盘股都作为陪衬。如1996年低价大盘股行情启动时,炒作重点是"上海石化",1997 年炒作重点则为"仪征化纤",2000 年炒作重点又变成"马钢股份"。

（4）低价大盘股在完成理论升幅（一般升幅为启动价×100％）后,主力就会功成身退。随后,股价将处于一个长期调整过程。但总体而言,股价已上了一个台阶,除非基本面出现较大利空,否则,它们一般不可能再回到原来的低点。

在我们了解了主力炒作低价大盘股的特点以后,中小散户自然也就知道了在什么情况下,应该把那些人见人弃的超跌低价大盘股作为投资重点。当然,在操作时不可瞎买一气,仍要讲究一些策略,具体来说,操作时应该注意以下几点：

（1）当久卧不动的低价大盘股,成交量突然放大,周 K 线拉出长阳,股价站稳 30 日均线,说明主力在动该股脑筋了,此时应及时跟进为宜。

（2）低价大盘股启动后,应观察短期均线排列状况,5 日、10日、30 日均线呈多头排列时,可以放心持股。

（3）买就要买低价大盘股中的领头羊,这样获胜概率会大大增加。

（4）除非短期连续拉升,可适时做空。一般跟主力炒作低价大盘股,跑进跑出远不如中线持股获利机会大。中线持股利润锁定的目标可设在 50％～80％之间。

（5）低价大盘股不适宜长期投资。因为,低价大盘股经过短暂热炒后常常会归于沉寂,所以投资者在追涨时应防止高位被套。那么,如何来规避低价大盘股的炒作风险呢？我们在此设计了一个表格（见表 11）,可作为大家投资低价大盘股时控制投资风险程度的参考。这里有必要提醒大家的是,在低价大盘股有了一段涨幅,技术走势呈现明显见顶信号时,应坚决离场观望,不要抱什么侥幸心理,指望主力资金退出后再杀一个回马枪。

表 11 低价大盘股上涨风险示意一览表

升 幅	10%～30%	30%～50%	50%～80%	80%以上
投资风险区	安全区	低风险区	风险区	高风险区

（6）低价大盘股在完成理论升幅见顶回落后，将会有一个长时期的调整过程。此时低价大盘股中线趋势看淡，不管是激进型投资者还是稳健型投资者都不宜再继续加入（见图 22、图 23）。

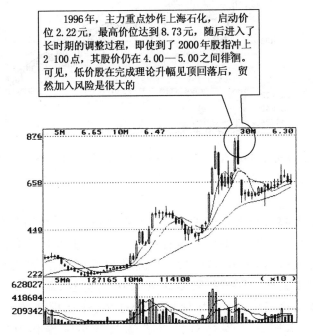

> 1996年，主力重点炒作上海石化，启动价位 2.22元，最高价位达到 8.73元，随后进入了长时期的调整过程，即使到了 2000 年股指冲上 2 100点，其股价仍在 4.00—5.00 之间徘徊。可见，低价股在完成理论升幅见顶回落后，贸然加入风险是很大的

"上海石化"1995 年 10 月 13 日～1997 年 4 月 18 日的周 K 线走势图

图 22

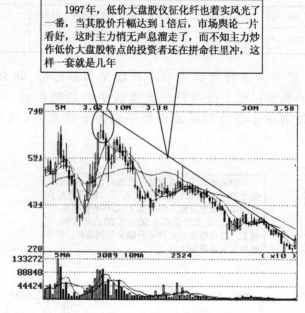

1997年，低价大盘股仪征化纤也着实风光了一番，当其股价升幅达到1倍后，市场舆论一片看好，这时主力悄无声息溜走了，而不知主力炒作低价大盘股特点的投资者还在拼命往里冲，这样一套就是几年

"仪征化纤"1997年4月11日～1999年3月5日的周K线走势图

图23

习题 43 一天在选股课上,张老师说,同任何事物的运动一样,股价运动也是有一定规律的,我们仔细分析了沪深股市十年来的走势后,发现高价股、中价股和低价股之间的涨跌有着密切的相关性,投资者只要解开其中的奥秘,就可以大概知道一轮多头行情中,什么板块已经炒过头,什么板块才刚刚启动。很显然,掌握这一规律对投资者选股和实际操作有很大的帮助。为了帮助投资者掌握这一规律,股市操练强化训练班研究部的黄老师为我们设计了一套高价股、中价股和低价股联动系列图案。这套图案把股价联动的原理、运作过程和操作方法表

明得清清楚楚,很多人学习后,在实际操作中已大有收获。目前来索取这套图案的人越来越多。可惜有关这套图案的使用说明书被人弄丢了,现在只好请同学们把该套图案的每张图(见图24～图29)的使用说明书补上,并举例说明该图案有何实用价值?

高价股、中价股、低价股价格排列示意图

图 24

股价联动中的价格链运作示意图

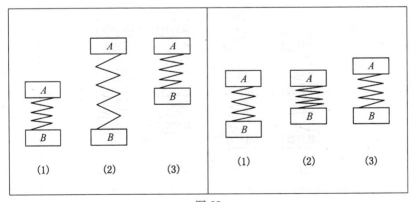

图 25

高价股率先启动,引发中价股、低价股联动运行示意图(一)

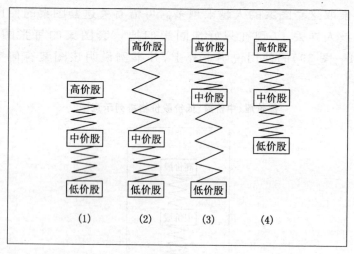

图 26

高价股率先启动,引发中价股、低价股联动示意图(二)

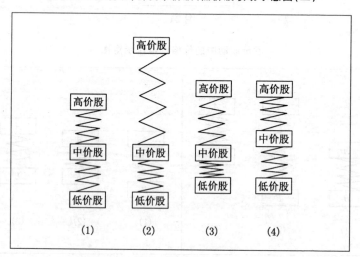

图 27

中价股率先启动,引发高价股、低价股联动示意图

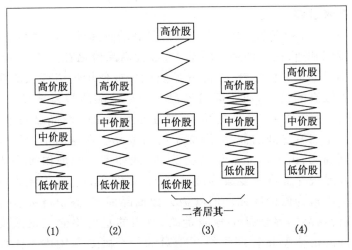

图 28

低价股率先启动,引发中价股、高价股联动示意图

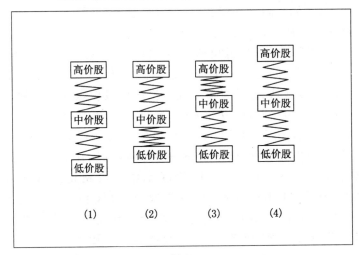

图 29

参考答案

一、关于高价股、中价股和低价股联动图案设计原理的说明

我们知道,在一切经济活动中,各种商品价格在一定时间内都有着相对固定的价格差,一部分品质优良或使用价值较大的商品,维持着较高的价值,成了高价商品。一部分品质较差或使用价值较小的商品,维持着较低的价值,成了低价商品。商品品质或使用价值介于二者之间的商品,则成了中价商品。在这当中,虽然不排斥个别商品,由于商品品位的提高、降低和人为的炒作等因素,使低价商品突然摇身一变成为高价商品,高价商品也会因无人问津,一下子沦落为低价商品。但就极大数商品而言,高价商品、中价商品、低价商品的界线是十分清楚的,各自的身份不会轻易改变,它们之间的价格差将长期维持在相对的一个固定范围内。比如,边缘地区的商品房,无论怎样涨,其价格都不会超过大中城市的商品房的价格。低价商品房价格涨上去了,高价商品房的价格也会跟着涨上去,它们之间始终存在着一个固定的价格差。

这种不同质地的商品之间的恒定的价格差,在股市中也普遍存在。高价股、中价股、低价股之间的价格差,在几年之内甚至更长一段时期都会固定在一个范围之内。因此,每一轮多头行情中,无论是高价股板块,还是中价股板块、低价股板块率先上涨,它必然会引起其他板块联动,以此来保持它们的价差平衡。

高价股、中价股和低价股这种恒定的价格差关系,我们可以通过图30、图31进行表示。图30为高价股、中价股和低价股价格排列示意图。图31为股价联动中的价格链运作示意图。从图30和图31中可以看到,高价股、中价股和低价股之间,都有一个"价格链"将其连接起来。这个价格链作用类似弹簧,弹簧拉长了就要收紧,弹簧压扁了就要放开。因此在一定的时期内无论高价股、中价股和低价股以什么方式涨跌,它们之间的

价差比例是不会改变的。

高价股、中价股、低价股价格排列示意图

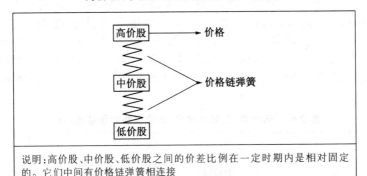

说明:高价股、中价股、低价股之间的价差比例在一定时期内是相对固定的。它们中间有价格链弹簧相连接

图 30

股价联动中的价格链运作示意图

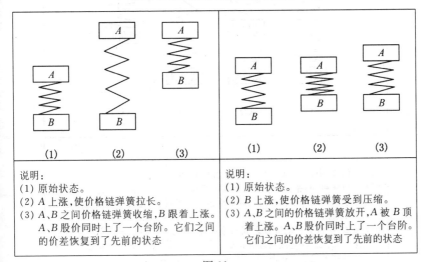

说明: (1) 原始状态。 (2) A 上涨,使价格链弹簧拉长。 (3) A、B 之间价格链弹簧收缩,B 跟着上涨。A、B 股价同时上了一个台阶。它们之间的价差恢复到了先前的状态	说明: (1) 原始状态。 (2) B 上涨,使价格链弹簧受到压缩。 (3) A、B 之间的价格链弹簧放开,A 被 B 顶着上涨。A、B 股价同时上了一个台阶。它们之间的价差恢复到了先前的状态

图 31

二、关于高价股、中价股和低价股联动图案的内容说明

（1）高价股率先启动，引起中价股、低价股联动（见图32、图33）。其规律是：在某种利多因素刺激下，高价股率先启动，高价股上了一个台阶后，进入整理状态。这种整理有两种形式：一种是以横向波动为主，如图32；一种是以盘落调整为主，如图33。在高价股整理的同时，中价股上升空间被打开，中价股开始往上运行，然后，再拉动低价股上涨。当高价股、中价股和低价股三者之间的价差比例恢复到原始状态，一轮多头行情就暂告结束。

高价股率先启动，引起中价股、低价股联动示意图（一）

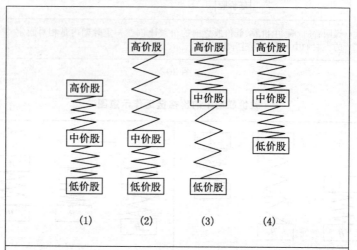

说明：

(1) 高价股、中价股、低价股没有启动时的情形。

(2) 高价股启动，涨到一定程度在高位整理。

(3) 由于高价股和中价股之间的价格链弹簧被拉伸，迫使中价股也随之上一个台阶。

(4) 最后，中价股和低价股之间的价格链弹簧又被拉伸，促使低价股往上涨。高价股、中价股、低价股都上了一个台阶，它们之间的价差比例又恢复到了先前的状态，至此行情暂告一个段落

图32

高价股率先启动,引起中价股、低价股联动示意图(二)

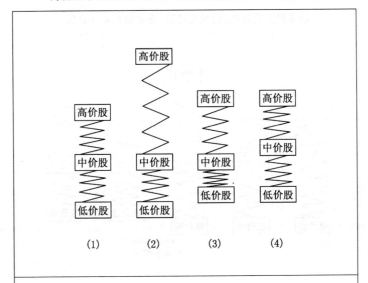

说明:
(1) 高价股、中价股、低价股没有启动时的情形。
(2) 高价股启动后涨幅过大,与中价股之间的价差超过了价格链弹簧所能
    承受的程度。
(3) 高价股在价格链弹簧的回拉作用下,价格自动往下调整,与此同时,低
    价股受价格链弹簧的牵引开始向上运动。
(4) 中价股在低价股的逼迫下开始上涨。高价股、中价股、低价股股价
    都上了一个台阶,它们之间的价差比例恢复到先前的状态,至此行
    情暂告一个段落

图33

（2）中价股率先启动,引起高价股、低价股联动(见图34)。其
规律是:在某种利多因素刺激下,中价股率先启动上涨,涨到一定
程度后进入整理状态。此时,会出现两种情况:第一种情况,高价
股被中价股顶着向上涌动;第二种情况,低价股受中价股价格链弹
簧的牵引,开始上涨。当低价股、中价股、高价股都上了一个台阶,

它们之间的价差比例恢复到原始状态,一轮多头行情暂告结束。

中价股率先启动,引起高价股、低价股联动示意图

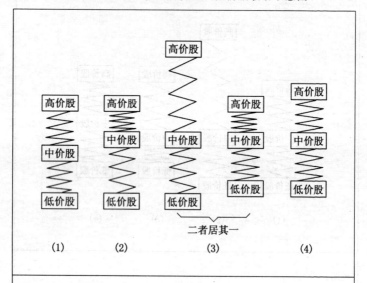

图 34

说明:

(1) 高价股、中价股、低价股没有启动时的情形。

(2) 中价股率先启动上涨,使它与高价股之间的价格链弹簧受到压缩,当压缩到无法压缩时,中价股也就涨到位了,随即进入整理状态。

(3) 中价股率先启动上涨后,一方面使它与高价股之间的价格链弹簧受到压缩,另一方面也使它与低价股之间的价格链弹簧大幅拉长,这样下一步的股价运动就会出现两种可能:一种是先推动高价股扬升(见(3)左边图),另一种是先拉动低价股(见(3)右边图)。

(4) 高价股、中价股、低价股股价都上了一个台阶,它们之间的价差比例恢复到先前的状态,至此行情暂告一个段落

(3) 低价股率先启动,引起高价股、中价股联动(见图35)。其规律是:在某种利多因素刺激下,低价股涨到一定阶段,进入横向整理。此时,中价股被低价股顶着向上涌动,之后,再由中价股顶着高价股向上涌动。当低价股、中价股、高价股三者之间的价差比

例恢复到原始状态,一轮多头行情即暂告结束。

低价股率先启动,引起高价股、中价股联动示意图

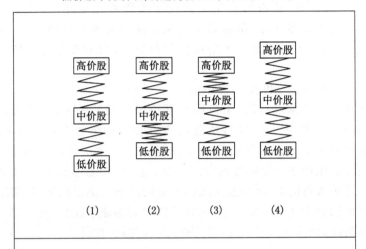

说明:
(1) 高价股、中价股、低价股没有启动时的情形。
(2) 低价股率先启动上涨,使它与中价股之间的价格链弹簧受到压缩,但当它压缩到无法再压缩时,低价股也就涨到位了,随即进入整理状态。
(3) 当中价股受低价股的顶撞开始上涨之后,它与高价股之间的价格链弹簧随之受到压缩。但这种压缩同样是有限度的。在价格链弹簧不能再压缩时,中价股也就涨到位,开始进入整理状态。
(4) 高价股受中价股的顶撞,开始上涨。当高价股、中价股、低价股三者之间的价差比例恢复到先前的状态,一轮多头行情就暂告一个段落

图 35

　　在上面这三种形式中,高价股率先启动形式是股市中发动行情最常见的形式。例如,沪深股市在 1999 年发动的"5·19"行情,2000 年发动的春季行情,都是以高价股率先上涨的形式出现的。低价股率先启动形式也是股市中一种较常见的发动行情的形式。例如,1994 年 8 月沪股从 333 点启动的行情,就是由低价股充当先锋的。当大盘指数涨到 700 点以上后,低价股基本保持不动,只有

两线股大幅度扬升,最后推动高价股上涨,一直到 1 000 点以上才结束行情。以中价股率先启动来发动行情的形式较少见。高价股、低价股不涨,让占资金量不多的中价股率先上涨,这实际上反映了市场资金量不足,做多力量不强。像这类多头行情,上升空间不会太大,它很可能是一个中级反弹行情,投资者参与时须持谨慎态度。

三、股价联动图案的实用价值

我们在了解高价股、中价股和低价股上涨的关系后,选股时就有方向了。例如,当一轮行情是以高价股率先启动的形式出现的,那么在高价股大幅上涨后,就不能对它采取追涨的策略。即使高价股上涨后出现了一定幅度的向下调整,也不要轻易逢低吸纳,因为在这一轮多头行情中,高价股上涨的历史使命很可能已经完成(接下来很可能指数上涨轮不到它涨,指数下跌它会加速下跌)。此时你再买进高价股,风险远大于收益,这方面的教训例子有很多。

例如,2000 年 2 月,"亿安科技"率先冲破 100 元大关,当时在美国华尔街炒股颇有收获的一个留洋博士,一下子买进了 2 万股,他认为该股刷新了沪深股市股价新纪录,是一个好兆头,日后该股极有可能冲到 200 元,因为这种情况在美国见得太多了,但是他万万没有想到,他花 100 多元价格买进的"亿安科技",竟是世纪之套[注]。现在他已无颜见江东父老,只好又悄悄地回美国去了。这个留洋博士为自己的错误付出了沉重的代价。他把美国炒股经验生搬硬套到中国来,是因为不了解中国国情,不了解沪深股市特点,更不了解高价股、中价股、低价股联动的规律。

　　[注]　这并不是说中国股市就永远不会出现能够站稳 100 元以上的高价股,在今后完全有这种可能,一些经过市场检验、成长性极佳的股票会率先站稳 100 元,甚或站稳 150 元、200 元……但出现 100 元以上的高价股必须是个循序渐进的过程,也许过了五、六年,甚至十多年后,股市发展到一定规模,经过几次高价股、中价股、低价股轮动后才有可能出现。而现在市场不具备这方面的条件,讨论这个问题还为时过早。

股价运动是有规律的,高价股因受中价股、低价股价格链牵制不可能无限地往上涨,如果一味往上涨,而中价股、低价股蛰伏不动,它们之间的价格链就要发生断裂,最终结果就是高价股高台跳水,从哪里来又回到哪里去。有人可能想,高价股一味往上涨,同时也带动中价股、低价股往上涨,它们之间的价格链不是就不会断裂了吗? 这也是一厢情愿的事,如果一个股市要维持所有股票都往上涨,这在股市规模较小(如 B 股)的情况下才会发生,像沪深股市这样已经具有一定规模的市场就不会出现这种情况。这个道理很简单,股市资金供给量无法满足这个要求(要满足这个要求,资金供给一下子就要增加好几倍,这是不可能做到的)。

据了解,在 1999 年"5·19"行情和 2000 年春季这两轮多头行情中,输得最惨的人大半是在高价股上涨历史使命完成后,轻信一些股评人士建议,指望高价股再出现第二轮上攻行情而盲目买进高价股的投资者。相反,赢钱最多的投资者,则是掌握这一规律,在高价股启动上了一个台阶后,采取弃高从低的策略,专选那些有题材的底部形态扎实的中、低价股买进,最后他们不是抱了一个金娃娃,至少也是捡了一个银妹妹。

习题 44　张老师对高价股、中价股、低价股联动现象进行深入浅出的分析,赢得了学员的阵阵掌声。很多在牛市中吃套的同学一下子明白了自己输钱的原因。正当大家庆幸找到了一个实用而有效的操作方法时,突然张老师话锋一转,说道:认识和理解股价联动现象并不难,难就难在实际操作上,譬如,在一轮行情中你怎么知道是哪一个板块启动了呢? 又怎么知道哪一个板块涨到位了呢? 这个问题我先不说,大家回去思考一下。现在请你们认真想一想,如何来回答张老师提出的问题?

参考答案　张老师所提出的问题很有针对性。大家想一想,如果我们光知道高价股、中价股和低价股之间存在着联动现象，而不知道哪一个板块已经启动，或者已经涨到位了，这样操作起来仍旧会踏错市场节拍，成为套中人。那么，究竟如何才能判断出一个板块已经启动或涨到位了呢？这的确是一个很难回答的问题。好在我在别处已经听过张老师关于这个问题的讲课，另外，经过实践自己也积累了一定操作经验。因此，我在这方面还能凑合着讲出一些道道来。我认为，在一轮多头行情中，要判断哪一个板块在启动上涨，可以从以下几个方面进行研判。

（1）看涨幅榜。如果在涨幅榜前 20 名中，某一板块的股票个数占据了 1/3 以上，并且连续一段时期都出现这样的情况（名单可稍有变化）。这就可初步判断该板块在启动了。

（2）看成交量。如果在成交量前 20 名中，某一板块的股票个数占据了 1/3 以上，并且连续一段时期都出现这样的情况（名单可稍有变化）。这就可证明该板块有主力资金在活动，继续上涨的可能性极大。

（3）看走势。在高价股、中价股和低价股中各选出 5～8 个有代表性的个股（不要少于 5 个，太少了会影响准确性），从中比较它们的走势强弱。如果某一板块走势强的个股数量比其他两个板块走势强的个股数量要多（越多越好），那么这个板块就是我们要找的启动板块。

以上向大家简单的介绍了如何判断某一板块在启动上涨，接下来我们再分析一下如何辨别某一板块已经涨到位了。其方法是：

（1）看涨幅榜。如果在涨幅榜前 20 名中，某一板块的个股已不足总数的 1/4，并且呈现出递减的趋势。这时就要警惕该板块上升空间已经很小，或者已经涨到位了。

（2）看成交量。如果在成交量前 20 名中，某一板块的个股已不足总数的 1/4，并且出现递减的趋势。这就可证明该板块即将进入整理状态,或者已经进入整理状态。

（3）看上升空间。一般来说,主力从建仓到派发,至少要有50％的上升空间。如果在一个级别较大的多头行情中,某一板块启动后,涨幅不足50％,可视为低风险投资区,涨幅在50％～80％之间可视为风险投资区,涨幅超过80％,可视为高风险投资区。当某一板块股价进入风险投资区或高风险投资区时,就要警惕该板块上升动力已经不足,如果出现滞涨就应该意识到该板块已经涨到位了。这时就应该采取减仓退出策略,规避可能出现的风险。

（4）看走势。从原来涨势比较强的板块中,选出有代表性的个股5～8个(不要少于5个,太少了会影响准确性),看均线是继续处于向上发散状态还是在逐渐收敛。如果其中大部分个股的均线都处于收敛状态,甚至有些个股的均线开始出现向下发散,则说明该板块即将涨到位,或者已经涨到位了。

当然判断某一板块已经启动,或者某一板块已经涨到位了,还有其他各种方法。例如,可以从政策上进行判断,也可以从各人熟悉的技术指标上作出判断,等等。这里需要强调说明的是,不管是我们上面所介绍的方法,还是其他方法,股市中不会有万能的诀窍,也没有神奇的公式,任何方法都只能解决某一个问题,重要的是要不断创新、不断完善,只有这样,才能找到股市中的规律。

另外,我们还要提醒大家的是:在研判某一板块是否在启动上涨,或上涨的板块是否涨到位,有两个问题必须注意:

（1）一要排除个股由于基本面突然变化引起的波动;二要排除个别庄家完全控制个股的恶炒行为。

（2）齐涨共跌的时代已经过去,我们说某一板块启动上涨,并不是说这一板块中所有的个股都会启动上涨。事实上,某一板块启动上涨,在该板块中真正有机会的个股也只是少数,特别强势的个股不足总数的5％,一般强势的个股约占其总数的20％—30％,

该板块中其他个股至多是跟跟风而已,并不会有什么突出的表现。因此,即使我们已经察觉到某一板块启动了,在选择该板块中的个股进行建仓时,也要注意其题材和技术形态。对那些既无题材,技术形态又不佳的个股,不要盲目买进。乱买一气,仍会遇到较大的风险。

第五节　从股东人数变动中寻找投资机会与选股练习

习题 45　陈女士是财务科班出生,买股票相当理智,她在两年前选了一个股票,行业前景和公司业绩都很好,这两年虽说利润没什么增长,也没有分过红,但她每股收益一直保持在 0.90 元以上,这个成绩与业绩大滑坡的上市公司相比,已相当不错了,但是她怎么也不明白,这两年大盘指数涨了 70%,股市中近半数的股票升幅都超过了一半,一些亏损股更是涨幅惊人,而她买进的这个股票老是像乌龟一样扒着不动。有人告诉她,散户看好的股票,筹码都捏在散户手里,所以行情也没有了。请问:这种说法有无道理? 为什么?

参考答案　传统投资观点认为:买股票等于投资上市公司,投资上市公司就是要与企业共同分享现有的利润以及今后可能的成长,这是传统意义上的投资价值。很多中、小散户就是按照这种思路选股的,陈女士就是其中的一位。我们如果按照这种标准来评判目前的中国股市,总体而言,市场是没有投资价值的,甚至许多新股按发行价来投资也没有这种意义上的投资价值,这也包括陈女士买的股票。陈女士买的这个股票,每股收益虽然保持在 0.90 元以上,但这两年利润没有什么增长,两年中也没有分过红。可见,市场中绝大部分股票是不能够给予投资者满意甚至是基本的回报(因为它们没有这种能力),从这个意义上说,所谓的绩优股与绩差股只是形式上的不同,没有本质上的区别。

当市场中大多数个股都缺少了传统意义上的投资价值后,人们追逐的一定是股票的另一种投资价值和投机价值。市场主力对我国的股市的现状和市场追逐的目标非常清楚。在主力看来,沪深股市中大部分股票都是一个概念,一个符号。市场也从来不介意这个概念、这个符号是什么做的,一切只问资金的实力。"找到市场机制的不完善处而攻击之"(索罗斯语)就是主力操盘的准则。正因为如此,主力对散户看好的,被散户死捂着的股票常常弃之不理,对散户不看好的,筹码相对容易收集的股票则倾注了很大的力量,这样就形成了中国股市特有的一种规律:筹码集中度高,并被实力机构持有,其投机价值就大,上升的潜力就足。反之亦然。许多绩优股为什么总涨不起来,就因为筹码无法有效集中——许多散户把绩优股抱在怀里当宝贝,因此就没有投机价值。ST 股、PT股热炒的原因其实很简单,也就是筹码容易集中,许多人把 ST 股、PT 股当作短线品种,主力一震仓,溜之惟恐不及。筹码集中度一提高,投机价值自然也就"水涨船高"了。

习题 46　筹码的分散与集中,是投资者研判牛市与熊市、牛股与熊股的重要依据。投资者知道这点非常重要,但是筹码分布的资料又应该从什么地方去寻找呢?

参考答案　过去为了能寻找到这样的资料,有的人花大价钱去买什么"龙虎榜",有的人则根据某只个股成交量的突然放大以及股价的异动来猜测庄家的动向,然而这一切都没有深圳交易所巨潮证券资料网于 2000 年 1 月发布的《深市 A 股及基金 1999 年12 月股东持股情况一览表》来得真实。这一爆炸性材料公布令所有市场人士大开眼界,遗憾的是自那以后的一年半的时间里,类似的图表再也没有公布过[注1]。不过,既然门已被打开,再要关起来也不可能。现在一些报刊杂志为了吸引读者,纷纷排出名目繁多的"股东统计数据表"。我们仔细阅读后,觉得《证券大参考》[注2]等编制的"上市公司股东人数增减对照表"还是有一定参考价值的。当然最准确的数据应来源于经过审计的年报。有心的读者可将自己关心的个股,把近几年年报、中报的股东人数排一下队,就可以看出其筹码分散与集中的情况。

　　投资者在研究上市公司筹码集中与分散的情况时,对人均持股数量也应重点关注。只要将其流通盘除以股东人数就可得出该股的人均持股数,这个数字越高则表明筹码越集中。主力不可能做到开无穷个账户来隐瞒自己的情况,因此这个指标也是庄家较难操纵的,出现"骗数"的可能性很小,具有很高的参考意义[注3]。这里要注意的是,人均持股数的研判还要进行动态地分析,要看其变化的趋势。人均持股数增加,则一般可视为筹码趋向集中,如果

　　[注1]　本书即将完稿时,深圳证券交易所于 2001 年 8 月 9 日在巨潮网上公布了所有深圳股票 2000 年底股东持股情况统计数据表。股东持股情况和筹码集中度对于投资者来说,是一项十分有用且重要的信息。但是,这项信息却对一般的投资者封锁起来,直到半年多以后,信息过时了失效了,才让投资者知道。投资者看着那些已经涨到天上去的庄股,只有叹气的份儿。真是便宜了那些能够随时接触这些信息的人了。按理说,股票的股东持股情况应该不算是什么机密,投资者应该有权知道。这些数据在 8 个月后公布出来就说明不是机密,可以对外公布。而统计数据都在交易所的电脑里存着,汇总成表格的工作量应该不会太大,不至于会耗时 8 个月。为了创造一个公平、公正、公开的市场,为了维护广大中小投资者的利益,我们呼吁有关机构能够及时公布这些信息。

　　[注2]　2001 年 5 月 6 日的《现代快报·证券大参考》(新华社主管)刊登了《我的年报大全》,其中有一栏详细披露了沪深股市上市公司 1999—2000 年股东人数增减对照表的情况。读者若需要这方面的资料,可到本地图书馆去查阅。

　　[注3]　据统计,人均持股数达到 4 000 股以上是庄股的标志,但流通盘在 5 000 万股以下的个股由于主力相对较易分仓操作,同时容易出现以急拉快派为特征的中小主力短庄和个人股东的锁筹现象,导致这个数值存在较大的向下偏差(误差大约在 15%～35% 之间)。

人均持股数减少,则代表筹码趋向分散。当然人均持股数要有个合理的波动范围,过小的变化并不能说明筹码集中程度有什么实质性变化。

习题 47　张老师说,刚才我们从理论上讨论了筹码分布与股价涨跌的关系,现在谁能举些实例进一步说明两者之间的关系呢?

参考答案　这方面的例子有很多,我在这儿举几个例子,说明筹码从分散到集中与股价上涨的关系,以及筹码从集中到分散与股价下跌的关系。

先看筹码从分散到集中的例子:

(1)沪市的"万东医疗"。1999 年底股东人数为 27 703 名,到 2000 年底股东人数减至 5 575 名,股东人数减少 79.88%。同期股价,1999 年底为 10 元,2000 年最高价为 25 元,当年股价最高涨幅为 150%。

(2)沪市的"莱钢股份"。1999 年底股东人数为 77 557 名,到 2000 年底减至 7 766 名,减幅为 89.99%。同期股价,1999 年底为 6 元,2000 年最高价为 24 元,当年股价最高涨幅为 300%。

(3)沪市的"长春长铃"。1999 年底股东人数为 74 959 名,到 2000 年底减至 14 921 名,股东人数减少 80.09%。同期股价,1999 年底为 5 元,2000 年最高价为 20 元,当年股价最高涨幅为 300%。

(4)深市的"茂花实华"。1999 年底股东人数为 36 410 名,到 2000 年减至 14 401 名,股东人数减少 60.45%。同期股价,1999 年底为 9 元,2000 年最高价为 27 元,当年股价最高涨幅为 200%。

(5)深市的"天兴仪表"。1999 年底股东人数为 27 268 名,到 2000 年底股东人数为 4 576 名,股东人数减少 83.22%。同期股价,1999 年底为 9 元,2000 年最高价为 34 元,当年股价最高涨幅为 278%。

接下来再看看筹码从集中到分散的例子：

（1）沪市的"沧州化工"。1999年底股东人数为8 202名,到2000年底股东人数增至90 658名,增幅为1 005.32％。同期股价,1999年底为14元,2000年最低价为10.3元,当年股价最大跌幅为26％。

（2）沪市的"厦华电子"。1999年底股东人数为6 584名,到2000年底股东人数增至54 318名,增幅为725％,同期股价,1999年底为17元,2000年最低价为9元,当年股价最大跌幅为47％。

（3）深市的"环保股份"。1999年股东人数为7 718名,到2000年股东人数增至96 800名,增幅为1 154.21％,同期股价,1999年底为30元,2000年最低价为14元,当年股价最大跌幅为53％。

习题48　张老师说,通过以上实例分析,同学们对股东人数的增减与股价之间的涨跌关系,想必有了更切身的感受,但我们应该注意到,上面所举的例子有个缺陷,要么筹码一边倒,从分散走向集中,促使股价上涨;要么筹码向另一边倒,从集中走向分散,促使股价下跌。它还不能把筹码从分散到集中,再从集中到分散的全过程反映出来[注]。为了彻底搞清楚"从股东人数变动中寻找投资机会"这个问题,以利我们日后选股时不迷失方向,建议同学们找一个股票,从筹码的过度分散——逐渐集中——过度集中——逐渐分散——过度分散的角度,详细分析一下股东人数变动与股价涨跌之间的关系。

◇◇

参考答案　张老师这个建议很好,如果我们不把股东人数变动与股价涨跌之间的关系的来龙去脉弄清楚,日后选股还会出现许多问题。我现在以"金丰投资"这个股票为例,从筹码的过度分

[注]　一般而言,人均持股数少于1 000股就可视为极度分散。其计算方法是:人均持股数＝流通盘÷股东人数。

散——逐渐集中——过度集中——逐渐分散——过度分散的角度进行分析，看看股东人数变动与股价涨跌之间究竟有什么关系。我们先来看看表 12 所示情况。

表 12　"金丰投资"股东统计表

流通盘:4 171 万股

时　间	股东人数	增减率	期间最高价(元)	期间最低价(元)	期末价(元)
1998/12/31	13 089		16.65	8.08	12.99
1999/06/30	11 914	−8.98%	18.40	10.83	16.90
1999/12/31	5 725	−51.95%	24.11	13.91	20.98
2000/06/30	37 326	+551.98%	58.56	20.00	29.58
2000/12/31	42 960	+15.09%	29.20	17.50	20.76

从上面该股的股东统计表可看出,1998 年底至 1999 年中期,股东人数在减少,筹码在逐渐集中,股价出现小幅上涨。1999 年底,股东人数大幅减少,筹码出现了过度集中。由于主力采取了压价进货的操作手法,致使股价虽在继续往上扬升,但涨幅不大。当筹码被高度集中后,不久,筹码又从高度集中转向逐渐分散。此时我们看到了另外一种情景:主力趁机边拉高边派发,股价随之大幅上涨,同时股东人数出现了急剧膨胀。当主力把绝大部分的筹码顺利派发后,他们又将剩余的筹码大肆打压股价,使筹码越来越分散。

从该股筹码的过度分散——逐渐集中——过度集中——逐渐分散——过度分散的演变过程中,可以清楚地看出该股股价是如何涨上去,又是如何跌下来的。当主力收集完筹码后,他们一边通过拉高,把筹码大量派发给高位追涨买进的广大中小散户,一边在股价回落时继续把剩余的筹码派发给那些因贪股价便宜而买进的投资者,让这些投资者深深地陷入其中,不能自拔。

另外,我们还可以从上面的统计表中发现,2000 年以来该股的筹码已经分散到了极至,使人均持有 A 股的股数少到只有 971 股,这预示着该股的寻底活动可能接近尾声。下一步该股走势究竟朝什么方向发展呢? 我们一方面可从近期该股技术形态中加以研判,另一方面也可以在它 2001 年中报公布时,从其股东人数的变化中看出一些问题。当然这是后话,这里就不再展开了。

习题 49 张老师说,当我们把筹码的分散与集中同股价涨跌之间的关系彻底弄清楚后,下面的问题就是如何操作了。譬如,你从年报中获悉有几只股票的股东人数在减少,选股时是不是要考虑它们呢? 如果想买进,应该采取什么样的投资策略?

参考答案 虽然上市公司股东人数减少,是促成股价上涨的一个重要原因,但光凭这一点,还不能决定这些股东人数在减少的股票是不是理想的选股对象,接下来我们还要做好以下几项工作:

第一,从这些股东人数减少的股票中,找出那些股东人数有明显减少但不是急剧减少的个股,把它们作为候选的对象。这里我们采取的是丢两头取中间的办法。那么,为什么不选择股东户数略有减少或急剧减少的个股作为候选对象呢? 因为,股东人数略有减少,并不能说明是主力建仓所为,也很可能是市场波动偶尔出现的现象;股东人数急剧减少是一种异常现象,要警惕主力在里面玩花头。

第二,选出的个股涨幅不能太大(以不超过 50％涨幅为宜)。一般来说,当你了解股东人数减少后,股价已经有了表现,这时你再想找到那些股东人数有明显减少,但股价不涨或略涨的股票已不太可能,但要找到股价已有一定涨幅的股票还是比较容易找到的。我们把涨幅定在 50％以下,是考虑到在这样的有限空间里,主力做庄,扣除建仓、拉升的成本,并无多大赢利空间。在股价涨幅不及 50％情况下,主力是不会轻易撤庄的[注]。

　　第三,观察其技术走势。当你得知一个股票的筹码由分散走向集中时,最关心的就是这个过程能保持多久,下一步是继续集中,还是从集中走向分散? 这些问题是没有人会告诉你的,只有等到下一次年报或中报公布时才会知晓, 但到那个时候股价走势已明朗化,即使知道也晚了。因此,投资者要知道股票筹码从分散到集中后,是继续集中,还是已经集中到头,筹码开始走向分散了,惟一可靠的方法就是分析其技术走势。一般而言,股票筹码继续在集中的话,股价走势总体是向上的,即使下跌,也不会跌破重要的均线支撑,如 30 日移动平均线,更不会跌破上升趋势线,如果股价有效击破 30 日移动平均线和上升趋势就应及时退出,说明筹码有可能从集中走向分散,反之,我们则应持股为主。

　　习题 50　下课后,一位同学拿了一份报纸给张老师看,上面有一篇文章,题目是《分析股东人数不灵了》。张老师看了略有沉思后,吩咐教务处为每个同学复印了一份,上课时,张老师把这份复印材料发给了同学(该文内容节选见附录),然后,张老师向大家提了两个问题:(1)你有没有发现过"分析股东人数不灵"的现象? 你对这个问题是怎么看的? (2)如何避免分析股东人数不灵现象的发生? 怎样正确运用"从股东人数增减中寻找投资机会"这一技巧?

◇◇

　　参考答案　同学们仔细看了《分析股东人数不灵了》这篇文章

　　[注]　2001 年上半年,中国证监会公布了对"亿安科技"庄家违规操作进行处罚的决定,将其做庄违规操作的非法所得 4.91 亿元(另加罚款 4.91 亿元),全部没收上交国库。从中我们可以得知"亿安科技"股价从 8 元多上涨到 126 元,股价上涨 10 多倍,庄家从买进到卖出,总共赚了 4.91 亿元,每股摊下来也只是赚了 15 元多。可见,股价上涨空间太小,庄家是很难得到比较好的投资收益的。因此,主力资金在做庄时,上升空间至少定在 50％以上,空间太小,一出货股价下跌弄不好就把自己都套在里面。这样的傻事,有市场意识、有实力的主力是不会干的,只有那些实力很小或缺少市场操作经验的庄家才会这样做。

后,结合自己的学习和操作各自谈了对这一问题的看法,最后张老师归纳总结说:

第一,分析股东人数不灵的现象是确实存在的,但它不是普遍现象。我们不能以一论十,就此否认分析股东人数的作用,否则就会在认识上发生重大偏差。为什么这样说呢?因为任何事物总有两面性,你不能因为看到交通事故,就不乘车了。同样,你也不能因为盐是引起心血管疾病的元凶,从此就不再吃盐了。现在股市中有一种不好现象,当某种分析技巧在使用过程中出现了一些问题,就对它采取全盘否定的态度。例如,你说技术分析有用,他就举出技术分析无用的例子,把技术分析说得一无是处;你说基本分析好,他就举出依据基本分析判断出错的例子。以此证明基本分析也只是纸上谈兵而已。如果按照这种观点,世界上没有一样东西是可以值得肯定的。因为真理总是相对的,它不可能做到完美无缺。

就说股市分析技巧吧,有基本分析技巧、技术分析技巧、心理分析技巧,等等。各种分析技巧都有它有用的一面,也有它无用的一面。其区别是:既然作为一种分析技巧被市场接受,自然是有用的成分多一些,无用的成分少一些,如果你夸大它无用的一面,否认它的有用之处,那么,股市中还有什么技巧需要学习呢?这不等于说在股市中赚钱根本不需要什么技巧,只要瞎碰乱撞就行了。显然这种观点是站不住脚的。

我曾经问过一个否认技术分析有用的投资者,你怎么知道技术分析没有用处呢?他反驳说,现在主力用的是反技术操作法,技术分析还有什么用处呢?我听了后对他说,“反技术”也是一种技术,如果你对技术分析一无所知,你又如何知道主力是在反技术操作呢?他见我这样一问,觉得自己失言了。接着我又问他,那么你平时做股票买进卖出的操作依据是什么?是听消息、听股评、还是凭自己的感觉呢?他回答说,消息真真假假,局外人弄不清楚,听消息没用;股评都是"马后炮",我也不爱听。当然我做股票也不是凭感觉,主要是看它的成交量。我听了他回答后,对他说,成交量是技术分析中的一个重要内容,这里面学问不少,看来技术分析对你还是有用的,你还得去认真学一学,等学会了以后,你就会明白:主力在什么地方顺势用技术手段进行操作,主力在什么地方逆势用反技术手段进行操作。

我举这个例子,无非是向大家说明一个道理:我们学一门技巧,就要认真把它学好,不能因为外界对它有什么非议,就三心二意,动摇自己的学习信心。

现在我们把话题重新回到股东人数分析灵不灵这个问题上来。对这个问题我是这样看的,股东人数分析失灵的现象是有的,但并不是主流,在多数情况下用股东人数分析股价走势还是有作用的,故而,投资者对这一分析方法应该进行认真学习、认真钻研,尽快地掌握它。

第二,话得说回来,我们对股东人数分析失灵现象也不能忽视。现在我们分析一下产生这一"失灵"现象的原因是什么?用什么办法可以克服它?

我认为原因有以下两点:

(1)时间上存在误区。上市公司年报发布的股东人数资料是截止上个财政年度的。因此,上市公司年报公布的时间越迟,年报中披露的股东人数的资料就越不可靠。例如,某上市公司公布年报的时间是4月下旬,那么当我们从年报中看到该公司股东人数的资料时,实际上已是前4个月(即去年12月30日)的统计数字了。经过4个月时间,股东人数可能发生了很大的变化,这时投资者如果仍然捧着老皇历在那里念诵股东人数,就很容易出错。

(2)认识上存在误区。它表现在四个方面:

① 任何庄家做庄,从筹码演变角度上看,都逃脱不了"分

散——集中——再分散"的规律。虽然筹码集中是一件好事,但我们需看清其筹码是处于一种什么样的趋势之中,如果筹码是处于不断集中的趋势,则无疑是一件好事,但是,如果筹码已经高度集中,则这种集中就可能是强弩之末,其下一步的演变趋势就可能是"从集中走向分散"。换句话说,庄家将可能要找机会出货了。

例如 2000 年风光十足的强庄股"亿安科技",在冲击 100 元大关时,持股在 1 000 股以下的股东共有 2 238 人,但合计持股只占流通盘百分之一还不到;而持股数在 10 万股以上的股东虽不到 131人,但合计持股数却占到流通股数的 82.91%。这就表明筹码绝大部分集中在少数人手中。尽管该股股价一度冲到 126 元高位,但这之后股价如同吃了泻药,一路狂跌不止,不到一年时间,股价下跌只剩下了一个零头。

② 筹码集中可促成股价上涨,但筹码集中的现象出现在股价高位区域就要另当别论了。就不能盲目认为该股还有上升潜力,说不定主力已准备了一个超级口袋等着你往里钻呢。

③ 筹码分散是促成股价下跌的一个重要原因。但股价大幅下挫后,就不能一味看空。通常,个股股价下跌终有见底之日,但是如何确认股价已经见底却不易掌握。通过对历年股东统计数据的深入研究,有人发现这样一条规律:当该股的股东人数分散到极点的时候,很可能就是该股股价见底之时。这点相当好理解,因为,当主力全身而退后,筹码都分散到散户手上,该股已经不具有很强的主动性杀跌动能,这样阶段性的底部或底部就会出现。此时,主力很有可能会卷土重来。而很多投资者对这个问题的认识存在着误区,股价大幅下跌后,仍然依据筹码分散在看空、做空,操作上频频出错就在所难免了。

④ 一些控盘主力采用化整为零、瞒天过海的战术,采用多开户头的办法,使股东人数统计的真实性打上折扣。如果投资者仅简单以股东人数增减,不看其技术走势而制定投资策略,如此操作

就很有可能会出现差错,导致投资失误。

　　第三,当我们搞清楚了分析股东人数失灵现象的原因后,进而我们就可以对症下药,找到解决"失灵"问题的方法。其方法是:

　　(1)注意股东人数数据公布的时效性。这里有两层意思:其一,是指年报、中报披露反映股东人数的时间,与在年底或年中上市公司实际股东人数存在着一定时间差。两者相隔的时间越近,可靠性越强,反之就要差一些。譬如,有 A、B 两家公司,A 公司是 1 月中旬公布年报的,B 公司是 3 月中旬公布年报的。自然 A 公司年报中披露的股东人数的信息,要比 B 公司年报中披露的股东人数要"真实"得多。其二,是指投资者在使用这一数据时要考虑它的时效性,如年报刚公布时使用这一数据,自然要比年报公布后几个月再使用这一数据要可靠、真实得多。

　　(2)对筹码高度集中的股票要多一份警惕。真理跨前一步就成了谬误。诚然,一个股票的筹码从分散到集中,是促成其股价上涨的重要因素。但上涨过程中如出现筹码过分集中的现象,这就不一定是好事了,它反而为股价日后狂跌埋下了严重的隐患。对这种筹码高度集中的股票,我们应该采取反向操作的策略,越涨越抛,还没买的就坚决不买。

　　(3)对涨幅已经巨大的个股,无论筹码是在集中还是在分散,也无论它有多少令人激动的利好消息,股价已经提前予以反映,对于这种股票还是少碰为妙。

　　(4)对股东人数出现极度分散,而股价已遭到重挫的股票,不应该再盲目杀跌。投资者如在高位被套,不妨在低位适量补仓,以摊低持股成本。

　　(5)不迷信股东统计数据。无论是因股东人数减少预期股价上涨,还是因股东人数增加预期股价下跌,最后都需要通过股价实际走势来验证。凡预期上涨但不涨,并向下有效跌破关键技术位的个股,不能继续再看多,先退出观望为佳;凡预期下跌但不跌,并向上有效突破关键技术位的个股,不能再继续看空,而要采取顺势操作,适量买进。

◇◇◇◇◇◇◇◇◇◇◇◇◇◇◇◇◇◇◇◇◇◇◇◇◇◇◇◇◇◇◇◇◇◇◇◇◇◇

附　录:分析股东人数不灵了(节选)

去年春节以前,或许大家没有注意到在深圳交易所的网站上面有股东持股比例大小的资料。相对以前,这个资料的珍贵是可以想象的。因为他告诉了你在一家公司的流通股里面,集中的程度如何。

知道了流通股票的集中度,就可以间接地了解主力的想法,结合价格趋势是很容易把握赚钱的机会。现在这样的道路给堵死了。于是,只有平均流通股东拥有的股票数量这个指标还基本正常在发布。不过,看最近的季度报表里面这样的信息是没有的。可见季度报表的作用是非常的微弱,只是告诉你公司的经营一般情况。

我们讲平均股东拥有多少股票,分母是股东人数,分子是流通股数量。所以比例一样的股票,分子和分母是可以差别非常大。所以,有些朋友是喜欢采用股东人数的减少来形容这个股票的集中程度演化的方向。鬼股仔觉得这样的朋友看问题是对了方向!

然而,主力也不是傻瓜,就等你去研究琢磨他们的动机反映出来的数字事实。事实上,现在的主力在利用账户来分散股东人数方面是已经非常的老道。比如0008可以动用几百个账户来操作,更隐蔽的是没有披露和无法详细查询的跟风者。这样我们在利用股东人数上面就遇到了新问题。这也是为什么最近股东人数数据在使用上的效果大打折扣的原因。

(摘自 2001/5/12《大江南证券》)

第六节 从大股东变动中寻找投资
机会与选股练习

习题 51 张老师说：市场主力不是省油的灯，他们是一帮很有能耐的高智商群体。当主力知道散户会关注流通股股东人数变化来了解主力的行动时，就会采取相应的对策来迷惑散户。例如使用多个账户[注]，制造股东人数增加，筹码分散的假象，以此来掩护主力悄悄建仓。因此，我们必须学会用"魔高一尺，道高一丈"的办法来对付市场主力，这样选股才可能立于不败之地。请问：这个"魔高一尺，道高一丈"的办法是什么？请举例说明。

参考答案 这个"魔高一尺，道高一丈"的办法是悉心观察个股的前 10 名股东持股情况，看看里面有什么变化，有什么文章可做。因为是前十名，他们的资料就比较难以隐蔽，投资者完全可以从中来发现主力的动向。上市公司的年报、中报、配股或增发后的股份变动公告均会公布前十大股东的持股情况，有少数公司在发生股权转让时也会公布新的十大股东持股情况。我国有不少公司除了前几名，或者第一名大股东所持的股票是非流通股外，其余均为流通股股东，计算这些流通股股东的持股合计数量占总流通盘的比例等，也可以让我们大致推测筹码的集中程度。一般来说，前

[注] 目前我国股市个人开户是凭身份证到当地证券登记公司办理深、沪股市的账户。据悉，主力做庄用的假账户所需的个人身份证一般是在农村购买，购买一个身份证约 50 元即可得（因农民补办一个身份证仅需 10 元，何况身份证对农村老人本身没有多大用处。因此，收集几十张、几百张身份证对做庄的主力来说是轻而易举的事）。这样，主力做庄时就可以凭借自己的多个不同账户进行"对敲"，使证券管理部门难以发现。

十大股东所占的流通股比率呈显著增加趋势,说明筹码在迅速集中,演变成强庄股的可能性就很大,将来这类股票涨幅就比较可观。

我们这里以沪市的"金鹰股份"为例,该股 2000 年 6 月初一个月时间里,前十大股东 6 个流动账号已持有 712 万股,占流通股总数的 15.83％,而同期的个股价格一直在很小的范围内波动。如此强烈的建仓活动,预示一波大行情的来临。结果不出所料,该股上市半年几乎涨了 1 倍(见图 36)。可见,只要我们悉心分析前十大股东中的流通股股东持股数量的增减情况,就可以大致分析出筹码是在集中还是在分散,从而判断出主力真正的作战意图。

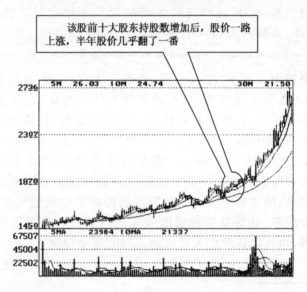

"金鹰股份"2000 年 6 月 5 日~2000 年 12 月 6 日的日 K 线走势图

图 36

习题 52　张老师说,资本的生命在于运动。个股中十大股东也经常处在运动变化之中,我们发现每当一些实力机构加入个股成为十大股东中的一员后,股价也就跟着"水涨船高"。请问:这是怎么回事?请举例说明。

参考答案　要回答这个问题不妨先来看一篇报道:1998 年 12 月 14 日《新闻报》登载了申银万国研究部的一篇文章,全文如下(有删节):

金 果 实 业

大股东易主潜力大

"金果实业"主营农产品加工等业务,为湖南衡阳市的菜篮子,于 1997 年发行上市,现有总股本 10 400 万,流通股 5 000 万。

公司主营包括两部分:一是农产品收购加工;二是商品批发和零售业务。由于公司主营直接涉及到居民的菜篮子,受到国家和当地政府的大力支持,随着十五届三中全会的召开,农村和农业的发展面临着更有利的机会。

值得投资者注意的是,今年五月份以来,湖南省经济建设投资公司先后三次受让股权(注:共 1 969.12 万股法人股,成为该股第一大股东),从而相对控股金果实业,且公司已经改组董事会,已经获得控制经营权。

湖南省经济建设投资公司是湖南基本建设投资性基金的管理机构,为湖南省政府的产权代表和出资人,公司的主要职能是根据全省经济发展规划和年度计划筹集、管理和经营湖南省基本建设经营性基金并保值增值。公司总资产达到 73 亿元,净资产 72 亿元,累计投资 66 亿元(截止 1996 年年底的数据)。目前公司负责经营和管

理省级用于经营性建设项目的基金,包括"拨改贷"投资
基金、省电力建设基金、省中小水电发展基金、省铁路建
设基金等;参与中外合资建设项目;代表湖南省在中央、
地市、企业之间联合经营和建设项目等。随着湖南省经
济建设投资公司对"金果实业"的相对控股及后期可能采
取的动作,公司的主营将会向公用事业和基础设施领域
渗透,这将为公司的发展带来新的希望。

由于公司一是面临着农业发展的大好机遇,享受政
府的大力支持,二是大股东入主后,将会利用自身优势扶
持公司发展,因此潜力较大,值得长期投资。从二级市场
上看,前期从 8 元左右一路上扬至 12 元左右,后随大盘
的下跌而回落,目前价位在 10 元左右,价位实属偏低。

别看这是一篇普通上市公司的通讯报道,里面却大有文章。
这篇报道至少向投资者透露了 4 条重要信息:

(1) 该股当时流通股为 5 000 万股,尚属小盘股范畴;

(2) 该股主营业务受到国家和当地政府的大力支持;

(3) 大股东易主,新大股东为省政府的产权代表和出资人,来
头不小;

(4) 该股目前价位在 10 元左右,没有爆炒过。

这篇报道过去 1 年零 3 个月后,该股股价最高竟涨至 35.97 元
(2000/3/2)。如果当时有谁能慧眼识宝,根据上面这篇报道提供的
信息买进该股,15 个月后的收益就是 250%。有人说现在的报道很
多是假的,当时你怎么能相信这篇报道说的是真的呢? 确实,新闻
界中也常有失实的报道出现(这需要通过不断规范来解决)。但说
实在的,当时你无论怎样怀疑这篇报道是否在作假,不过有几点你
总不能不信,如:①"金果实业"的流通盘为 5 000 万股;②大股东易
主;③股价没有爆炒过,股价仍然很低。即使凭这 3 点,你如果是个
很敏感的投资者,也应该嗅到了什么吧?

这儿我们再举一个例子。"望春花"是沪市的一家老牌上市公司,以纺织为主业,曾经辉煌过,也曾经走过下坡路。很久以前,人们对该公司就比较重视,只因其股权结构较特殊,没有拥有稳定控股权的大股东,存在股权调整的想象乃至操作空间。果然,1998年,新长宁(集团)受让了"望春花"的部分发起人法人股,成了它的第一大股东后,股价就开始逐渐活跃起来。1998年最低价为 8.06元(1998/1/13),2000 年最高价为 24.99 元(2000/11/15),其间 2年零 10 个月最大涨幅为 210%。

当然,类似的例子还有很多,我们举这两个例子只是想告诉读者,大股东易主与选股有密切的关系,关注大股东易主也许就能找到一次很好的投资机会。我们别的不敢说,像大股东易主的信息,只要是由证监会指定媒体公开发布的,就应该说是真的,造假的可能性几乎没有。因此,只要留心观察,这样的有用信息,你完全可以"免费"享受到。

这里我们提醒大家,投资这类股票时要注意以下两点:

第一,个股十大股东变动蕴藏了不少投资机会,特别是十大股东中的第一大股东换上了有背景、有实力的大机构后,就要密切关注该股走势。一旦发现其在低位成交量有持续放大的现象,就说明机会来了。此时,投资者可参考《股市操练大全》第一册、第二册所提示的买进信号,积极跟进。

第二,介入这种股票要有足够的耐心,要少做短线,注重长线。分析股价走势应重点关注其长期趋势,对稳健投资者而言,只要长期趋势线[注]没有被跌破,就可以持股待涨,直到其升势结束后退出(见图 37)。这样操作既轻松,获利又有保障,何乐而不为呢?

　[注]　关于"趋势线"的特征和技术含义,以及操作要点,详见《股票操练大全》第二册第236 页～第 239 页。

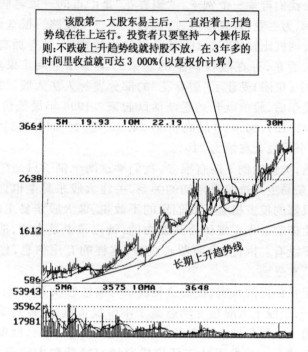

该股第一大股东易主后,一直沿着上升趋势线在往上运行。投资者只要坚持一个操作原则:不跌破上升趋势线就持股不放,在3年多的时间里收益就可达3 000%(以复权价计算)

"湘火炬"1997年2月28日～2000年8月25日的周K线走势图

图 37

习题 53 张老师说:刚才我们研究了个股前十大股东中的流通股股东持股增减和股价涨跌之间的关系。但是大家知道,很多股票有国家股、法人股。按目前的法规,国家股、法人股是不可流通的,而它们的数量一般要比流通股大。有人发现大股东所持有的这部分国家股、法人股占总股本的比例多少,与股价涨跌之间有着很微妙的关系。请同学们分析分析看,这个微妙关系具体表现在什么地方?

参考答案 这个微妙关系表现在:大股东所占的持股率越大,

今后股价往上涨的可能性也越大。下面我们以深市 1999 年大股东所占持股率超过 70％的 16 家公司为例(见表 13)作一番分析,就可以发现这样一种现象:大股东持股数和股价上涨呈正相关性。这种现象是否是一个规律尚不能肯定。但它为我们投资者在选股时提供了一个极有参考价值的指标是毋庸置疑的。这种现象具体表现如下:

(1) 大股东持股率高的股票,涨幅普遍都很大,例如,表 13 中,除陕国投外,其他股票涨幅都在 30％以上,最大涨幅为 407.2％,平均涨幅为 98.27％。

(2) 比较表中备注 B 和 1999 年涨幅中的数据,我们还可以发现另外一个现象就是:控股程度高的,涨幅也高,即涨幅与控股程度是成正比的。

(3) 持股 5 万股以上,尤其是 10 万股以上的股东,是市场控盘力量的核心,他们在一个股票中所占的比例将直接影响到该股的未来走势。

表 13　1999 年深市大股东所占持股数超过 70％的 16 家公司市场表现一览表

代　码	公司名称	1998 年持股率(％)	1999 年持股率(％)	1999 年收市价(元)	1999 年涨幅(％)	备注 A	备注 B
0008	亿安科技	37.4	82.9	42.3	407.2	7.23	90.13
0048	中科创业	85.0	81.1	38.47	111.6	8.03	89.03
0549	湘火炬 A	66.8	80.7	22.92	149.1	11.1	91.8
0825	太钢不锈	23.4	80.6	6.48	140	3.32	83.29
0555	ST 黔凯涤	1.6	79.0	12.1	53.4	5.7	84.7
0400	许继电气	64.0	78.7	23.27	36.7	1.91	80.61
0503	ST 海虹	51.3	78.3	18.76	96.23	5.99	84.29
0730	环保股份	77.2	76.9	34	124	5.28	82.18
0722	金果实业	12.8	75.6	13.69	80.6	8.96	84.56
0626	如意集团	70.9	74.4	19.96	60.6	7.6	82
0563	陕国投 A	86.9	74.0	9.09	7.3	2.34	76.34
0813	天山纺织	68.3	73.4	12.19	33.5	3.67	77.07

（续上表）

代　码	公司名称	1998 年持股率(%)	1999 年持股率(%)	1999 年收市价(元)	1999 年涨幅(%)	备注 A	备注 B
0909	数源科技		72.17	18.37	50.1	2.22	74.39
0768	西飞国际	10.7	71.0	13.76	83.5	5.36	76.36
0594	内蒙宏峰	40.6	70.5	7.27	64.9	3.08	73.58
0685	佛山兴华	16.1	70.3	17.55	73.59	10.5	80.76

注：① 上市不够一年的 1998 年收市价按上市日的收市价计算。
　② 所有数据均经过除权处理。
　③ 涨幅率的计算公式为：(1999 年收市价－1998 年收市价)÷1998 年收市价。
　④ 备注 A 内是持股 5 万～10 万股的股东所占的持股率情况。
　⑤ 备注 B 内是持股 5 万股以上的所有股东所占的持股率情况

习题 54　张老师说：提到个股中的十大股东就不能不说到基金，很多个股十大股东名单中都有基金。对基金重仓持股的问题，市场上非议很多，很多人认为选股不能选基金重仓持有的股票，买进赔多赢少。请问：你同意这样的看法吗？为什么？

参考答案　我认为对这个问题不能一概而论，要具体情况作具体分析。

第一，我们应该承认基金重仓持有的个股，也即个股中前 10 名股东的股票，为投资者在选股时提供了一份很有价值的参考材料。为何这样说呢？

根据我们对基金近几年重仓持股情况调查，发现基金重仓持有的股票一般都有很好的涨幅，其中有些股票已成为远远跑赢大市的大黑马。

为了使读者对这个问题看得更清楚一些，我们不妨先来看两个统计表，表 14 为基金 2000 年中期报告持股前 20 名的股票市场表现一览表，表 15 为单个或两个基金 2000 年中期持股前 20 名的股票市场表现一览表。

表14　基金2000年中期报告持股前20名的股票市场表现一览表
（按占可流通股比例排序）

股票名称	基金持股总数 （万股）	持股基金家数	占可流通股比例(%)	半年升跌幅(%)
通海高科	5 950	5	59.5	—
新太科技	2 913.34	8	46.7	41.25
中体产业	1 702.13	3	37.83	56.63
上港集箱	10 362	12	35.02	—
聚友网络	1 029.97	5	34.3	32.62
风华高科	4 085.86	10	33.07	72.01
首创股份	3 894.06	22	32.45	—
长城电脑	5 486.9	7	30.37	48.8
东大阿派	3 269.04	11	29.74	33.26
安泰科技	1 067.35	22	29.65	—
电广传媒	1 901.1	8	29.25	28.31
青旅控股	3 297.58	5	28.18	77.63
烟台发展	942.1	2	28.16	52.67
青鸟天桥	1 680.79	7	27.58	90.86
海虹控股	1 882.04	7	26.98	171.8
春晖股份	727.96	22	26.96	—
大唐电信	2 577.89	11	25.78	32.78
雅戈尔	2 391.66	6	25.73	17.66
福日股份	1 798.46	4	25.69	99.37
金宇集团	871.32	3	24.89	37.99
平　　均		9	31.89	59.58

表15 单个或两个基金2000年中期持股前20名的股票市场表现一览表
(按占可流通股比例排序)

股票名称	基金持股总数 (万股)	持股基金家数	占可流通股比例(%)	半年升跌幅(%)
同仁堂	975.26	1	16.25	30
中国化建	994	1	14.2	50.16
四川湖山	418.07	1	13.82	126.72
深圳机场	3 609.86	2	12.03	38.9
泰山旅游	1 023.53	2	11.17	291.81
岁宝热电	500	1	11.02	181.69
乐凯胶片	2 254.18	2	10.74	56.72
凤凰光学	354.2	1	10.57	58.85
重庆啤酒	548.35	1	10.55	-7.03
火箭股份	817.98	1	10.39	94.7
红太阳	626.52	1	10.29	69.1
第一食品	360.09	1	10.25	68.66
灯塔油漆	548.66	1	9.23	56.77
ST大通	170.21	1	8.89	18.65
浙江东方	277.93	1	8.58	39.15
诚成文化	1 808.34	2	8.33	113.03
博瑞传播	287.88	1	7.69	27.69
南天信息	305.16	1	7.63	17.77
成商集团	323.73	1	7.60	78.56
深宝安	3 594.33	1	6.2	140.68
平　均		1.20	10.27	77.63

说明:注1:表15已排除表14中的个股;
　　　注2:表15中持股基金家数若是2家,则"占可流通股比例"一栏为两家基金持股比例
的平均值。

从表 14 中可看出,这 20 个股票,其平均基金家数为 9 家,半年平均升幅为 59.58%;从表 15 中可看出,这 20 个股票,其平均基金家数仅为 1.20 家,但半年平均涨幅则高达 77.63%,明显高于表 14 的 59.58%。看了这两张表我们会明白一个道理:基金对某一家个股敢于重仓,必对其基本面有相当透彻的了解,并对其未来成长有相当的预期。各家证券投资基金均有实力不小的研究机构,对上市公司的行业、产品、市场占有率等有深入研究。从这一角度讲,真正具有潜力的成长股,往往可能同时被几家证券投资基金选中。但从市场炒作角度看,一个股票同时被多家基金持有,并不意味着其上涨幅度越大。这主要涉及到各机构间的利益平衡与炒作风格的不一,从而使市场运作难度加大。相反,有时一个股票被一家投资基金重仓持有,往往会有更大的涨幅,主要是由于这样能较好地进行利益平衡,以及炒作风格与市场运作步伐的协调。

有人会说,你提供的只是一段时期的基金重仓股的表现,现在 2001 年上半年结果已经出来,基金重仓持有的很多股票不涨反跌,不是做亏了吗(这个问题下面我们会详细分析)? 但我要告诉大家,从新基金成立至今的 3 年多时间里,新基金的总体收益是相当不错的,有部分基金净值已翻了一番,每年分红回报也相当惊人。要知道,这个成绩是在二、三十亿元资金的基础上取得的,这是非常不容易的。做过生意或参与股市的人想必都有这样的体会:你有 1 万元资本,要翻一番做到 2 万元,这是比较容易的;你有 10 万元资本,要翻一番做到 20 万元,就有一定难度了;你有 100 万元资本,要翻一番做到 200 万元,就要遇到比较大的困难;你有 1 000 万元资本,要翻一番做到 2 000 万元,就很困难了;你有 1 亿元资本,翻一番做到 2 亿元,就难乎其难了。

这是什么道理呢? 因为资本基数越大,运作起来就越困难,收益就越难保证。很多证券机构招聘人才时发现,有些人手里有几万、十几万元资金时做股票做得很好,操作起来有板有眼,而当把几千万、上亿元资金交给他们操作时却常常做输了。因此,运作大资金尤其几十亿元资金是相当不容易的,稍有不慎就要翻船。否则你就无法理解,社会上一些有实力的机构,宁可将自己暂时不用的几百万、几千万元闲余资金,委托别人理财(只要保证其每年有一定百分比收益即可),也不愿意自己将这么一大笔钱投入到生产或股市中去。因为他们心理明白,钱投进去容易,赚出来就难了。据知情人透露,沪深股市开张以来,能将二、三十亿元资金3年时间翻一番的,也只有现在新基金能做到,一般实力机构做庄扣去其吸筹、拉抬的成本,最后,做庄成功的也至多获利百分之五、六十而已,更何况这些做庄的主力动用的资金也只是几亿元,根本不能同基金的二、三十亿元数字相比。

基金收益主要是靠选股,只有选股选准了,其收益才能得到保证。基金有时为了选好一个股票,不惜动用大量人力、物力到上市公司实地调查,经过反复比较研究后,才将它确定下来。基金的优势正是普通投资者的弱势。试想,普通投资者中谁有如此大的能耐,花大量人力、物力到上市公司进行实地调查研究(说得难听一点的话,即使你有能力去,上市公司也不会像接待基金那样接待你,你了解的东西仍然做不到像基金了解的那样全面、透彻)。再说中小散户仅有几万、十几万元资金,对一个上市公司进行调研,近的还好说,远的光吃、住、行的费用就要花上一、二万元,这从机会成本上来说也非常不值得。当然,我们不是反对投资者去上市公司实地调查研究。我们认为,如果上市公司就在你居住地附近,为了对自己的投资负责,就要尽可能地到实地去看一看,但就大多数情况而言,普通投资者要做到像基金那样对上市公司进行实地调研是不现实的。

基金把股票选好后,到规定的时间必须将其持有的前10名股票亮相(根据现有法规规定,基金每3个月要向社会公告一次其持股的明细情况),这就为投资者选股提供了重要的参考资料。

第二,在了解基金的成绩和基金重仓股对投资者选股的参考作用后,我们也必须看到:由于基金在操作上存在着一定的局限性,所以其重仓的个股在大势回调或市场股价结构调整中常常处于不利地位,被市场作为平仓的对象。

通常,基金在操作上的局限性会表现在什么地方呢?

其一,基金每3个月要公布一次仓位,所持个股均要暴露在光天化日之下,建仓虽然容易,但拉高和出货都十分困难。而其他形形色色的"私募基金"、私约资金和机构则不需要公布仓位,躲在暗处,可抢占先机。

其二,基金使用统一的账号,其仓位比例、资金使用和交易行为都受到监管部门的严密监视,连"对倒"都不能允许,更不用说像许多庄家那样,采取分散账号、分散席位、分散资金的手法,变相全控盘,操纵股价,也就难怪基金所持有的股票难挡大盘跌势的冲击。

其三,基金不可能像一些民营机构那样,为造高股价顺利出货,而出巨资与上市公司联手搭"积木"、买利好方案。这正如打扑克,基金打的是"明牌",而市场中其他人打的是暗牌。

基金在操作上的局限性所带来的不良后果,在2001年上半年显得非常突出:33只基金中,仅有5只基金的净值增长率跑赢大盘,而出现亏损的竟有13只基金,20亿元以上的大盘基金亏多赢少。

据业内人士分析,基金2001年上半年出现大面积"亏损",除了操作上的局限性外,根本的原因是:在政策转向时,基金"船大难调头"。现在我们回过头来看看,2001年上半年比较大的政策转向是什么呢?

(1) 年初管理层对"基金黑幕"、"亿安科技"、"中科系列"违规的查处,以及某经济学家的"赌场论"、"泡沫论"、"全民炒股论"一度主导市场舆论,市场急速下挫至1 893点,使基金所持有的股票遭受市场疯狂抛售,损失惨重。

(2) 有关部门提出,上市较早、股本不规范、流通盘较小的上海本地股将优先以比净资产略高的价格减持国有股,引起众多机构和投资者追捧上海本地小盘股,而把基金持仓股当作平仓对象,使高科技股股价1—8月连续走低。

(3)2001年6月管理层公布了与市场预期截然不同的国有股减持的方案,即在发新股和增发新股时,增加10％融资额,以充实社保基金。顿时,拟增发新股板块成为市场抛售的对象。不巧的是,基金所持的高科技股因大多有增发意向,致使整个高科技板块成为"重灾区",股价一挫再挫。

从上面分析中我们可以看到,上半年基金所持有的股票非但未获得1999年、2000年利好政策的先机和激励,反而在政策的突发性转向中一再处于树大招风、被动挨打的境地。

本书在开头就强调了选股首先要靠政策指引,基金也不例外。政策变了,基金操作思路也要跟着变,否则,吃亏是明摆着的事。当然如何变,需要有一个适应过程。中国有一句俗语:不以一时成败论英雄。也许过了一阵子,基金对政策完全适应了,后来居上,再给市场一个惊喜也不是不可能的。对此,我们不必苛求基金。基金和普通投资者一样,也会犯错误,不过我们要相信他们改正错误的能力,专家理财一定比普通投资者做得更好。如果否认这一点,国家再要发展基金、发展超常规的机构投资者就是一件很困难的事。这个道理很简单,基金老是亏损,老是比普通投资者做得差,再发新基金还有人要吗?

第三,为了赢得市场主动权,基金重仓持有的个股在媒体亮相后,常常会出人意料的下跌,出现这种情况并非是基金看淡手中持有的个股,这完全是基金投资策略所致。

大家知道,投机市场一个主要特征:就是炒股要炒朦胧,消息一旦明朗股价往往会出现相反走势,这是市场大众的操作习惯使然。而作为专家理财的基金,是深谙此道的。因此,当其重仓个股在市场上亮相后,基金会采取以退为进的策略,顺势获利回吐,从而导致基金重仓股出现较大幅度的回调。基金这种操盘手法既可看作为基金在特定条件下的一种策略选择,同时也可以说,在技术上也正好能实现其建仓后的震仓目的。而很多投资者的操作习惯正好与此相反,消息没有明朗之前,因吃不准而不敢动手,待消息明朗后,因吃准敢动手时,追进去又被套住了。这也就能解释为什么总有一部分投资者跟着基金选股屡买屡套的原因。平心而论,这不能怪基金,也不能说盯住十大股东的选股思路错了。根本的还是这部分投资者缺乏这方面的操作技巧,不懂得如何顺应市场来做股票。

总之,从大股东变动中寻找投资机会,说到底就是从主力变动中寻找投资机会,而目前市场上最大的主力就是基金。研究基金选股,在很大程度上就是为了了解市场上最大主力是如何寻找投资机会的。通过对这个问题的深入研究,我们认为跟着基金选股、做股票要掌握以下几个原则:

(1) 在个股十大股东名单中初次出现基金名字,只要查实该股没有大涨过,就应密切关注,将它作为候选对象。

(2) 选择涨幅不大,基金在增仓的股票,这类个股上涨机会较大。

(3) 基金重仓个股在媒体亮相后,出现向下调整时,可顺时短线做空,待股价止跌回稳且向上时,再继续买进。

(4) 选择基金重仓持有的个股,切忌频繁的短线操作,应作好中长期持有的思想准备,可将60日均线作为止损位(跌破60日均线时就及时撤退)。

(5) 优先选择单个基金重仓的个股。

(6) 基金重仓的个股短期内出现大幅飙升,应适时进行减磅操作,一旦见顶回落(以破10日均线为准),无论其中长线走势如何,应先暂时退出观望为宜。

(7) 基金重仓的个股涨幅过大时,应注意获利了结。如发现基金也在减仓,则宜全线退出。

(8) 基金重仓的个股一旦沦为冷门股,就应把它放在一边,不再关注它。

第七节　从主力做庄中寻找投资机会与选股练习

习题 55　张老师说:就股票炒作而言,一个股票只有主力介入了才会上涨,但主力是否介入,是不会有人告诉你的。请问:有什么办法知道某个股票有主力介入了? 是不是只要主力介入就可以跟进呢?

参考答案　主力介入某个股票属商业机密,自然不会轻易告诉别人的。但俗话说:狐狸再狡猾也会露出尾巴。从笔者目前掌握的情况和沪深股市一些高手的实战经验来看,如果盘面出现下列信号,就可以大致判断出主力开始介入某股炒作了,也即我们平常说的该股有庄家进驻了。这些信号是:

(1)股价大幅下跌后,进入横向整理的同时,间断性地出现宽幅振荡[注1]。

(2)当股价处于低位区域时,如果多次出现大手笔买单,而股价并未出现明显上涨。

(3)虽然近阶段股价既冲不过箱顶,又跌不破箱底,但是在分时走势图上经常出现忽上忽下的宽幅震荡,委买、委卖[注2]价格差距非常大,给人一种飘忽不定的感觉。

(4)委托卖出笔数大于成交笔数,大于委托买进笔数,且价格在上涨[注3]。

[注1]　在弱势市场中,如某股某天出现忽上忽下的走势,其幅度超过 3％,或在强势市场中,如某股某天股价出现忽上忽下的走势,其幅度超过 6％,称之为宽幅振荡。

[注2]　"委买"、"委卖"的含义、作用,详见《股市操练大全》第二册第 405 页"4"、"5"。

[注3]　出现这种现象,说明卖盘主要来自散户,而买盘主要来自大户。

（5）近期每笔成交股数已经达到或超过市场平均每笔成交股数的1倍以上。如：目前市场上个股平均每笔成交为600股左右，而该股近期每笔成交股数超过了1 200股。

（6）小盘股中，经常出现100手（1手＝100股）以上买盘；中盘股中，经常出现300手以上买盘；大盘股中，经常出现500手以上买盘；超大盘股中，经常出现1 000手以上买盘。

（7）在3～5个月内，换手率累计超过200％。

（8）近期的"换手率"高于前一阶段换手率80％以上，且这种"换手率"呈增加趋势。

（9）在原先成交极度萎缩的情况下，从某天起，成交量出现"量中平"或"量大平"[注1]的现象。

（10）股价在低位整理时出现"逐渐放量"[注2]。

（11）股价尾盘跳水，但第二天出现低开高走[注3]。

（12）在5分钟走势图上经常出现一连串小阳线[注4]。

（13）股价在低位盘整时，经常出现小"十字线"或类似小十字线的K线[注5]。

（14）虽遇利空打击，但股价不跌反涨，或虽有小幅无量回调，但第2天便收出大阳线。

（15）大盘急跌它盘跌，大盘下跌它横盘，大盘横盘它微升。

[注1]　关于"量中平"和"量大平"的特征和技术含义，详见《股市操练大全》第二册第337页～第342页。

[注2]　关于"逐渐放量"的特征和技术含义，详见《股市操练大全》第二册第316页～第320页。

[注3]　出现这种现象，很可能是买方准备次日再吸货，先人为打压所致。如要详细了解这种情况的原委，详见《股市操练大全》第二册第416页～第418页。

[注4]　出现这种现象，反映买方的态度比较积极，很可能是主力在加紧吸筹所致。有关"5分钟走势图"的查阅方法，详见《股市操练大全》第二册第422页（9）。

[注5]　出现这种现象，很可能是庄家将股价压低后慢慢吸纳，又不想收高，抬高今后吸货成本，故收盘时打压到与开盘相同或相近的价位，这就形成了小十字线或近似小十字线的K线。

（16）在大盘反弹时，该股的反弹力度明显超过大盘，且它的成交量出现明显增加。

（17）大盘二、三次探底，一个底比一个底低，该股却一个底比一个底高。

（18）股价每次回落的幅度明显小于大盘。

（19）当大盘创新高，出现价量背离情况时，该股却没有出现价量背离[注]。

（20）股价比同类股的价格要坚挺。

（21）日 K 线走势形成缩量上升走势。

我们可以肯定地说，主力只要进驻某股做庄，上面 21 个信号中总有几个信号和它能对上号。当然，究竟是哪几个信号对上了，哪几个信号没有对上，在各个时期，各个庄家之间是不一样的，这个只能靠我们平时多琢摸、多分析。但是，我们只要掌握一个原则，就可以大大提高判断的准确率。这个原则是：如同时有 5 个信号出现，说明该股很可能有庄家入驻了；如同时有 8 个信号出现，说明该股十有八九有庄家入驻了；如同时有 11 个信号出现，则基本上可以断定该股有庄家入驻了。

发现主力入驻某股做庄后，是不是要马上跟进呢？我们认为不宜马上跟进。原因是：

（1）庄家收集的筹码多，持续时间长，过早跟进对耐性是一个严峻的考验；

（2）庄家入市后，打压吸货，股价仍会下跌；

（3）庄家为夯实底部，会反复进行严厉的震仓，持筹者心理压力过大。

因此，跟进要讲究时机。一般来说，初次买进的时机应该选择

[注]　所谓价量背离，此处是指股指或股价涨上去了，但成交量没同时跟着放大，也就是出现了人们常说的价升量缩的现象。

在股价往上有效突破时。考虑到股价第一次往上突破后常常会出现回抽确认过程,所以稳健型投资者初次买进时机,最好选择在股价经回抽后再往上冲破近期最高点时[注]。另外,在买入个股时,还应该看看大盘走势,如大盘在往下调整就不要轻易买进。因为大势不好时,主力逆势做庄,以失败例子为多。

习题 56　张老师说:当投资者得知主力入驻某股做庄后,最想知道的是:主力做庄做的是短庄、中庄,还是长庄。如果主力做的是短庄,那么行情就会快起快落,跟庄者动作慢了就很容易吃套;如果主力做的是中庄,行情就会延续一段时期,那么股价上升空间相对要大一些,跟庄者只要把握好中线机会,赢钱的可能性就很大;如果主力做的是长庄,那么行情不是几个月,可能要走上一、二年,甚至更长的时间,股价也会有巨大的升幅,跟庄者只要有耐心,在低位买入后捂股不放,日后赚上几倍,甚至十几倍都有可能。但是,我们不是主力的内线,又怎么能知道主力是在做短庄、中庄,还是长庄呢?而目前关于某某股是短庄股,或是中庄股,或是长庄股的说法,都是事后界定的。即使知道了,事情已经过去也没有什么意义了。因此,就实战而言,最重要的不是事后来评定某股是短庄、中庄,或是长庄,而是要事先就能对主力做庄的性质作出一个准确的判断。这样选股跟庄才能进退自如,取得预期效果。请问:事先界定主力做庄的性质有没有这个可能? 如果有这种可能应该从哪方面入手?

参考答案　我认为有这个可能。虽然,如张老师所言,我们不是主力的内线,不可能了解到主力心里在想什么,做的是什

　　[注]　关于第一次买点和第二次买点操作示意图及说明,详见《股市操练大全》第一册第 237 页图 314、第 243 页图 320。

么庄,但是,我们可以通过间接的方法了解到主力作战意图,而这个间接方法就是在主力做庄时测算出主力的持仓量。因为,股市如战场,打大仗、中仗、小仗所投入的"兵力"是不一样的。如果主力做长庄,那么控制的筹码就要多;反之,主力做短庄,那么控制的筹码就不用很多;而做中庄,则持仓量处于两者之间。因此,我们只要估计出主力做庄的仓位,就能做到"知己知彼,百战不殆"。

那么,如何来估计主力的持仓量呢?要弄清楚这个问题,我们不妨先把主力如何做庄,及做庄的过程简要地向大家介绍一下。

庄家炒作包括四部分:建仓、洗盘、拉高、出货。

庄家建仓一般选择在股价较低时,而且希望越低越好。对于拉高建仓,以及股价已经创新高还说是吃货这类说法,只是特例,没有普遍意义,还是不信为好。主力吃货结束之后,一般会有一个震荡洗盘的过程,当庄家认为盘中浮筹清洗得差不多的时候,才会考虑到拉高。一旦某一股票开始快速拉升,它就会很快脱离主力建仓区域(即主力成本区域,对股民来说又是投资的安全区域),随时都有出货的可能。所以投资者尽可能建仓在低位。

当庄家认为出货时机未到时,股票会在高位进行横盘整理,使散户误认为是主力在出货。整理之后会再次拉高。庄家出货一般要做头部。头部的特点是:①成交量大;②振幅大;③除非赶上大盘做头,个股的头部时间一般都在 1 个月以上。这样,庄家就有充分的时间来出货。当然,也有少数庄家在拉高过程中,通过边拉边撤的方式来完成其出货任务,当股价拉高到某一高位时,庄家筹码也抛得差不多了,这时庄家就会利用剩余筹码进行砸盘,这样盘中就会出现跳水现象,股价快速下跌。没过几天或几个星期股价就会跌得面目全非。这类庄股出货的特点是:拉高过程成交量放得特别大。因此,有经验的投资者知道,股价大幅上涨时成交放出巨量并不一定是一件好事,道理也就在这里。

那么,主力做庄要控制多少筹码呢? 我们先来讲一讲筹码分布特点。投资者只要把这个问题弄明白,庄家要控制多少筹码的问题也就完全清楚了。

不妨我们在这里做一个假设:现在有一个股票流通股为 3 000万股,估计有 500—600 万股是不会流动的。因为每一个股票总有人做长线,无论股价如何的暴涨暴跌,他们就是不走,或者说有一部分人在高位深套,"死猪不怕开水烫",把股票压箱底了,不想跑了,这部分筹码大约占整个股票流通盘 20% 左右。例如,在"亿安科技"涨到 100 元的时候,某证券报曾报道过有一个 70 多岁的老太太手里还握有两万股"亿安科技",已经买了好几年。营业部查出来后,却找不到老太太(地址已变更),就想通过媒体提醒她,但这个老人说不定连报纸都不看。这个老太太手中的"亿安科技"就属于 20%"不走"的那部分股票。

流通盘中除了 20% 不流动的股票,剩下的 80% 是流动筹码。在这部分筹码中,属于最活跃的浮筹只占流通盘的 30%,当庄家把这部分最活跃的浮筹收集完毕,如果不考虑股价因素,市场中每日卖出的浮筹就非常少了,所以庄家持 30% 的筹码就能够大体控盘。其余 50% 是相对稳定的持有者,只有在股价大幅度上涨或行情持续走低时,它们才会陆陆续续地跑出来。如果庄家在剩下的 50% 浮筹中再控制 20%,手里的筹码就有 50%,庄家基本上就可以随意做图形了。

所以,一只股票的筹码从流动到稳定的分布是这样的:30% 是浮动筹码,最容易流动;接下来的 20% 相对稳定,只有大涨或大跌时才会卖出;再下来是 15% 的稳定部分,只有涨的时间长了才卖出;后面的 15% 更加稳定,只有技术形态变坏了才会卖出;最后 20% 是长期稳定,涨也不卖,跌也不卖,基本上处于静止状态。

深圳证券交易所于 2001 年 8 月 9 日在"巨潮网"上公布了所有

深圳股票 2000 年底股东持股情况统计数据表。该项数据通过筹码集中度向我们展现了一批凶悍庄股的真面目,让我们看到了大起大落走势图背后的真实故事。

通过分析该统计数据,我们发现,持有 10 万股以上的股东,控制流通盘 60% 以上的股票有 19 家,控制流通盘 50%—60% 的股票有 21 家,控制流通盘 40%—50% 的股票有 32 家,控制流通盘 30%—40% 的股票有 29 家。持有 10 万股以上的股东,应该算是公司的大户了,这些大户手中的筹码绝大部分是庄家利用个人账户买进的。因此,个股中个人账户持有 10 万股以上的筹码,十有八九都有主力做庄家的筹码。从操作角度讲,控制了 20% 的流通盘,就可以对股价产生影响;控制了 30% 以上的流通盘,就可以对股价产生较大影响;如果控制了 60% 以上的流通盘,那就属于绝对控盘,就可以任意操纵股价了[注]。

翻看一下 2000 年深股中主力控制 30% 以上流通盘的股票名单,我们可以得到以下印象:

(1) 持有 10 万股以上的大户,控制流通盘 60% 以上的股票,绝对是曾经的大牛股,在二级市场下都有过极其眩目的表现。深圳市场的 19 只股票 60% 以上的流通盘被持有 10 万股以上的股东所控制,大部分的股票在 2000 年都有 3 倍以上的涨幅,如“泰山石油”、“金路集团”、“思达高科”、“湘火炬”、“深南坡”等有名的大牛股。其中还包括已经曝光的“银广夏”、“ST 中科”。

(2) 根据筹码分布的特点,做短庄的主力一般控制筹码 20% 就可以做庄了;做中庄的主力一般控制筹码 30%～40% 之间;而只有

[注]　例如,据有关资料披露,主力在狂炒“亿安科技”时,就有 4 个庄家利用 627 个个人股票账户,大量买入“深锦兴”(后更名为“亿安科技”)股票,一度持有了 85% 的流通股,同时还通过其控制的与本身身份不符的不同股票账户,以自己为交易对象,进行不转移所有权的自买自卖,影响该股交易价格和交易量,联手操纵“亿安科技”,将股价推至 126 元高位,“创造”了所谓百元股价的神话。非法牟利达 4.91 亿元。

做长庄的主力才会把控制筹码提高到 50％以上[注1]。

（3）对股价已有很大涨幅,被控 50％以上流通盘的股票,不要去碰。因为这些股票的筹码已经完成了由分散到集中的过程,目前正处于由集中向分散的状态。当一个股票在筹码由分散向集中过渡时,主力处于收集阶段,此时介入,有利可图;而当筹码由集中向分散过渡时,主力处于派发阶段,此时介入,则凶多吉少。

（4）在 2001 年夏季沪深股市呈现疲态时,但有些个股却十分活跃。例如,"乌江电力"在 2001 年 6 月份出现飙升行情,是因为该股在 2000 年底的时候被庄家控制了 45.46％的筹码;2001 年 8 月中旬逆市上涨的"内蒙宏峰",去年底的时候已经被庄家控制了59.59％的筹码。

（5）PT 股也有人作庄。如"PT 渝钛白",2000 年底占流通盘58.75％的筹码被庄家所控制。难怪 PT 股们无量空涨、涨得那么凶！

在我们了解筹码分布特点和主力如何做庄后,接下来就可以通过分析主力控制筹码的多少,也即持仓量,来判断主力做庄的性质,从而找到对付庄家的办法。

说实在的,关于庄家持仓量的研判是一个十分复杂的问题,关键是庄家行动诡秘,不好把握, 所以如何测算庄家持仓量,至今没有一个定论[注2]。因此,即使我们想要提出一个比较好的解决方案献给读者,也自感到心有余而力不足。尽管如此, 为了不辜负读者

[注1]　做小盘股的庄,一个稍有资金实力的大机构就能把庄做下来。但做中、大盘股的庄,考虑到资金的原因,可能有几个机构联合在做。因此,对中、大盘股而言,所谓 50％以上筹码为庄家控制,这些筹码就不一定落在一个主力机构手里,而是由利益共同的几个主力机构所把持。

[注2]　事实上,这个问题可能是永远不会有定论的。因为庄家持仓量是"绝密"的,而各个庄家操作手法也不一样,关于这点可以从各种软件对同一股票测算庄家持仓量的巨大差异中看出。

的期望[注],我们还得努力去做。现在我们提出两个目前尚不够成熟,但在小范围内试验下来效果还不错的计算主力持仓量的方法,供大家参考(这也算是抛砖引玉吧)。

第一种计算方法很简单,先由投资者根据本书习题 55 提到鉴别主力吸筹的方法,确定某股在某一段时期内主力已经陆续开始建仓。然后将该股这段时期的成交量相加,得出一个总数,再分别除以 2、除以 3,得出两个数字,最后确定主力建仓的数字就在这两个数字之间。

例如,有一个 7 000 万股的中盘股,在长期下跌后进入横向整理。最近一段时期有迹象表明主力在积极吸筹,经过从走势图上反复辨认,确定某一天为主力吸筹的起始日,并从这个起始日起至今已经有 60 个交易日,累计成交量为 8 500 万股,我们再将 8 500 万分别除以 2、除以 3,就可得出两个数字,即 4 250、2 833,那么我们就可估计得出这段时期主力吸筹的数量为 2 833~4 250 万股之间。

有人说,你这样计算有什么根据呢? 当然有根据。因为这段时期的成交量包括三个部分:①主力低位吸货量及其为了降低进货成本所实施的高抛低吸的量;②短线客进进出出的量;③一部分长线买家进货的量。因此,这段时期的成交量就不能都算在主力身上。据知情人透露,他们每次操盘,低位吸筹的量至多也只是那时总成交量的 1/3~1/2 之间,很多还达不到这个数字。

第二种计算方法比较复杂些,但准确性相对高一些,其计算方法是:①个股流通盘×(个股某段时期换手率—同期大盘换手率);②将①计算结果分别除以2、除以3,最后确定主力建仓的数字就

[注] 《股市操练大全》第一册、第二册出版后,我们收到了全国各地读者大量来信,他们在信中除了肯定《股市操练大全》对他们的帮助外,还提出了如何跟庄、如何测量主力持仓量等一些他们迫切想要知道的问题。因此,即使碰到如何测算主力持仓量这样的棘手问题,我们也没有理由绕开去。我们要尽自己的能力,想方设法给这些读者一个满意的答复。

在这除以 2、除以 3 之间。

例如,某股流通盘为 3 000 万股,2000 年下半年某段时期连续 80 个交易日的换手率为 259.77%,而同期大盘的换手率为 142.8%,据此可算出:①3 000 万股 ×(259.77% － 142.8%)= 3 509.1万股;②3 509.1 万股 ÷2＝1 754.55 万股;3 509.1万股 ÷3 ＝1 169.7 万股。因此,庄家实际持股数可能在 1 169.7～1 754.55 万股之间。也就是说,庄家的持仓量可能处于流通盘的 39%～ 58%之间,其上限已超过流通盘的 50%,其下限也已接近流通盘的 40%。据此分析,我们可以得出主力做庄的时间不会太短,至少做的是个中庄,甚至是个长庄。

这里需要说明的是,运用上面两种方法需要注意以下两点:

(1) 它一般适用于长期下跌的冷门股。一个股票之所以成为冷门股,说明这个股票已经没有主力,筹码绝大部分在散户手里。因此,新主力一旦对冷门股做庄,我们就能相对容易地测算出主力手中的持仓量。

(2) 所取时间不能太短。一般以 60—120 个交易日为宜。最短的时间不能少于 20 个交易日。因为,即使主力做短庄,收集筹码的日子通常也不会少于 20 个交易日。

习题 57　张老师说:刚才下课时一位同学对我说,一个股票有没有主力在吸筹还容易看得出,但最难办的是股价拉高后出现了震荡,这究竟是庄家在洗盘还是在出货呢? 等你明白过来,事情往往晚了,不是踏空,就是高位套牢,我认为这位同学提的问题很重要,很多人在跟庄选股时,最吃亏的就是搞不清主力震仓洗盘与出货之间的区别。如果我们把这个问题弄清楚了,操作起来风险就小多了。下面有谁来解答这位同学心中的疑问。

参考答案　我先讲讲什么是洗盘。任何一个主力做庄,在股价拉高之前都有一个洗盘动作,不过有的做得隐蔽些,有的做得明显些罢了。如果主力吸筹后,不洗盘就一路拉高,那么在低位买进的投资者获利就十分丰厚,一有风吹草动,就会抢在主力前面出逃,而主力在未出货前不得不在高位把这些筹码吃进去。这样,主力包袱就会越背越重,最后资金用光,弹尽粮绝,把自己套死。因此,主力在建仓任务完成后,准备拉高之前,通常要对盘子作一番彻底的清洗,以此来迫使短线客退场,也逼使一些犹豫不决的投资者出局。另外,洗盘本身也可以使主力有差价可做。主力通过高抛低吸既能获取一笔可观的差价收益,从而降低持仓成本,又能夯实股价,提高跟风者的进货成本,一举两得。这样做的结果是:既增添了做庄主力日后拉升股价的信心和勇气,拉大获利空间,又让市场弄不清主力的持仓成本,辨不清今后主力的出货位置。可见,洗盘对主力来说是多么重要。

值得注意的是,有的主力为了提高投资者的持股成本,在拉高之前进行洗盘,拉高当中再洗盘,尤其是一些长庄股,会出现建仓——洗盘——拉高——再洗盘——再拉高——再洗盘的反复过程。

在我们明白主力为什么要洗盘,洗盘的目的是什么后,接下来我们就可以分析主力洗盘与主力出货之间有什么区别了。

从表面上看,洗盘与出货确实有很多相似的地方,很多人由于搞不清它们之间的区别,在操作上常常吃亏。譬如,一些投资者遇到庄家在洗盘时,看到股价上下一震荡,就辨不清方向了,误以为庄家在出货,于是慌忙出逃,结果一抛完就涨,放走了一匹黑马;而等到庄家出货的时候,多数投资者会以为那只是洗盘而已,在最危险的时候反而死抱住股票不放,结果煮熟的鸭子又飞了。当然,在投机气氛浓厚的市场中,尤其在投资者缺乏正确的投资理念、投资技巧的情况下,这种结果是很难避免的。

因为分清洗盘与出货的确很难,更何况庄家在洗盘的时候总是要千方百计地动摇人们的信心,等到出货的时候却总是以最乐观、最美好的前景来麻痹人们。但话得说回来,也正是因为庄家有这种企图,才给了我们探明真相的线索。正所谓欲盖弥彰,庄家的掩饰行为就是我们分析、判断庄家新花样里暗藏什么"秘密"的依据。下面我们用表格形式列出洗盘与出货的不同特征,投资者可仔细辨别它们之间的区别。

表 16　主力洗盘与出货的特征比较

洗 盘 的 特 征	出 货 的 特 征
股价在庄家打压下快速走低,但在其下方能获得强支撑	股价在庄家拉抬下快速走高,但在上方出现明显的滞涨
下跌时成交量无法放大,但上涨时成交量放得很大	上涨时,成交量无法放大,但下跌时成交量能放得很大
股价始终维持在 10 日均线之上,即使跌破也不会引起大幅下跌,缩量盘稳后又会继续向上运行	股价跌破 10 日均线后,无法继续向上运行
成交量呈递减趋势	成交量一直保持在较高水平
股价整理后最终向上突破	股价整理后最终向下突破
几乎没有利好传闻,偶尔还有坏消息	几乎没有坏消息,利好消息不断出现
投资者处于犹豫不决状态,害怕买进吃套,持股信心不足	投资者处于极度兴奋状态,担心抛出踏空,持股信心十足

第三章 依据心理面寻找最佳投资机会与选股练习

第一节 从"第一"中寻找投资机会与选股练习

习题 58 张老师说:股票市场永远是一个充满新鲜感和炒作题材层出不穷的投资市场,正因为炒作题材和新鲜感的不断变化,才吸引了无数追随者,也为善于炒作的主力和勤于捕捉机会的投资者提供了赚钱的机会。请问:这个新鲜感主要表现在什么地方?它与我们选股有什么关系?

参考答案 这个新鲜感主要表现在"第一"上面。在人们心目中"第一"有着特殊的位置。大凡"第一"的东西都会引起人们的特别关注。比如,尽管海外的"高空王子"在前几年横跨长江三峡独走钢丝的速度远远逊色于我国少数民族的"高空王子",但因为海外"高空王子"是人类历史上第一个在一根钢丝上横跨长江的,因此他受到的礼遇和媒介对他的宣传规格都比后者要高得多。在很多事情中,人们发现尽管"第一"的成绩不如后来的"第二"、"第三",但人们还是看重第一,对后来居上的第二、第三不那么热情。人们可以熟记第一个登上月亮的宇宙飞船——阿波罗号的名字,但却记不住后来在宇宙探索中表现越来越出色的宇宙飞船的名字。正因为"第一"的特殊作用,所以无论是体育比赛,还是商战和股市实战,人们对"第一"的东西特别看重。在股市中如能比别人领先一

步染指"第一"的投资者,常常会收到意想不到的效果。例如:

1987 年,第一批买进"深发展"原始股的小额投资者,现在已有不少是百万、千万大富翁。

1991 年,上海证交所开张不久股市第一次进入低迷状态,沪市"老八股"[注]中"电真空"、"大飞乐"、"小飞乐"、"延中"、"申华"遭受疯狂抛售,无人问津,当时无论是谁只要花上 1 万元,随便买进那个股票放到今天,少的可以变成几十万元,多的则可变成几百万元。

1992 年,买进上海第一批"认购证"的工薪族,很多成了几十万、几百万的中、大户。

1993 年,最早参与中国第一例收购题材的投资者,在"宝延大战"中,坐收渔利,短短的几天,资金就翻了一番。

1994 年,第一只通过上海证交所集合竞价发行的"哈岁宝"股票(现改名为"岁宝热电"),发行时正值沪市低迷至极之时,发行价仅比底价高出 38%,那时无论谁要买,举手即可买到,但很多人就是无动于衷。当该股不久上市时,升幅达到 200%以上,着实让市场大吃一惊。

1997 年,第一只因虚假报表遭受停牌处理的"琼民源",停牌两年后,经过资产置换,改名"中关村"上市后,竟在 2000 年沪深股市中成为一匹带领"各路好汉"冲关夺隘的大黑马。

1998 年,第一家因严重亏损从主板市场退出,进入每周只有一次特别交易的"苏三山",不出两年,经过资产重组改名为"苏振新"(现改名为"四环生物"),在深市重新亮相后,成了深受市场投资者青睐的大牛股。

[注]　1990 年 12 月 19 日上海证交所成立,但成立仅 1 个多月沪市就进入了空头市场,当时沪市仅有的几个证券营业大厅常常空荡荡的没几个人在交易。而那时挂牌的也只有"豫园商场"、"浙江凤凰"、"爱使"、"电真空"、"大飞乐"、"小飞乐"、"延中"、"申华"8 个股票,后人称这 8 个股票为"老八股"。10 年来,这些"老八股"少的涨了几十倍,多的已经涨了几百倍。

1999 年,市场上第一次炒作网络题材,在"东方明珠"、"广电股份"启动时,及时跟进者,后来都赚得钵满盆满。

2000 年第一只债转股"鞍钢转债",价格从 90 多元上涨到 140 多元。

2001 年春,中国 B 股市场第一次向国内投资者开放,那些在 2 月 19 日以后,第一批冲入沪深 B 股市场的淘金者,在 B 股打开涨停板后买进 B 股(无论什么 B 股)的个个都发了大财。

正如人们在人际关系中非常看重"第一印象"一样,股市的管理层、市场主力和一些敏感的中小投资者也异常重视股市中的"第一效应"。因为在弱势中只有"第一"才能唤醒市场,只有"第一"才能带来"财富效应",激发起人们的投资热情。事实上"第一"已经成了活跃市场的催化剂。我们在这里举的"第一",只是沪深股市自股票发行以来许许多多"第一"中的一小部分,但它足以证明股市中大牛股与股市中的"第一"有着很密切的关系。凡能积极参与中国股市中第一次发生的重大事件的投资者,一般都享受到了骑黑马的乐趣。

亲爱的投资者,说到这里你也许对股市中的"第一"有了深刻印象吧!现在请你记住:"第一"中蕴含着极大的投资机会,有时抓住了一个"第一"(比如"1992 年认购证")就可以改变你一生的命运。因此,作为一个聪明的投资者,对"第一"一定要敏感、敏感、再敏感些。

习题 59　张老师说,有一位资深投资人士说过,股市交易实际上是一场心理战。这话虽有点夸张,但多少揭示了投资大众的心理变化对股市的重要影响。如若我们能熟知并能充分利用人们心理变化的规律,在选股、规避风险上就能做到事半功倍。比如,刚才说的利用"第一效应"寻找投资机会就是一个例证,但这是不是意味着,今后在股市中只要见到"第一",投资者就可以大胆加入呢？

◇◇

参考答案　买"第一"胜率是很大的,这在沪深股市中已反复得到证明。当然也不意味着只要是"第一",就可以不管三七二十一买进,这里面也要讲究一些技巧。

(1) 对"第一"的东西一定要抢在第一时间买进。进货时间拖得越久,赢利越少,风险越大。

例如"宝安"收购"延中",这是中国股市第一次发生的一家上市公司在二级市场收购另一家上市公司的事件。消息公布后,马上买进"延中"的,在后来的几个星期中,至少有 100%—200% 以上的利润可赚,而当消息全部明朗后,在"延中"股价飙升到三、四十元后再追涨买进的投资者,非但没有沾到"第一次收购事件"的好处,没过几天反而一个个都被深度套牢。

(2) 越是过去从未发生过的,朦朦胧胧的"第一",其潜力越大。

例如,上海第一次发放"认购证",30 元一张。这认购证到底有多少人买?中签率是多少?买 100 张会不会一张未中,致使投入的资金血本无归?这些认购证可以买些什么样的股票?股票是不是马上上市等等,当时,这一系列问题都扑朔迷离,谁也无法作出解答。一句话:只有天晓得。正是因为第一张认购证发行时有诸多不知道,朦朦胧胧。所以,在它当初发行时并不被大众看好,以致上街叫卖都无人理睬。但这中间谁也没有想到,30 元一张的认购证后来竟能炒卖到 1 万元。而当上海发行第二批认购证时,认购证上朦朦胧胧的面纱一下子薄了许多,人们都在买进认购证,作发财美梦时,市场中"第一效应"消失了。许多人万万没有想到,上海第二批认购证中签率只有千分之几,致使买进 100 张认购证血本无归的事竟然真的发生了。可见,朦朦胧胧的"第一",才最有潜力。

(3) 只有具有正面影响的"第一",才值得投资者关注。虽然,"第一"会给投资者带来赢利的机会,但这个"第一"一定要有积极意义，而那些有负面影响的"第一"，投资者就不值得参与。

　　比如，2000年2月，"亿安科技"成了沪深股市自股价拆细以来第一个冲过百元大关的股票。但这"第一"反映了市场极端的狂热情绪。因为该股本身没有什么高科技含量及过硬的业绩，仅靠庄家一路拔高才出现了这种孤芳自赏的现象。稍有投资经验的人一看就知道是庄家在操纵这个股票，其过度投机，恶意做庄的行为对大盘、对市场方方面面都会带来很大的负面影响，日后势必要受到管理部门的严厉查处。该股100元以上的股价纯粹是一座海市蜃楼，一定会来得快，去得快。显然，像这种对市场只有负面影响而无任何积极意义的"第一"就不能碰，若硬要去碰就会碰得头破血流，给自己投资带来重大损失。

　　总之，股市上的"第一"蕴藏着极大的投资机会，但也不是所有的"第一"都能参与的。"第一"也有真假之分，只有对市场带来正面影响的"第一"才是真的，才值得投资者参与。当然，参与"第一"也要讲究时机、讲究策略。若要做到抓准抓好，为投资创造赢利机会，一方面需要投资者有独到的见解和勇气，另一方面也需要投资者有驾驭"第一"的娴熟技巧，两者缺一不可。

第二节　从比较中寻找投资机会与选股练习

　　习题60　2000年5月份，有一天上课时，张老师在黑板上写了一份"寻人启事"。大家开始不明白张老师要做什么，看了内容才知道了张老师的用意。张老师这份"寻人启事"是这样写的：我是哥哥，名叫"云南铜业"，我有一个"同胞弟弟"流散在沪深股市中，一直没有找到。我们兄弟俩都是同一个省同一行业"出身"，并在同一个地方报的"户口"，我们俩上市时发行总量相当，价格也差不多。我们兄弟俩第一大股东所占总股本的比例都在百分之六、七十。所搞的有色金属加工和出口在国内都有显赫地位。我是 1998 年 6 月上市的，上市时只有 8 元左右，一年后身价就提高到 21 元了。我现在急需要找到我的弟弟，把我暴富的经历告诉他，让他也能像我一样很快富裕起来。现在我不知我那个弟弟躲在哪里，请诸位帮我找一找，找到后定当重谢。末了，张老师在"寻人启事"下还写上一行字：大家找到"云南铜业"的"弟弟"后，想一想应该如何操作？通过这件事，投资者能获得哪些启示？

参考答案　张老师这份"寻人启事"很有意思。它似乎在告诉人们炒股犹如写文章，要具备丰富的想像力；炒股好似解数学题，要知道举一反三，学会通过多种方法求解得出同一个结果。投资者不妨每天留半小时给自己处于"空想"状态，看看两市中哪些个股基本面相似、技术走势有可比之处。特别是行业相似、地域相同、盘子相同的两只个股，可称为股市"同胞兄弟"，其价格就有可比性。

现在我们就根据张老师"寻人启事"提供的线索来找一找他的"弟弟"现在在哪里？叫什么名字？我们先来查一查"云南铜业"的身份。该公司属云南省有色金属行业，公司注册地为昆明市国家高新技术产业开发区，发行总量为 12 000 万股，发行价格为 6.26 元，上市初总股本为 40 600 万股，第一大股东占总股本比例为 70.44％，该公司是目前中国铜冶炼和铜加工规模最大的企业之一。"云南铜业"的身份一查清楚，那么其"同胞弟弟"就好找了。我们只要把近两年上市的新股排排队，把发行价格在 6 元左右、流通股本在 1 亿出头的个股梳理一下，就很容易找到它的"弟弟"，即深市的"锡业股份"。

"锡业股份"上市初总股本为 35 790.4 万股，第一大股东占总股本比例为 62.87％，这和"云南铜业"上市之初的总股本差不多，第一大股东所占总股本的比例和他"哥哥"也相差无几。

另外,"锡业股份"是我国最大的锡生产、出口基地。这说明"锡业股份"和"云南铜业"一样,在我国有色金属加工和出口方面,都具有举足轻重的地位。更能验证他们身份的是这两个上市公司同在云南省"出身",同属云南省有色金属行业,注册地也同是昆明市国家高新技术产业开发区。经过这样反复核查,我们可以肯定地说"锡业股份"就是张老师要找的"云南铜业"的"同胞弟弟"。

"弟弟"找到了,它的市场表现怎么样呢?"锡业股份"2000年2月21日上市首日最高价为10.99元,最低价为8.85元,之后几个月一直未有很好的表现,现在股价一直在八、九元之间运行。而它的"同胞哥哥""云南铜业"上市后表现就和它大不一样。"云南铜业"1998年6月2日上市首日最高价8.5,最低价7.80元,上市后经过近3个月的整理,之后就憋足了一股牛劲,股价一路上涨,在1999年6月21日最高摸到了21.49元,着实让看好它的投资者一下子暴富起来。现在股价虽经获利回吐逐级盘下,和其"弟弟"一样在八、九元上下徘徊,但"云南铜业"股本已经扩张1.8倍,其复权价位应该是十六、十七元,比它"弟弟""锡业股份"的身价高出近一倍。

经过这样一比较,我们就可以看出"云南铜业"和"锡业股份"两者之间价格上的巨大差异。从比价来说,行业、总股本、流通盘、注册地、业绩等因素都相近的两个股票,其最终价格应该是相近或一致的。如果两者之间的价格比较悬殊,那么就会出现价格高的向低的靠拢,或者是价格低的向高的看齐,产生一波比价回归行情。基于这样的认识,大家首先分析了"云南铜业"的走势,认为其继续下跌可能性已经很小,而再看看当时"锡业股份"的走势,发现它有蓄势向上的迹象。当时大家认为,既然"锡业股份"的"同胞哥哥""云南铜业"上市后经过一番炒作,股价出现了大幅上涨,那么完全有理由相信,主力不会放弃这样的炒作机会,"锡业股份"也必定有一波上攻行情。于是大家在张老师的"寻人启事"的启发下，在"锡业股份"股价走出底部，均线呈多头排列时大量吃进了这个股票，前后不到3个月，该股就涨到14元多，涨幅超过了50％。大家在其见顶信号出来时及时退了出来，收获颇丰。这个成绩虽然不能和动辄涨上一、二倍的大牛股相比，但大家觉得，在大盘动荡不定的时候，用比价关系来选股，二、三个月中稳稳当当地赚上百分之三、五十的差价已经相当不错了。

上面这件事给我们的一个重要启示是：用比价关系可以寻找到相当好的投资机会。这种用比价关系寻找投资机会与选股的方式，在股市理论中称为"比价效应"。

比价效应在股市中到处都可以看到，当一只股票拉高，与之相似的另一只或几只股票如果与之价位相差太大，便会产生一轮补涨行情。早在20世纪90年代中期，人们就发现上海股市只要"陆家嘴"涨了，与之注册地和行业相同的"外高桥"、"金桥"必然也会跟着上涨；反之，"金桥"涨了，"外高桥"、"陆家嘴"也跟着联动上扬。有一个例子很能说明问题，深市的"中集集团"，业绩一直相当不错，但自1997年绩优股行情况结束后，该股一直萎靡不振，但到了2000年5月中旬，该股自18元左右启动后，一个多月的时间，涨幅竟达80％多。投资者在惊奇之余，纷纷寻找它上涨的原因。该股为何在老牌绩优股中突然一枝独秀？找来找去，最后才发现该股上涨主要是由于同行业比价效应在起作用。原来2000年7月沪市要发行一家行业与之相同的新股——"上港集箱"。该股总股本9亿多股，流通股2.1亿股，发行价是11.98元，按新股上市普遍涨幅100％来测算，其股价应定位在24元左右。"上港集箱"与"中集集团"都是主营集装箱的企业，"上港集箱"论股本、论业绩均不如"中集集团"，且"中集集团"2000年5月中旬价格仅18元左右。相比来看，"中集集团"价格明显偏低，"中集集团"主力正是利用"比价效应"大幅拉高股价。所以，"中集集团"这个股票才会苦尽甘来，扮演了一次黑马角色。

说到这里,我们就可以给比价效应下个定义了:所谓比价效应,就是将同一时期内的同类型的个股作横向比较,从中寻找出适合投资机会的一种选股方式。如果我们进一步分析的话,股市中的比价效应还可以作些市场细分。例如:

(1)同行业的比价效应。相同行业的个股由于产品和市场价格基本一致,如有一家企业业绩提升而股价大涨,同行业其他个股尽管存在着成本差异,但业绩多少会有不同程度的提升,这样自然就会在前面大涨股票比价的推动下,带动同行业其他个股不同程度的上涨。

(2)同题材的比价效应。相同题材的个股由于含金量相似,在股本大小接近的情况下,价格应差异不大。如某股流通股本为4 000万,资产重组后变成了电子通讯股,股价从 10 元涨到了 30元。那么后来与之流通盘相近,资产重组后向电子通讯进军的股票,其价位也很可能向前者看齐。

(3)同庄家的比价效应。有一些超级机构操作几只股票,常采取轮番炒作的策略,先炒一只个股,再炒另外几只个股,将一只个股拉抬到更高位,完成交接班工作后,另外几只个股再跟上,周而复始。

(4)同盘子的比价效应。这在中、大盘股中表现得不是最明显,但在小盘股中反映得比较突出。例如,在一波行情中当大多数小盘股都被拉到高位时,剩下的没有很好涨过的小盘股便会跟着上涨。

(5)同业绩的比价效应。如 1997 年的业绩比价效应相当盛行,当时,大凡有业绩的个股都在互相攀比着往上涨。现在,虽然市场炒作重心转移到题材上,但相信将来用业绩进行比价并以此来推动股价上涨的情况仍然会出现,大家可以耐心等待。

当然,我们在用比价效应选股时也不能随心所欲,这里必须注意的是:比价效应不能乱用,它只能在同一范围内进行比较,行业不同、板块不同、股本结构不同的个股是不能乱比的。乱比自然要出乱子,这个问题很好理解,这里就不多说了。

习题 61　张老师说:2001 年 2 月份管理层宣布 B 股向国内投资者开放,一些投资者准备冲进去,但无奈 B 股先是无量涨停,想买也买不倒,等涨停板打开后,成交放出巨量,抛盘如潮,股价快速回落,很多人又吓得退了回去,但股市操作强化训练班里有一位同学像吃了豹子胆似的,不但自己带头冲了进去,还动员大家也去买 B 股。其理由是:B 股现在刚刚启动,短线回落正是买进良机,B 股这一轮升势可以涨到 250 点左右。后来 B 股走势几乎和这位同学预测的一样,沪市 B 股到了 241 点才掉头向下。请问:这位同学对 B 股走势的判断,是凭感觉还是确实有什么理论根据? 投资者通过这件事可以学到哪些重要的操作经验?

参考答案　我认为这位同学这样做,决不是凭感觉,也不是一时感情冲动,而完全是依据他娴熟的投资技巧——"纵向比较法"的灵活运用。正是这一股市操作理论使他眼界大开,在 B 股向国内投资者开放后,就能"先知先觉"预计到沪市 B 股这轮升势可到 250 点左右。因此,他才敢于在 B 股打开涨停板快速回落时抢进很多筹码。

什么是纵向比较法呢? 顾名思义,就是拿历史上发生过的事情,同现在正在发生的事情进行纵向比较,以此来观察、分析事物的一种方法。这一理论认为,人类活动许多行为都有相似性,过去发生过的,以后同样会再次发生。如果我们将不同历史时期同类性质的事情进行比较,就能大致知道现在发生的事情最后演变的结果。例如,20 世纪 90 年代初期,我国一些地区不顾自身条件,大搞技术引进和房地产开发,幻想一步跨入发达地区行列。这实际上和 1958 年大跃进没有什么两样,最后的结局都会适得其反,浪费资源,浪费人力,把经济搞乱。后来幸亏中央发现得早,及时进行治理整顿,才没有对我国经济出现重大冲击。

同样的道理,我们股市中许多事情过去也发生过。因此,你要知道现在这件事朝什么方向发展,只要把以前类似的事情拿出来比较就会心知肚明了。

就像这次国家提出 B 股向国内投资者开放这件事,如果你把现在管理层的这个政策和 1994 年 8 月管理层推出"三大政策"出台背景一比较,就可以发现这两个不同时间段的政策,出台背景都是一样的。1994 年沪深股市一路走熊,沪市最低见到 325 点,管理层为了让沪深股市摆脱低迷状态,推出了"三大政策"。而 2001 年 B 股向国内投资者开放前,其情景和 1994 年沪深 A 股市场一样。整个 B 股市场疲弱不堪,已经丧失了融资功能,管理层为了让 B 股市场重现活力,向国内投资者推出了开放 B 股的政策。

大凡股市重大政策推出,市场主力都不会放弃这个机会,市场投资大众对此也会作出积极反应。1994 年 8 月管理层推出三大政策后,沪股从收盘指数 333 点起步,一直涨到 1 052 点,涨幅为216%,由此可以推断,现在 B 股开放政策的出台,也会应验 1994"三大政策"的效应,涨幅也很可能达到或接近 200%。认识到这一点,就可以把 2001 年 2 月 19 日 B 股打开涨停板后的一段回档走势,看成是千载难逢的进货良机。而一些原来想买 B 股的投资者见到短期涨幅如此之大,回落时成交又放出天量,吓得裹足不前了,最终放弃了一个非常好的投资机会,这是很可惜的。当然,这不能完全怪他们,因为这些投资者不知道股市中还有一个"纵向比较法"可以指导他们的投资行动。缺少正确理论指导,方向不明,自然就举棋不定了。

有人说,B 股短期升幅这样大,追进去套住了怎么办? 对这个问题我们只能这样回答:股市是一个高风险市场,要一点没有风险才去买股票,这种机会恐怕一辈子都不会碰到,那只能不做股票去存银行了。做股票关键问题不是有没有风险，而是你能不能把风险降低到你能承受和控制的范围之内。至于你对"纵向比较法"这个理论是否抱怀疑态度这并不重要。它不会因为你不去理睬它而失去其应有的价值。如果你要问这个理论灵不灵，那就要看你自身的文化素质，和你对这理论学习、领会的程度如何了。

　　现在我们再回到当时 B 股市场上来，我们先按某些人的想法来做个假设：B 股市场向国内投资者开放这一重大政策出台后，股价涨了百分之三十、五十，就在短线获利盘打压下跌回原地。那么，请大家想一想，如果事情真的是这样，那岂不是国家酝酿很久的向国内投资者开放 B 股的政策所作的一切努力都付之东流了吗？这样的话，B 股市场必然又会回到以前疲弱不堪的状况，而且人心丧失后，情况将变得更加糟糕。试想，这种可能性会出现吗？我想是不太可能出现的。当你明白了这一点后，你就会知道当时 B 股打开涨停板的短线回落，正为中长线买家提供了一个极佳的买进机会。

　　如果我们这样分析有人还放心不下的话，那么我们就不妨拿 B 股当时打开涨停板后的走势，同与之过去已经发生过的相近走势进行纵向比较。我们就会清楚地看出，B 股当时走势是一个均线再次交叉向上发散形走势，这样的走势沪深股市曾多次发生过，我们《股市操练大全》第二册中有关章节对均线再次交叉向上发散形走势[注]也作过详尽的分析，大家不妨去看一看。对这样一个走势我们只要掌握一个原则：股价沿着 5 日、10 日均线向上攀升，就可以一路持股，一旦发现 10 日均线向下弯头，就暂时退出观望。特别是 B 股指数理论升幅接近 200%，K 线上出现明显的见顶信号，就要做到及时停损离场。

　　[注]　关于"均线再次交叉向上发散形"的特征和技术含义，详见《股市操练大全》第二册第 54 页～第 57 页。

事情也真的这么凑巧,后来 B 股这一轮升势到 241 点见顶时,与理论升幅 200% 中测算出来的 249 点[注1]见顶位置,仅相差 8 点。而且周 K 线见顶信号和 1994 年 8 月大势反转后的见顶信号一模一样,都是出现了一根"螺旋桨"[注2] K 线才结束了一轮升势的(见图 38、图 39)。更使人感到惊喜的是,1994 年 9 月上证指数在 1 052 点遇阻回落,10 日均线向下弯头后,走势才开始转弱,而时隔 6 年的上证 B 股上升行情在 241 点遇阻回落,也同样是在 10 日均线向下弯头后,走势开始一蹶不振。

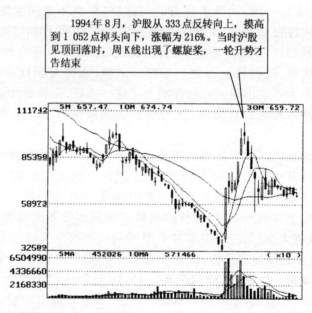

上证指数 1993 年 7 月 23 日～1995 年 1 月 6 日的周 K 线走势图

图 38

[注1]　沪市 B 股向国内投资者开放前的最后一个交易日,收盘指数为 83 点。83 点涨 2 倍,即为 249 点。

[注2]　关于"螺旋桨"K 线的特征和技术含义,详见《股市操练大全》第一册第 48 页～第 51 页。

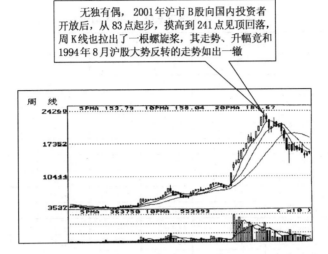

无独有偶，2001年沪市B股向国内投资者开放后，从83点起步，摸高到241点见顶回落，周K线也拉出了一根螺旋桨，其走势、升幅竟和1994年8月沪股大势反转的走势如出一辙

上证 B 股 1999 年 10 月 29 日～2001 年 10 月 12 日的周 K 线走势图

图 39

通过这件事,投资者可以领略到"纵向比较法"这一股市操作理论的神奇作用,在这中间大家至少可以学到两条重要的投资操作经验:

(1) 历史有惊人的相似之处。现在大盘或个股行情启动的背景及走势,只不过是某个历史片断的"翻版"而已。因此,只要善于纵向比较,就能找到不少投资机会。

(2) 纵向比较的参照物,一定要与现在所研判的对象在性质、特点上具有一定的相似性,否则就会影响到研判的准确性。

第三节　从死亡板块中寻找投资机会与选股练习

习题 62　今天张老师上选股课时,发给每人两张表格(见表17、表 18),问大家:看了这两张表格后有什么想法? 从中我们发现了什么？通过这件事投资者在选股上能学到些什么诀窍？

表 17　1997 年上半年沪市涨幅前 30 名的个股一览表

名　次	股票名称	1996 年上半年涨幅%	利润增长%			1996 年每股收益
			1994	1995	1996	
1	东大阿派	213.37	137.89	129.65	214.74	0.59
2	厦门机场	209.25	43.19	51.66	24.10	0.702
3	四川长虹	208.83	64.9	62.71	45.56	2.07
4	中西药业	194.01	22.07	−12.44	38.69	0.352
5	康赛集团	190.22	−20.53	85.42	217.60	0.803
6	实达电脑	188.11	21.36	58.47	80.30	0.47
7	联合实业	185.92	9.35	−27.28	8.36	0.242 8
8	上海永久	177.36	−60.46	−61.32	−74.38	0.012 5
9	河北威远	169.20	−42.95	93	97.51	0.23
10	湖北兴化	168.24	118.21	81.93	78.37	1.00
11	浦东大众	159.92	131.32	52.75	12.15	0.43
12	广东星湖	154.82	81.82	−19.6	52.22	0.425
13	青岛海尔	146.12	38.68	21.69	51.94	0.55
14	飞乐股份	143.49	43.29	17.44	3.97	0.266
15	天津磁卡	135.55	137.75	55.99	58.0	0.60
16	厦门国泰	135.34	−64.28	275.93	68.97	0.325
17	棱光实业	134.87	83.11	12.72	13.82	0.266
18	成都商场	130.75	42.99	10.39	1.11	0.45
19	厦门龙舟	128.70	85.71	−31.40	29.6	0.19
20	达　尔　曼	126.87	1 691.53	57.14	273.33	0.816
21	原水股份	124.62	23.9	−4.65	9.45	0.21
22	山东黑豹	121.46	473.16	53.07	27.76	1.39
23	尖峰集团	120.91	14.79	1.1	9.25	0.22
24	浦东强生	118.11	93.1	32.4	36.35	0.34
25	华银电力	114.79	1 541.1	715.94	59.61	0.81
26	北京天龙	107.46	44.03	−2.06	−5.31	0.21
27	梅雁股份	105.44	63.11	13.67	38.54	0.495
28	鞍山信托	102.23	35.9	0.68	−16.66	0.22
29	复华实业	99.45	28.89	1.04	12.85	0.308
30	华源发展	99.26	63.63	11.91	141.29	0.63

表18　1997年上半年沪市跌幅前30名的个股一览表

名　次	股票名称	1996年上半年跌幅％	利润增长％			1996年每股收益
			1994	1995	1996	
1	东方锅炉	−35.11	22.41	10.54	−30.25	0.203
2	沧州化工	−29.43	52.44	178.11	−16.15	0.31
3	福耀玻璃	−27.42	35.47	−44.18	−99.17	0.0016
4	浙江凤凰	−26.32	292.54	210	−332.5	−0.61
5	北京中燕	−25.77	−46.04	847.55	−30.48	0.09
6	通宝能源	−25.76	120.7	17.52	34.62	0.264
7	南通机床	−21.88	−24.6	−81.01	−960.3	−0.3813
8	上海石化	−21.49	71.64	42.41	−46.17	0.162
9	渤海集团	−20.72	19.86	−38.28	−8.84	0.116
10	山西焦化	−20.39	250	22.48	2.11	0.21
11	宁波华联	−20.11	25.03	1.83	−52.09	0.10
12	上柴股份	−19.34	39.8	−19.18	−4.86	0.30
13	冰熊股份	−18.18	7.47	36.85	−46.14	0.277
14	双虎涂料	−16.87	−31.59	29.8	−88.67	0.022
15	南京熊猫	−16.27	−15.47	15.78	12.98	0.2789
16	飞龙实业	−16.02	−33.57	140.91	70.7	0.26
17	四砂股份	−15.82	−15.09	−11.15	50.95	0.2826
18	洛阳玻璃	−15.65	−3.91	−3.42	−91.17	0.031
19	民丰实业	−15.27	133.33	−8.27	45	0.27
20	武汉电缆	−14.62	−7.5	−0.09	40.55	0.21
21	鞍山一工	−14.29	−11.6	−96.08	−2884	−0.174
22	山东环宇	−14.12	12.32	−53.87	−86.3	0.01
23	耀皮玻璃	−13.97	9.96	3.95	−56.85	0.23
24	宁波华通	−13.47	410.47	80.64	70.49	0.26
25	南宁百货	−12.53	−11.24	6.49	58.68	0.40
26	西南药业	−12.39	−3.26	−31.32	−59.15	0.066
27	浙江中汇	−12.22	90.47	−18.21	0.31	0.1425
28	新疆友好	−12.22	31.81	−33.19	66.98	0.21
29	东风药业	−12.11	−27.78	8.9	76.38	0.42
30	成都工益	−11.62	−22.84	−54.97	2.11	0.0997

参考答案 看了这两张表格给人总的一个感觉是：这些个股的当时市场表现和今天他们在市场上的表演，出现了大错位。1997年上半年沪市涨幅前30名的个股中，现在很多已经"人老珠黄"被市场抛弃在一旁，而1997年上半年沪市跌幅前30名的个股中，时至今日很多已由乌鸦变成了金凤凰，受到市场的热烈追棒。

看到这种情景，不禁使人想起了有首歌中唱到的"山不转水转，水不转人转"。股市的运作，说到底还是风水轮流转。因此，你别看有些股票今天走得很牛，说不定明天它就跌在前面，成为一个人见人弃的熊股。同样的道理，有些今天被市场遗弃在一旁的熊股，说不定哪天它摇身一变，就会成为市场中的人见人爱的大牛股。

正所谓股市中没有绝对的牛股、熊股，一切都是相对的，它们在一定条件下会互相转化。熊股熊到最后就会被市场遗忘，成了"死亡板块"，也许正因为市场投资大众对它彻底失去了信心，它才会绝处逢生，被市场主力相中，一旦"时机成熟"，各种题材就会不请自来，主力借势发力，这些被人遗忘的熊股，由熊转牛也就是顺理成章的事了。因此，以辩证的观点来看，死亡板块绝对是个淘金的好地方。

回顾这几年，从死亡板块中跑出来的黑马不在少数。原来最熊的股票，有的已经变成了最牛的股票，有的还在变牛的过程中。

例如，1997年沪市跌幅排行榜中排名第七的"南通机床"（现改名为"纵横国际"），1994年大盘从333点反转后就一直没有什么好的表现。到1997年6月，大盘指数在1 300多点徘徊时，它仍旧在3元多价位低调运行，这情形就像吃了什么"瘟药"似的，大盘指数涨了300％多，它却一点儿也没有长高。但就是这样一个熊得不能再熊的熊股，在1997年9月启动后，又换了个模样，涨起来犹如有神人相助，一路高歌，到1999年7月，股价最高上摸38.50元。正是这样一个过去人们看都懒得看一眼的股票,前后不过 3 年时间,股价就从 3 元多涨到 38 元多,足足涨了 10 倍,这真让压根儿瞧不起它的股市专家跌破了眼镜。类似"南通机床"这种情况的股票,当然不止它一个,在 1997 年沪市跌幅榜前 30 名的个股中,"北京中燕"、"浙江中汇"、"福耀玻璃"等后来都成了大牛股。

　　可见,死亡板块中经常会跑出一些大黑马,此话绝对不是空穴来风,而是一个明摆着的事实。作为一个聪明的投资者对此现象决不能熟视无睹,应该坐下来认认真真地去研究它、解剖它,而不能忘记它、冷淡它。现在我们通过对 1997 年沪市前 30 名的个股涨跌排行榜这件事的仔细分析和研究,看出了问题的一些端倪,从中也学到了股市赢家炒股的某些诀窍。这就是:

　　(1)对涨幅巨大的股票要注意获利了结,尤其不要受市场中某些股评人士的鼓动去追逐这些股票。涨久必跌是股市中永恒的真理,投资者在任何时候都要铭记在心,千万不能头脑发热,凭一时冲动去抢进过高、过热的股票。

　　(2)与上面对应的,跌久必涨也是股市中不变的一个规律。投资者要充分认识到:死亡板块中蕴藏着巨大的投资机会,选股时一定要把它放在突出的地位予以优先考虑。

　　(3)我们炒股不是为了赢得一场战役,我们的目标是取得整个战争的胜利。所以,对于市场里每天的小行情斤斤计较就没有意思了。比如,我们经常看到,有的人上街买菜可以为几根芹菜与小贩吵上半天,大约也就价值一两毛钱,但股市里却常常一掷千金万银,到年终岁尾算总账的时候,许多人可能把十辈子吃不完的芹菜都在这一年里亏光了,这种"抓小放大"的小市民式的操作思路是绝对不可取的。我们应该确立"抓大放小"的操作思路,从战略上而不是从战术上来确定自己选股方向,无论是激进型投资者还是稳健型投资者,不妨拿较大一笔资金用于战略性投资,其目标主要是盯住死亡板块中有潜力的个股。

习题 63　下课了,一位同学跑到张老师面前激动地说:我这两年在股市中老是亏钱,其原因也就是你讲的我是用"抓小放大"的小市民式的方法在炒股。现在我懂得了"抓大放小"的重要性。但是如何从战略上进行选股,从死亡板块中掘金呢? 我心中还不是最有数,请老师再仔细地讲一讲。上课后张老师把这件事对大家讲了,并顺势引导大家结合自己的炒股经验,说说究竟如何从死亡板块中发掘投资机会,并要求大家具体地谈谈操作上有何诀窍,向这位同学献计献策。

参考答案　经张老师提议,同学们你一言,我一语地说开了,半个时辰下来,大家就为这位同学出了许多主意。张老师把这些主意集中起来并结合自己讲课时准备的材料,作了归纳总结。张老师说:究竟如何从死亡板块中发掘投资机会,这里面有什么诀窍呢? 我认为有这样几条:

(1) 先要确定什么是死亡板块。一般来说,每半年或每年跌幅前 30 名的个股就是死亡板块。死亡板块确定后,接下来我们就要搞清楚每半年或每年跌幅前 30 名的是哪些股票? 有关这些资料同学们可以从每年 6 月下旬至 8 月下旬,或每年 12 月下旬至 2 月下旬这段时间内的《上海证券报》、《中国证券报》、《证券时报》、《证券周刊》、《证券大参考》、《四川金融报》等证券报刊中去找,也可以从有关的证券网页上去寻找,如果手头没有这些报刊资料,或者没有从网上找到,那么可以到当地图书馆查阅,一般都能查到。

(2) 死亡板块中的"家庭成员"查清后,再给它们各自排排队,看看"死"了一年的有多少? 二年的有哪些? 三年甚至三年以上的有哪些? 然后把"死亡"时间最长的个股挑选出来,作为重点关注的对象。为什么要这样做呢? 因为"死亡"时间越长的个股就越有机会。俗话说:"三年不开张,开张吃三年"就是这个意思。

(3) 找到了"死亡"时间最长的个股后也不要马上动手买进,这个心急不得。动手早了自己就会陷进去,因为你不知道主力何时介入该股,什么时候行情才会发动,弄不好股价再下一个台阶让你陷得更深些也很有可能。因此,考虑到资金的利用率和安全性就心急不得。有人说,我这笔资金就是专门为买死亡板块准备的。那也好,先不买它,用这笔钱来申购新股,申购到了赚点"外快",没有申购到放在账户里赚点活期利息,这不是很好吗? 反正就是不要盲目地去买,看准了再动手。

当然,有些人看到这些死亡板块中的个股股价已经跌无可跌,不想再等了,宁可套住也要买进。既然如此,那么我认为只要你心态好,少量买一点是可以的,但多买就不必了。因为凡事都要留个余地,今天你的心态好不等于明天你的心态就一定好,对长期卧底的股票,买进去就要抱有"长期抗战"的心理准备。事实上很多人"长期抗战"只是嘴里说说而已,真正要他做的时候就很难做到。因此我们主张,你要是怕日后踏空,可适量买一点,但宜少不宜多。

(4) 何时动手买呢? 这里要掌握几个原则:

① 首先要确定这个股票有主力参与了,这时你才可以考虑是否要买进,关于如何判断主力进驻的问题本书第二章第七节已有详细介绍,这里就不多说了。

② 察觉主力在吸筹也不要马上动手,因为主力吸筹有一个过程,可能几个月,也可能是一、二年。

③ 个股往上突破时可以先买一点,但买进量不能太大。一般来说积弱很久的股票第一次往上突破,都以主力试盘或假突破的居多。

那么,什么时候买进把握比较大呢? 通常股价第一次突破回落,经过一段时间蓄势之后再出现第二次、第三次往上突破的时候,就可以大致确定该股要往上走了,这时候你就可以多买一些。当然一个股票能不能往上走,最主要的还是要看它有没有形成上升趋势,只有上升趋势形成[注]了,股价才能持续向上。当你看到了

[注]　关于如何判断上升趋势的形成问题,可参阅《股市操练大全》第二册第236～237页。

这个情形后,就可以大胆地买进了,买进后一定要把股票捂住,尽量少动。一般来说,像这类冷门股票主力一旦进驻做庄,股价没有100％以上的上涨空间,主力是出不了货的。

(5)在死亡板块中掘金,除了要考虑个股的"死亡"日期长短外,还要测算一下它的流通市值,以及可能隐藏的热点、题材等。热点、题材这个问题较难分析,没有一定的市场敏感性和理论功夫是很难把握的,故而,对大多数投资者来说,不去劳心劳神分析它也就罢了,但流通市值很容易测算,投资者只要把它目前的价格乘以流通盘就可以算出来。

了解流通市值有什么用呢?因为主力做庄时常常青睐低流通市值的个股,这样一可降低建仓成本,二可减轻炒作所需的资金压力,所以,低流通市值个股很受主力欢迎。一般而言,在股市所有股票流通市值排名中,倒数 30 名之内的股票就很容易受到主力的关注。

(6)怎样确定一个股票已跌无可跌了,这是我们分析死亡板块时经常会遇到的一个问题。这个问题可以从三个方面去把握:

① 将其和同行业的个股股价作一个比较。通常一个股票价格低于同一时期同行业个股股价平均值的 40％,就可以认为很难再跌了。

② 从股价下跌空间看,跌幅已达到 50％或 70％(有关这个问题的解释,详见《股市操练大全》第二册第 315 页图表中说明(3)),就可以说它已经跌到底了。

③ 以周均线或月均线[注]来观察股价是否着底。以技术指标特性而言,时间越长就越有效。通常在周均线,特别是在月均线上主力是不可能做假的,这里所谓的反技术操作是不存在的。因此,

---

[注]　周均线、月均线只有在周 K 线、月 K 线走势图中才能查到,查阅方法详见《股市操练大全》第二册第 422 页(9)。

当投资者看到 5 周、10 周、30 周几根均线，或 5 日、10 日、30 日几根均线已经粘合在一起，股价在均线附近作小幅波动，波动时间在半年以上，这时你就可以认为该股已跌无可跌了。

第四节　从送、配和转增股中寻找投资机会与选股练习

习题 64　张老师说：谚语[注1]抱回家，瞎子眼也亮。在农村，农民用农谚预测天气，比如"鸡进笼早，明日天气好"、"燕子高飞晴天到，燕子低飞有雨来"，竟十分灵验。在股市中，投资者用股谚评判大势，操作个股，比如，"天量见天价，地量见地价"、"底部百日、顶上三天"、"红三兵连大涨，黑三兵连大跌"，效果也十分明显。现在，我们不妨也来做一个练习，体验一下谚语的魅力和作用。我先来说一句股谚的开头——"牛市除权[注2]"，后面的话由大家接着说下去，并请分析一下这句股谚告诉了我们一个什么道理，它对投资者选股有何启示？

参考答案　这句谚语完整的一句话是："牛市除权，火上浇油；熊市除权，雪上加霜。"这句话是什么意思呢？它告诉我们含权股[注3]的走势与大盘走势密切相关。在牛市中，一个股票常常因为含权，就会越走越强；在熊市中，一个股票常常因为含权，就会越走越弱。那么为什么会出现这样的现象呢？我们不妨来分析一下：

[注1]　谚语是以简单通俗的话，反映出深刻的道理，在群众中间广为流传的固定语句。

[注2]　关于"除权"以及下面提到的"含权"、"填权"、"贴权"、"送股"、"配股"和"转增股"等概念的解释，详见《股市操练大全》第二册第 435 页、第 436 页。

[注3]　含权股是指公布了送股、配股、转增股方案但尚未实施的股票。

牛市中,市场人气高涨,股票供不应求,这样就推动了股价不断往上攀升。如果在这个时候,某公司公布高比例送、配、转增股方案,那么其股票就很容易受到投资者追捧。其原因是:在强势市场股票供不应求时,含权高的股票除权后股价会一下子大幅度降下来,就会吸引很多人去购买。再则主力、庄家也乐于从中借题发挥,制造出一波填权行情。

例如,在1996年、1997年的大牛市中,"深发展"、"四川长虹"多次填权,除了当时它们的业绩保持高速增长外,公司连年高比例送、配和转增股也是其中的一个重要原因;又如,在近几年内的多头行情中,曾经一度成为股市明星的"东方电子"、"风华高科"、"环保股份"、"凯迪电力"、"思达高科"、"数码网络"、"秦岭水泥"等,在其涨幅惊人的背后都有高比例送、配和转增股的题材支撑着。

在熊市中,市场人气低迷,买股票输多赢少,股票不再是香饽饽,变成了烫山芋。因此,从投资者心理上来说,对股票就有一种排斥感,一旦股票除权下来,人们首先考虑的不是股价低了,而是盘子又扩大了,这时就会引来大量抛盘。含权股除权后就会形成贴权走势。

这里我们仍以"深发展"、"风华高科"等个股为例来解释这个问题。前面我们已经说过,在强势市场中,这些上市公司管理层推出大比例送、配和转增股,让其股票一次次填权,出足了风头,但在近年来大盘处于弱势时,这些上市公司管理层老皇历不改,继续向外推出高比例送、配和转增股,此时市场就让他们尝到了另一种滋味,除权后股价走势越走越熊,买进者无不深度套牢,企业形象遭到了很大破坏。可见,同是高含权的股票在不同市道里的表现是完全不一样的。

当我们明白了这个道理后,就会知道选高含权的股票首先要看当时的大势情况如何。大势向好时,就应该多从成长性好的高含权的股票里寻找投资机会,尤其是那些除权后落差将会特别大的股票应作为重点选择对象。因为在牛市中,高含权的股票除权前和除权后价格上的巨大落差,往往为股票除权后的上扬留下了广阔的空间。大势向坏时,越是送、配和转增股比例高的股票就越是不能碰,一旦被它粘住,就很难脱身。

习题 65　张老师讲完,一个同学站起来问道:既然牛市除权,犹如火上浇油,那么为什么我于 2000 年大势向上时,买了一个高含权的股票却给套住了,而且套得很深。张老师听了没有直接回答这个同学的提问,而是反过来问大家,这是怎么回事?并说假如我们在座的各位碰到了这种情况,应该如何操作才能避开选含权股的风险呢?

参考答案　在股市里,任何事情都不能绝对化。一绝对化,股市就没戏了。譬如,当某人把股谚说的"牛市除权,火上浇油",理解为在牛市中买含权股就不会输钱,那他的认识肯定是错的。试想,如果真的是这样,那么牛市中含权的股票,只有人会买进、没有人会卖出,这股票又怎么交易呢?事实上,沪深股市发展 10 多年来还没有出现过这种情况(当然,今后也永远不可能有这种情况出现),在牛市中买含权股输的人也屡见不鲜。可见,在股市中任何真理都只能是相对的,不可能是绝对的。

按照唯物辩证法观点,世界上的事物都有两面性,即既有它的共性一面,又有它的个性一面。股谚中说的"牛市除权,火上浇油;熊市除权,雪上加霜。"仅仅是反映了含权股的共性一面。但这并不等于在牛市中买含权股就一定是赢家,在熊市中买含权股就一定是输家。这和人们常说的进重点中学考进大学比例高一些,但不等于进了重点中学就一定能考进大学;进普通中学考进大学比例低一些,并不等于进了普通中学就不能考进大学的道理是一样的。

含权股的共性清楚了,接下来我们再分析含权股的个性是什么。只有把含权股的个性弄明白了,选含权股才有取胜的把握。在牛市中,含权股的个性表现在哪些方面呢?

(1)涨幅小的高含权股,除权后容易出现填权行情。这是因为涨幅小,主力很难获利回吐。因此,在这种情况下,除权后主力很可能继续拉抬该股,最起码也要拉出一个足够的出货空间。

(2)涨幅高的高含权股,除权后很少会出现填权行情。这是因为不少庄股在拉升至一定的价位后,由于其持仓量较重,在较高的价位很难将股票脱手,因此,庄股出货常常会放在除权之后。

比如,某股是含权股,分配方案是 10 送 10。在除权前股价是30 多元,因为价位高跟风的人比较少,庄家一直出不了货。但该股除权后,股价从 30 多元一下子变成 10 多元,很多人就会认为价格便宜开始买入。还有不少人认为该股有较大的填权空间逢低买入。这样主力就不愁出不了货。因此,主力在炒作一个股票时常会在股价炒上去后,让上市公司配合公布送股的利好消息,来"增强"高位跟进的投资者的持股信心。当然,股票除权后,主力并不一定会马上出货,而往往先稳住股价走势,然后在盘中造成一种填权的气势。这样,随着成交量的不断放大,主力就会在众多投资者纷纷买入的过程中达到顺利出局的目的。可以这么说,大多数主力都是通过这一途径来出货的。

(3)涨幅高的高含权股,除权后出现巨大成交量,这十有八九是主力出货所为;涨幅高的高含权股,除权后成交量一直没有明显放大,这多数说明主力还在其中,不排除主力志存高远,有心把股价继续做上去。

(4)送配股方案公布后股价出现急拉现象,除权后常常会形成贴权走势;送配股方案公布后,股价不涨反跌,除权后有时反而会出现填权走势。这是因为在除权前急拉,往往是主力借分配方案公布之际拉高出货,这样除权后股价就可能一路走低,形成贴权走势。反之,除权前股价不涨反跌,这说明主力未出货(但前提是下跌时不能放量),只不过是主力借机洗盘而已,这样日后就有可能出现一轮填权走势。

(5)涨幅高的高含权股在除权前出现巨大成交量,除权后常会出现贴权走势。这是因为主力常会在除权前的大量中提前开溜。所以,投资者在除权后即使不放量也不宜轻易加入。

当我们掌握了含权股的个性后,操作时就可以坚持以下三个原则:

(1)在牛市中确定选择含权股买进之前,一定要充分地分析盘面情况,特别是对高含权的股票的近期走势要加以重点关注。只有在确定主力仍在其中才可加入,否则,就抱着"宁可错过,不可做错"的态度持币观望。

(2)买进含权股时没有发现成交量放大,买进后发现成交量急剧放大。这时就要提高警惕,先进行减磅操作,如若发现股价重心下移,就应该及时停损离场。

(3)当除权的个股填满权后,从理论上说,主力获利丰厚随时都可能出货,即使主力不想出货,股价也会有个较长时期的休整过程。因此,为了投资安全起见,投资者可先获利了结,退出观望,等股价休整且突破方向明朗后再作定夺。

习题66 张老师说,从增配股中寻找投资机会,除了要把握个股的共性和个性特征外,对那些提出增配新股的上市公司的背景及主力的操盘意图也必须做一些深入分析研究,惟有如此,才能知己知彼,百战不殆。现在我们以"东软股份"(原名"东大阿派")两次增发新股的不同遭遇为例,看看在什么情况下,上市公司增发新股(包括配股)给投资者带来的是机会,什么情况下,上市公司增发新股给投资者带来的是风险。

"东软股份"第一次提出增发新股是在1999年,它当时增发价格为 30 元,发行时受到基金的热烈追捧,增发的新股几乎都被基金认购。"东软股份"第二次提出增发新股是在 2001 年 5 月,一提出增发新股,股价就连连下挫,特别是到了 2001 年 6—7 月,基金"不计成本"对它大甩卖,引起了该股的狂跌。请大家仔细地想一想,为什么同一家上市公司,两次提出增发新股其结果会如此不同,投资者对这个问题应该怎样看待? 通过这件事可以得到哪些重要启示?

参考答案 从增配股中寻找投资机会与选股,确实不是一件容易的事,这里变数很大,机会与风险并存。那么我们如何来把握它的投资机会和规避它可能带来的风险呢? 这里关键要看当时的市场和主力操作意图如何。如果市场背景向好,主力有意做多,那么投资者买进增配股赢面就很大;如果市场背景向淡,主力有意做空,那么投资者买进增配股就凶多吉少。现在我们就以"东软股份"两次增发新股的市场背景和主力操作意图为例,作一番深入分析研究,看看这里面究竟有什么诀窍,值得我们学习和借鉴。

首先我们来分析"东软股份"第一次增发新股的市场背景:

(1) 增发新股是一种新的融资形式,在当时只有少数几家公司提出要增发新股,而且提出增发新股的上市公司市场前景都很好。

(2) "东软股份"连续几年保持高速增长,市场形象比较好。

(3) 我国和世界上的电子信息产业都处于蓬勃发展状态。

(4) 增发的新股全部定向配给机构投资者。

接着,我们来看"东软股份"第一次增发新股时的主力操盘意图是什么? 概括地讲有以下几个方面:

(1) 对增发新股这一新的融资形式,市场上了解它的人并不多,加上人们对新东西的好奇心理,增发新股本身就是一个很好的炒作题材。

（2）"东软股份"作为高成长股的典型已被市场认可，增发新股投资的是有前景的项目。这些通过媒体宣传，很容易吸引市场跟风。

（3）我国和电子信息行业高速发展，客观上为电子信息股的崛起作了铺垫。

（4）筹码集中是主力发动行情的一个必要条件。"东软股份"增发新股全部配给机构投资者，为主力做庄提供了一个有利机会。

（5）可以通过"东软股份"炒作带动其他电子信息股的上扬。

正因为"东软股份"提出第一次增发新股时，有了上面这样的市场背景和主力想染指它的意图，所以，基金就对它表示了极大兴趣，在30元增发价位上一下子吃进了很多筹码。

而当"东软股份"第二次提出增发新股时，基金态度出现了180度的大转弯，非但对该公司第二次高价增发新股不感兴趣，反而在30元以下价位大量抛售手中的"东软股份"，引起了该股的狂跌。有人以为基金这样做，是"东软股份"的基本面发生了根本性变化，但事实并非如此，就在该股狂跌时，"东软股份"第三次被列为沪深股市上市公司50强中最有发展前景的公司之一。

其实，明眼人早就看出"东软股份"狂跌真正的原因，是市场背景和主力操盘意图出现了重大变化。下面我们就对这个情况作些分析。

我们先来看"东软股份"第二次提出增发新股的市场背景：

（1）全球IT产业自2000年以来陷入严重衰退，尤其以通信、网络为重。各大通信设备制造商、网络公司纷纷裁员节支，NOR-TEL在2001年第二季度创下了亏损194亿美元的历史记录，其股价自2000年以来已经下跌了90％。据IDG统计，就连比较成熟的计算机产业，其全球销量也在2001年第2季度出现第一次负增长。在这种情况下，中国电子信息产业不可避免地要受到一些冲击。

（2）中国电子信息行业历经多年高速发展，增长速度有减缓的迹象,再加上激烈的价格竞争,导致一些分支行业的盈利能力下降。

(3) 即将到来的 WTO 的冲击。我国 2001 年 11 月份即将正式加入 WTO,届时中国对半导体、计算机、电信设备等 IT 产品的关税将由目前的 13.3% 降低为零。虽然我国的计算机、通信产业已在市场中浸泡多年,但是由于没有核心技术,仍然只能在低层次上打价格战。据 IDG 预测,跨国公司将以网络、软件市场为主要目标,而这也是中国 IT 产业中为数不多的增长点。全球经济的衰退必将促使越来越多的跨国公司将希望寄托在中国市场上,在规模和技术上都处于弱势的中国上市公司将面临严峻的挑战。

(4) 增发新股已过多过滥,很多增发过新股的个股,都已跌破其增发价格。

在我们分析了"东软股份"第二次提出增发新股时的市场背景后,接下来我们再来分析一下市场主力[注]对它有什么看法和打算:

(1) 在市场对电子信息股普遍看淡的情况下,"东软股份"也不能独善其身。

(2) 提出增发新股的个股走势都疲弱不堪,主力即使想在增发新股中做行情也因抛压大,缺少跟风盘,只得暂时放弃。

(3) 在全球电子信息股狂跌和沪深股市电子信息股经营业绩递减的情况下,该板块中的个股向上空间已被封杀。如果往上做行不通,就往下做,通过对电子信息股的狂轰滥炸,带动其他个股的下跌,完成主力持股的结构调整。

很显然,当我们了解到"东软股份"第二次增发新股时的这些背景信息,和市场主力的作战意图后,我们就不难理解为什么投资基金要拼命清仓"东软股份"、"清华同方"和"东方电子"等电子信

[注] 从"东软股份"近几年来公布的年报中得知,该股主力就是一些大盘基金。基金对其态度,决定了该股的未来走势。

息股了。那么,是不是中国电子信息产业就没有前景了呢? 当然不是。宏观经济发展周期有复苏、繁荣、衰退、萧条四个阶段,全球电子信息产业也不例外,月盈必亏,景气波动而已,投资者千万不可绝对化。何况中国电子信息产业每年的增长速度达 20％～30％,正处于繁荣期,还远未到衰退期。而且形势严峻的也只有计算机、程控交换机、元器件等分支行业,而网络、软件等分支行业发展前景仍然十分广阔。投资者可在它们跌到投资价值区域时,分批吸纳,长线持有,日后必有厚报。当然这是后话,这里就不展开了。

讲到这里,有的人会提出既然软件行业仍然可以长期看好,那为什么基金要急于退出呢? 这个道理很简单,长期看好不等于短期看好,现在市场热点不在电子信息股,短期内这类股票的上行空间已被封杀,股价只会慢慢往下走。如若要它们不下跌,主力只能再追加一笔资金进行托盘,把别人抛出的筹码接过来,这样做又要增加很多成本。基金是每年要结账的,如忙碌一年没有赢利又如何向基金持有人交代,如何从中提取管理费呢? 这个问题是很现实的问题,基金这样做也许有它自己的苦衷吧!

又有人会说,基金大量买进该股成本是每股 30 元,而现在大甩卖的价格大大低于 30 元,这不是明摆着做亏本生意吗? 这个你尽管放心。俗话说,千做万做亏本生意不做,既然基金是主动退出,就不会不计成本。从近两年"东软股份"走势分析中可以得知,基金砸盘用的筹码,仅仅是前期赢利后的多余筹码,并不存在着什么亏损的问题。这好像夏天有人购得一批西瓜,平均价为 0.6 元,他把 70％西瓜卖出去了,卖出的平均价为 1 元,后来,他发现台风来了就开始将剩余的 30％西瓜大甩卖,0.3 元、0.2 元一斤卖出去。从现象上看,0.3 元、0.2 元一斤出售是"亏本"的,其实他的本钱在卖出的 70％西瓜中早就赚回来了,这剩下的 30％西瓜无论卖出多少钱都不存在亏本的问题。现在,基金对"东软股份"等电子信息的大甩卖不也就是这么一回事吗？我们不妨回忆一下，"东软股份"第一次增发新股时，基金吃货的成本为每股 30.5 元，后来在1999 年"5·19"行情和 2000 年春季行情中，"东软股份"最高分别摸到 46 元、53 元，回落后又在 34 元附近作了长期盘整，基金此时采取的策略是 34 元下方，分批买进，34 元上方，分批派发，经过几次来回高抛低吸，基金持股成本已经很低，再加上该股两次 10 送3，事实上基金平均持股成本远远要低于一般人的估计数。

以上通过对"东软股份"两次增发新股出现的两种截然不同现象的分析，我们可以得到一些重要启示：

（1）对上市公司来说，增发新股或配股是为了获得充足的资金来发展它们新的项目（这里不包括几年不分配，只知道向股东索取的那些圈钱公司），只有新的项目上去了，公司经营业绩才能跟上去，给投资者一个好的投资回报。但对市场主力而言，他们不会顾及上市公司是如何想的，他们考虑的是：市场热点是不是在增发新股或配股的上市公司这一边，股价上行有没有空间。如果缺乏这两个条件，他们就不会主动参与上市公司的增发新股或配股。

根据这个情况，我们在决定要不要参与增发新股或配股时，首先要考虑的不是上市公司增资配股的项目有无发展前景，而是先要考虑市场主力对上市公司增资配股有无兴趣，只要市场主力不想参与增发新股或配股，投资者也只能顺势而为——不参与。

（2）上市公司提出增发新股或配股时，当时的市场背景十分重要。投资者对市场背景了解得越清楚，就越能把握何时参加增发新股或配股，是机会大于风险；何时参加增发新股或配股，是风险大于机会。

（3）分析市场主力的操盘意图也十分重要。若增发的新股或配股筹码大部分集中到主力手中，行情发动就有指望（例如东软股份第一次增发新股时筹码都集中到基金手里）；若增发的新股或配股筹码大部分落在中小投资者手里，行情发动就无指望（至少暂时是如此）。

第四章 依据技术面寻找最佳投资机会与选股练习

第一节 从 K 线图形中寻找投资机会与选股练习

习题 67 张老师说:股市是一个高风险的市场,股市风险主要体现在选股上。选错了股票,将会使投资者一败涂地。为了把好选股关,我们从基本面、市场面、心理面作了多层次的剖析,现在就剩下一道技术关了。最后这道关非常重要,也就是说,投资者即使从其他方面分析错了,没有把股票选准,还有技术这一关可以弥补,不至于一错再错,满盘皆输。

现在我们按顺序来,先从用 K 线选股说起。我出一道题,图 40 包含了 23 幅图形,其中有一部分图形发出的是买进信号,可在选股时派上用处。请你把它们挑出来,并说出各自的名称是什么[注]。

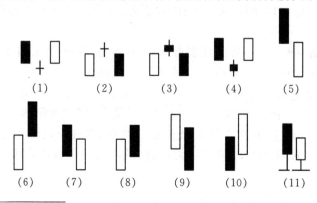

(1)　　(2)　　(3)　　(4)　　(5)

(6)　(7)　(8)　(9)　(10)　(11)

[注] 本习题所列出的 K 线图形名称、特征,详见《股市操练大全》第一册有关章节。

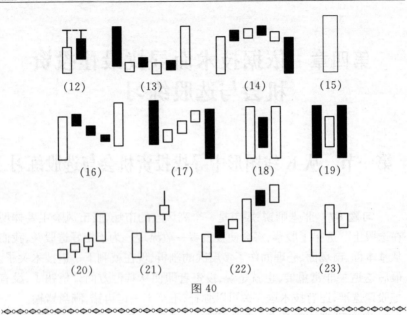

图 40

❀❀

参考答案　(1)早晨十字星;(4)早晨之星;(5)好友反攻;(7)曙光初现;(10)旭日东升;(11)平底;(13)塔形底;(15)大阳线[注];(16)上升三部曲;(18)两红夹一黑;(20)徐缓上升形;(22)下探上涨形。

习题 68　上一节课我们做了一个练习,挑选出来属于买进信号的 K 线图形还真不少。但如果纯粹从选股角度分析,真正能在选股中派上大用处的仅是一小部分。根据一些股市高手的操作经验,我们重点挑选了"早晨十字星"、"早晨之星"、"大阳线"、"下探上涨形"、"徐缓上升形"5 种 K 线图形。当然,这并不是说其他显示买进信号的 K 线图形就可以不去注意,只不过当个股中出现上面这 5

　　[注]　大阳线通常视为买进信号,但股价连续上扬后拉出的大阳线要另当别论,常有见顶回落之意。关于大阳线的特征和技术含义,详见《股市操练大全》第一册第 20 页～第 23 页。

种 K 线图形时,上涨的概率要大一些。现在请大家说出这 5 种 K
线图形的特征和技术含义是什么? 并各自举出一个实例。

参考答案 见表 19 和图 41~图 45。

表 19 买进信号重点 K 线图形一览表

名　称	图　形	特　征	技术含义	备　注
早晨十字星,又称希望十字星		(1) 出现在下跌途中 (2) 由 3 根 K 线组成,第一根是阴线,第二根是十字线,第三根是阳线。第三根 K 线实体深入到第一根 K 线实体之内	见底信号,后市看涨	十字线的上下影线越长,转势信号越强
早晨之星,又称希望之星		和早晨十字星相似,区别在于早晨十字星的第二根 K 线是十字线,而早晨之星的第二根 K 线是小阴线或小阳线	见底信号,后市看涨	信号不如早晨十字星强
大阳线		(1) 可出现在任何情况下 (2) 阳线实体较长,可略带上下影线	在上涨刚开始时出现大阳线,后市看涨;在上涨途中出现大阳线,继续看涨;在连续加速上涨行情中出现大阳线,是见顶信号;在连续下跌的行情中出现大阳线,有见底回升的意义	阳线实体越长,信号越可靠

（续上表）

名 称	图 形	特 征	技术含义	备 注
下探上涨形		在上涨途中,突然跳低开盘(甚至以跌停板开盘),当日以涨势收盘收出一根大阳线(甚至以涨停板收盘)	买进信号,后市看涨	(1) 多数为控盘庄家利用消息洗盘,一般后市将有一段较大升势 (2) 连续大幅上升后出现这种信号,升势有可能接近尾声
徐缓上升形		(1) 多数出现在涨势初期 (2) 先接连出现几根小阳线,然后才拉出中、大阳线	买进信号,后市看涨	连续大幅上升后,出现这种信号,升势有可能接近尾声

出现早晨十字星上涨实例：

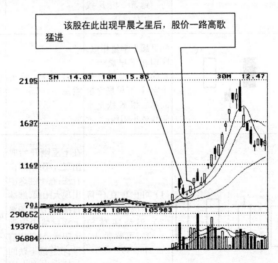

该股在此出现早晨之星后,股价一路高歌猛进

"华联商厦"1999 年 11 月 12 日～2000 年 2 月 28 日的日 K 线走势图

图 41

出现早晨之星上涨实例：

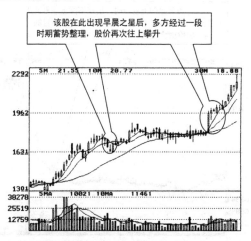

该股在此出现早晨之星后，多方经过一段时期蓄势整理，股价再次往上攀升

"川投控股"2000 年 9 月 12 日～2001 年 1 月 5 日的日 K 线走势图

图 42

出现大阳线上涨实例：

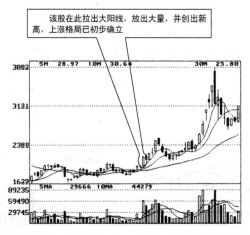

该股在此拉出大阳线，放出大量，并创出新高，上涨格局已初步确立

"科利华"1999 年 11 月 12 日～2000 年 2 月 28 日的日 K 线走势图

图 43

出现下探上涨形上涨实例：

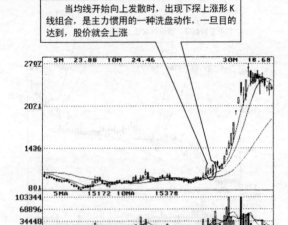

当均线开始向上发散时，出现下探上涨形 K 线组合，是主力惯用的一种洗盘动作，一旦目的达到，股价就会上涨

"岁宝热电"1999 年 12 月 6 日～2000 年 5 月 11 日的日 K 线走势图

图 44

出现徐缓上升形上涨实例：

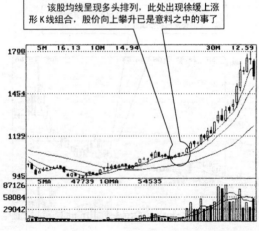

该股均线呈现多头排列，此处出现徐缓上涨形 K 线组合，股价向上攀升已是意料之中的事了

"秦岭水泥"2000 年 9 月 4 日～2000 年 12 月 7 日的日 K 线走势图

图 45

习题 69 好中选好,优中选优是我们选股的一个重要原则,用 K 线图形选股也要贯彻这一条原则。例如,你在某天选股时,在其他条件相同的情况下,看到了出现早晨十字星、早晨之星的个股,你究竟是选择早晨十字星的个股还是早晨之星的个股买进呢? 又如,出现大阳线的个股,你是选择带有上影线大阳线的个股还是光头光脚大阳线的个股建仓呢? 请问,如果你碰到这种情况应该如何操作? 为什么?

参考答案 如果我同时碰到出现早晨十字星和早晨之星的个股,我就选择出现早晨十字星的个股买进。虽然早晨之星和早晨十字星都是见底信号,都有可能给投资者带来获利的机会。不过,早晨十字星的见底信号比早晨之星来得更可靠,因为早晨十字星中间的那一根 K 线是"十字线"或"长十字线"[注],提示股价正处于十字路口,即关键时刻。其转势信号要比一般的小阳线、小阴线更强烈。据我们统计出现早晨十字星的股票上涨概率为 75%,出现早晨之星的股票上涨概率仅为 68%。可见,前者要比后者上涨的可能性大得多。因此,在同等条件下,应该优先选择早晨十字星的股票。

同样的道理,在相同的条件下,我会选择出现光头光脚大阳线的个股买进,而放弃出现带有上影线大阳线的个股。因为光头光脚的大阳线说明多方上攻气势很盛,不给空方留有一点余地,而大阳线上出现上影线多少说明多方上攻的底气还不是很足。一般而言,前者的上涨机会要比后者来得大。

习题70 张老师说:下课后梁峰同学找我诉说他选股的不幸

[注] 关于"十字线"和"长十字线"的特征和技术含义,详见《股市操练大全》第一册第 16 页,第 17 页,第 46 页～第 48 页。

遭遇。他说自己炒股一向很稳健,前一时期在大盘企稳时,他看中了两个股票,基本面、盘子都差不多。一个 K 线图形上出现的是早晨之星,一个 K 线图形上出现的是早晨十字星,考虑再三,最后选择了早晨十字星的股票。不料,后来他买进的早晨十字星的股票不涨反跌,而原先没有选的早晨之星的股票却涨上去了。对此,他百思不得其解,不知道自己操作错在什么地方。现在有谁能帮助他分析一下操作失误的原因吗? 另外为了防止今后在操作上出现这样的失误,你觉得应该用什么方式来提醒这些缺乏操作经验的投资者?

参考答案　张老师说完,证券班学习尖子徐丽娟站起来说:我觉得提醒这些缺乏操作经验的投资者的最好方法,是告诉他们要严格按规则炒股。这个规则怎么订呢? 根据 K 线理论和实战要求,我设计了一张表格(见表 20),供大家操作时参考。

表 20　早晨十字星、早晨之星操作策略一览表

大盘走势示意图	个 股 走 势		操 作 策 略	
	早晨十字星示意图	早晨之星示意图	激进型投资者	稳健型投资者
大盘往上走图形	(1) A	(1) B	优先选择图(1)A 积极买进	优先选择图(1)A 分批买进
	(2) A	(2) B	选择图(2)A 积极买进	选择图(2)A 分批买进

(续上表)

大盘走势示意图	个 股 走 势		操 作 策 略	
	早晨十字星示意图	早晨之星示意图	激进型投资者	稳健型投资者
	(3) A	(3) B	选择图(3)B适量买进	选择图(3)B尝试性少量买进
	(4) A	(4) B	持币观望	持币观望
大盘往下走图形	(5) A	(5) B	优先选择图(5)A尝试性少量买进	持币观望
	(6) A	(6) B	选择图(6)A尝试性少量买进	持币观望
	(7) A	(7) B	选择图(7)B尝试性少量买进	持币观望
	(8) A	(8) B	持币观望	持币观望

说明:1. 同一横格的 2 幅图,如图(1)A、图(1)B,表示在同一时期出现的 2 个个股走势图。投资者可根据需要,进行选择。

2. "———"表示 30 日移动平均线。

3. 大势向下,原则上以不买股票为宜,所以,本表"操作策略"一栏提示:投资者即使想买股票,也只能尝试性少量买进

　　上面这张表大家看了,表格里写清楚的东西我就不多说了,譬如"操作策略"大家一看就明白,用不着再多作解释。现在我想围

绕这张表格再补充讲三点(这些问题表格里也提到了,但意思不是很明显)。

第一,当个股出现早晨之星、早晨十字星 K 线图形时,这时究竟能不能看多,首先要看大盘的走势如何。只有在大盘走势呈现强势时,投资者才可以看多,反之,一般就不要看多,而应采取观望态度。

第二,当个股出现早晨之星、早晨十字星 K 线图形时,这时可不可以买进,除了要看大盘走势外,还要看个股的 30 日均线情况怎样。一般来说,只有在个股的 30 日均线走强时,才可买进。

第三,在可以做多的相同条件下,应优先选择早晨十字星的股票买进,这样取胜的把握就更大一些。

梁峰同学买进的早晨十字星股票被套实例:

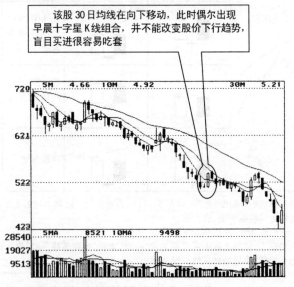

"昆明机床"1998 年 10 月 21 日~1999 年 1 月 19 日的日 K 线走势图

图 46

　　我认为这三点,对投资者如何正确理解,以及如何利用早晨十字星或早晨之星来选股有着十分重要的意义,投资者务必要把它们记住。

　　说到这里,我们再回过头来看看梁峰同学在依据早晨十字星选股时,究竟出了什么差错。从图 46 中可以看出,梁峰同学重仓买进的早晨十字星的股票,30 日均线正在往下走,其走势和《早晨十字星、早晨之星操作策略一览表》里面图(3)A 的走势一样。按照该表提示,此时,即使作为激进型投资者也只能选择 30 日均线正在向上移动的早晨之星的股票进行适量买进,更何况梁峰同学是稳健型投资者,一次性重仓买进,又不懂止损,套住也就在所难免了。

　　习题 71　张老师说:徐丽娟同学的发言很好,我完全赞同。我最欣赏她的一句话,要按规则炒股。确实,在股市这个高风险市场,你不按规则炒股,即使你运气好,偶尔一、二次赢了,那也不会长久,最终吃亏的还是自己。那么如何按规则炒股呢?徐丽娟同学设计了一张图表。这张图表将不同投资者在什么情况下,应该如何操作表达得清清楚楚,这对缺乏操作经验的投资者有很大帮助。我想,我们在利用其他重点 K 线图形选股时,是不是也可仿照徐丽娟同学的做法设计成一张表格,这样今后操作起来一目了然,可以少出差错。下面请同学们针对各种投资者在利用大阳线、下探上涨形、徐缓上升形选股时应掌握的操作策略,分别制成一张表并予以详细说明。

❖◇

　　参考答案　现将"大阳线操作策略一览表"、"下探上涨形操作策略一览表"、"徐缓上升形操作策略一览表"分别制作成如表 21～表 23 所示。

表 21 大阳线操作策略一览表

大盘走势示意图	个 股 走 势		操 作 策 略	
	带有上影线的大阳线示意图	无上影线的大阳线示意图	激进型投资者	稳健型投资者
大盘往上走图形	(1) A	(1) B	优先选择图(1)B积极买进	优先选择图(1)B分批买进
	(2) A	(2) B	选择图(2)A适量买进	选择图(2)A尝试性少量买进
	(3) A	(3) B	选择图(3)B积极买进	选择图(3)B分批买进
	(4) A	(4) B	持币观望	持币观望

大盘走势示意图	个 股 走 势		操 作 策 略	
	带有上影线的大阳线示意图	无上影线的大阳线示意图	激进型投资者	稳健型投资者
大盘往下走图形	(5) A	(5) B	优先选择图(5)B尝试性少量买进	持币观望
	(6) A	(6) B	选择图(6)A尝试性少量买进	持币观望
	(7) A	(7) B	选择图(7)B尝试性少量买进	持币观望
	(8) A	(8) B	持币观望	持币观望

说明:1. 同一横格的2幅图,如图(1)A、图(1)B,表示在同一时期出现的2个个股走势图。投资者可根据需要,进行选择。

2. "———"表示30日移动平均线。

3. 大势向下,原则上以不买股票为宜,所以,本表"操作策略"一栏提示:投资者即使想买股票,也只能尝试性少量买进

表22　下探上涨形操作策略一览表

大盘走势示意图	个　股　走　势		操　作　策　略	
	下探上涨形示意图		激进型投资者	稳健型投资者
大盘往上走图形	股价从底部走出,出现下探上涨形		积极买进	分批买进
	股价大幅上升后,出现下探上涨形		适量买进	持股待涨但不追涨
大盘往下走图形	股价从底部走出,出现下探上涨形		尝试性少量买进	持币观望
	股价大幅上升后出现下探上涨形		持股待涨但不追涨	持币观望

说明:1.	"－－－"表示30日移动平均线。

2.	大势向下,原则上以不买股票为宜,所以,本表"操作策略"一栏提示:投资者即使想买股票,也只能尝试性少量买进

表23 徐缓上升形操作策略一览表

大盘走势示意图	个 股 走 势	操 作 策 略	
	徐缓上升形示意图	激进型投资者	稳健型投资者
大盘往上走图形	股价从底部走出,出现徐缓上升形	积极买进	分批买进
	股价大幅上涨后,出现徐缓上升形	适量买进	持股待涨但不追涨
大盘往下走图形	股价从底部走出,出现徐缓上升形	尝试性少量买进	持币观望
	股价大幅上涨后,出现徐缓上升形	持股待涨但不追涨	持币观望

说明:1. "－－－"表示30日移动平均线。

2. 大势向下,原则上以不买股票为宜,所以,本表"操作策略"一栏提示:投资者即使想买股票,也只能尝试性少量买进

习题 72　张老师说,股谚云:卖出要果断,买进要谨慎。那么,何谓买进要谨慎呢?从技术上来说,就是选股时,要仔细地看股价走势图,严格按规则操作。但光这还不够,我们还必须从时间上予以考虑。一般来说,股价走势显示的时间越长,人为因素就越少(因为时间越长,庄家在图形上做假就越困难),信号也就越可靠。现在请大家说说,如果你作为一个操盘手进行选股时,上面要求你对 K 线图形作时间上的考虑。请问究竟怎么个考虑法? 具体应该如何操作?

参考答案　要从时间上考察 K 线图形的可靠性,惟一办法就是将日 K 线图换成周 K 线或月 K 线图[注]。

选择一般的股票,可以看该股近一年来的周 K 线走势图。通常,如果在周 K 线上出现"早晨之星"、"早晨十字星"、"大阳线"、"下探上涨形"、"徐缓上升形",我们就可确定该股未来走势有可能向好。有经验的投资者认为,为了更有把握,周 K 线必须连续 2 周以上拉阳线,否则就不进货。我们曾经采访过一些成功人士,据说,坚持这一操作原则吃套概率非常小。我们想:这条操作经验是不是也值得稳健型投资者学习呢?

选择冷门股时,要把时间范围再扩大些。买进前先要把该股近几年来的月 K 线走势图仔细分析一下,只有当月 K 线走势图上出现买进信号时,才可以考虑建仓。为何要这样做呢? 因为当一个股票长期受市场冷落后,积弱已久,要想翻身绝不是轻而易举的事,只有大的实力机构重新看中它,大资金进来后它才有出头之日。而大资金进场,无论主力手法多么诡秘,在月 K 线走势图上总会留有它的痕迹。因此,判断冷门股是否启动,从月 K 线走势图上进行把握,是一个比较安全可行的办法(见图 47)。

[注]　将日 K 线图换成周 K 线或月 K 线图的方法,详见《股市操练大全》第二册第 422 页(9)。

冷门股月 K 线收阳启动实例:

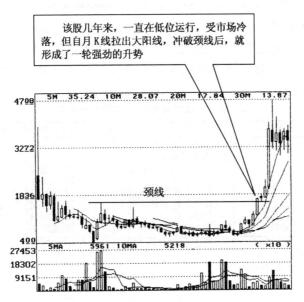

> 该股几年来,一直在低位运行,受市场冷落,但自月 K 线拉出大阳线,冲破颈线后,就形成了一轮强劲的升势

"国嘉实业"1993 年 5 月~1998 年 8 月的月 K 线走势图

图 47

第二节　从技术图形中寻找投资机会与选股练习

习题 73　张老师说,我们在上《股市操练大全》第一册的技术图形课时就说过,股市中的技术图形好比气象台的卫星云图,你能看懂它,就能知道它日后运行方向——是风,还是雨;是买进,还是卖出。现在我们来做一次复习,同时也检测一下大家对技术图形知识掌握的程度。我出一个题目,请大家回答。请问:技术图形中属于买进信号的有哪些图形? 一般来说,选股时要重点关注哪些

技术图形,它们的特征、技术要领是什么?

参考答案　属于买进信号的图形有头肩底、双底、圆底、潜伏底、V 形底、底部三角形、向上跳空缺口、底部岛形反转[注]等。

我们选股时应该重点关注头肩底、双底、潜伏底三种技术图形(见表 24)。

表 24　买进信号重点技术图形一览表

名　称	技术图形	特　征	技术含义	操作建议	备　注
头肩底	颈线 左肩　右肩 头部	(1) 在跌势中出现; (2) 有 3 个低谷,左右两个低谷的低点基本处在同一水平位置上,但当中低谷的低点明显低于左右两个低谷的低点; (3) 前两次反弹高点基本相同,最后一次反弹向上突破了前两次反弹高点的连线(俗称"颈线"),并收于其上方; (4) 成交量出现极度萎缩后,上冲突破颈线时成交量显著放大; (5) 在突破压力线之后,常常有回抽,在颈线附近止跌回升,从而确认向上突破有效。	见底回升,买进信号	激进型投资者可在右肩形成,放量向上突破颈线时买进。稳健型投资者可在放量突破颈线后,经回探颈线后再次放量创新高时买进	(1) 筑底时间越长越有可能产生大涨行情; (2) 在实际走势中,也可能形成两个右肩、两个左肩、或一个右肩、两个左肩;或两个右肩、一个左肩的图形。这种变异的头肩底与标准的头肩底技术含义相同
双底,又称 W 底	颈线 W	(1) 在跌势中出现; (2) 有 2 个低谷,最低点基本相同; (3) 第二个低谷形成时,成交量极度萎缩,但向上突破颈线时成交量迅速放大; (4) 在突破之后常常有回抽,在颈线附近止跌回升,从而确认向上突破有效	筑底回升,买进信号	投资者可试探性地跟进做多。买进方法同头肩底买进方法相同	(1) 上升力度不如头肩底,但如双底形成时间较长,半年甚至一年以上,其上升力度也不可小视; (2) 筑底时间小于 1 个月,其信号较弱

[注]　关于"头肩底"、"双底"、"圆底"、"潜伏底"、"V 形底"、"底部三角形"、"向上跳空缺口"、"底部岛形反转"的特征和技术含义,详见《股市操练大全》第一册有关章节。

（续上表）

名　称	技术图形	特　　征	技术含义	操作建议	备　　注
潜伏底	上边线 下边线	（1）在一轮大的跌势过后出现； （2）长时期地作狭窄的小幅波动，成交量稀疏，随后放巨量突破上档压力线大幅上扬	不鸣则已，一鸣惊人，买进信号	在放巨量向上突破压力线时，大胆跟进	（1）潜伏底形成时间一般都比较长，多数发生在被市场长期冷落的个股上； （2）潜伏底是股价上升潜力最大的一种底部形态。股谚说的"横过来有多长，竖起来就有多高"，指的就是潜伏底

习题 74　张老师说，股市中有一句名言：识大势者赚大钱。通常人们把通晓宏观经济政策的投资者称之为识大势者。其实，不仅如此，能看懂技术图形也是识大势的一种表现。历史已经证明，能看懂技术图形，尤其是看懂跨度为几年时间的大的技术图形者，在抄底、逃顶时都比别人能领先一步，成为股市大赢家。当然，什么叫看懂，仁者见仁，智者见智，至今没有一个统一的说法。但从用技术图形选股角度来说，我们要求大家至少对潜伏底、头肩底、双底这三个技术图形要看懂，并能实际运用。因为，这三个技术图形对我们选股来说太重要了。

　　现在我们先来分析潜伏底。潜伏底比较容易识别，关键是发现了潜伏底要懂得如何操作。下面请大家做一道题：仔细观察后面的《潜伏底操作策略一览表》，将"积极跟进做多"、"分批买进"、"适量跟进做多"、"少量跟进做多"、"持股待涨但不追涨"、"持币观望"这几条短语，分别填入该表"操作策略"一栏下面的空白处。并说明这样填写的理由是什么？

表 25 潜伏底操作策略一览表

大盘走势示意图	个 股 走 势	操 作 策 略	
	潜伏底示意图	激进型投资者	稳健型投资者
大盘往上走图形	(1) 上边线 下边线		
	(2) 上边线 下边线		
大盘往下走图形	(3) 上边线 下边线		
	(4) 上边线 下边线		
说明:"－－－"表示 30 日移动平均线			

参考答案　按照本题的要求,我们已将"积极跟进做多"、"分批买进做多"、"适量跟进做多"、"少量跟进做多"、"持股待涨但不追涨"、"持币观望"这几条短语,分别填入了《潜伏底操作策略一览表》中(见表26)。这样填写的理由是:

1. 该表图(1)表示:大盘呈强势。股价首次突破了潜伏底的上边线,但这种突破到底是不是真正突破尚不得而知。有可能股价就此一路涨上去,但也有可能是主力在试盘,或是上档抛压沉重,突破后股价会重新跌进潜伏底的上边线之内,这样就形成了假突破。因此,在这种情况下,投资者要作好两手准备。如果你是激进型投资者可以在设立好止损位的前提下,采取适量跟进做多的策略;如果你是稳健型投资者考虑资金的安全性,应采取持股待涨但不追涨的策略。

2. 该表图(2)表示:大盘呈强势。股价突破上边线,经回抽在上边线获得支撑后再次向上,并超过上次高点。这种突破可以看作是一种有效突破。因此,在这种情况下,激进型投资者可采取积极做多的策略;而稳健型投资者因有别于前者,可采取稳妥的分批买进做多策略。

3. 该表图(3)表示:大盘呈弱势。股价首次突破了潜伏底的上边线。按照弱势少做股票的原则,激进型投资者只可以尝试性少量买进;稳健型投资者应采取持币观望的态度。

4. 该表图(4)表示:大盘呈弱势。股价首次突破了潜伏底的上边线,经回抽确认后创出了新高。按理说,个股在往上有效突破后,投资者可以积极跟进做多,但在大势不好的情况下,积极做多风险很大,一旦"城门失火,殃及鱼池",这些个股突然来个补跌也很有可能。类似这种情况在沪深股市中曾经多次出现。故此,即使激进型投资者在这个时候也不能采取积极进攻的策略,而要给自己留有一点余地,换另一种比较保守的方法,少量跟进做多;而稳健型投资者在大势不好时,原则上不碰股票,应继续持币观望。

表 26　潜伏底操作策略一览表

大盘走势示意图	个 股 走 势		操 作 策 略	
	潜伏底示意图		激进型投资者	稳健型投资者
大盘往上走图形 	(1) 		适量跟进做多	持股待涨 但不追涨
	(2) 		积极跟进做多	分批买进做多
大盘往下走图形 	(3) 		少量跟进做多	持币观望
	(4) 		少量跟进做多	持币观望

说明:1. "－－－"表示30日移动平均线。
　　　2. 大势向下,原则上以不买股票为宜,所以,本表"操作策略"一栏提示:投资者即
　　　　　使想买股票,也只能少量跟进做多

习题 **75** 张老师说:中国有句古诗"不识庐山真面目,只缘身在此山中"。我们在利用技术图形选股时,有时如果考察股价走势的时间太短,就会不知不觉陷入"此山中",从而不识股价走势的"真面目"。而克服这个缺点,就必须把观察股价走势的时间拉长,达到"远看成岭侧成峰"的目的。下面是深圳某股 1996 年 12 月~2000 年 3 月的股价走势图(见图 48),你能看出一些什么名堂吗?如果看清楚了,你觉得应该怎样操作为好?

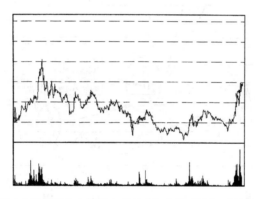

说明:当电脑上出现日 K 线走势图时,按键盘"P",然后再按"确认键",即可出现日价位线走势图。如要复原,只需再按"K"和"确认键"就可恢复日 K 线走势图

图 48

参考答案 这是一个典型的头肩底图形。从图 48 中可以清楚地看出它的左肩、头部和右肩的位置,看了这张走势图,我觉得只要大势向好,该股向上几成定局,此时买进应该获利机会相当大。为何这样说呢?我们只要仔细看看图中股价走势。该股目前股价已突破头肩底的颈线位,经回抽确认突破颈线位有效后,又再度返身向上,并已冲破了前面突破颈线位所形成的高点,出现了价升量增的良好走势。一般来说,构筑一个大的头肩底需要经过一年,甚至几年的低位蓄势,只有这样,才能积累股价向上攻击时所需的巨

大能量。像这种蓄势很久的头肩底的做多能量,一旦被释放出来,就会形成排山倒海之势,股价大幅上涨行情便会不期而至(见图49)。

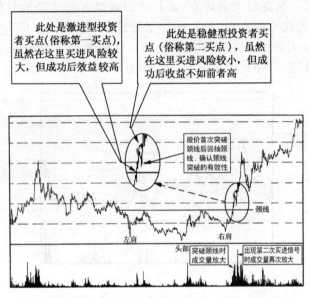

"茂化实华"1996年12月～2001年2月的日价位线走势图

图 49

　　头肩底是我们选股时要重点关注的一个技术图形,这个图形一旦出现就有相当大的参考价值。头肩底时间跨度越长信号就越可靠。利用头肩底选股的投资策略与我们前面介绍的利用潜伏底选股的策略类似,具体操作方法可参见表27《头肩底操作方法一览表》[注]。

―――――――――――

　　[注] "双底"的操作方法与头肩底操作方法基本相同,限于篇幅,就不另外出题和列表说明了。

表 27　头肩底操作方法一览表

大盘走势示意图	个股走势	操作策略	
	头肩底示意图	激进型投资者	稳健型投资者
大盘往上走图形	买点 颈线 左肩 头部 右肩	适量跟进做多	持股待涨 但不追涨
	第二买点 第一买点 颈线 左肩 头部 右肩 回抽	积极跟进做多	分批买进做多
大盘往下走图形	买点 颈线 左肩 头部 右肩	少量跟进做多	持币观望
	第二买点 第一买点 颈线 左肩 头部 右肩 回抽	少量跟进做多	持币观望

说明：1. "－－－"表示 30 日移动平均线。

2. 大势向下，原则上以不买股票为宜，所以，本表"操作策略"一栏提示：投资者即使想买股票，也只能少量跟进做多

第三节　从均线图形中寻找投资机会与选股练习

习题 76　张老师说:移动平均线是将一段时间内股票成交的价格进行算术平均所形成的线,它最大的贡献是把一段时期内购买股票的平均成本的秘密作了公开。这给投资者操作带来了很大方便,因为当我们知道了市场平均成本,自然也就知道市场的供求关系如何了。现在请你以 10 日和 30 日移动平均线为例,说明如何从市场平均成本来判断大盘和个股走势的强弱,激进型投资者和稳健型投资者对强弱程度不同的个股应该采取何种投资策略?

参考答案　10 日均线是短期内多空双方力量强弱的分界线。当多方力量强于空方力量时,近期大盘或个股就属于强势,股价就在正处于向上移动的 10 日均线之上运行[注],说明有越来越多的人愿意以高于最近 10 日平均成本的价格买进股票,股价自然要上涨。相反,当空方力量强于多方力量时,近期大盘或个股就属于弱势,股价就会在正处于向下移动的 10 日均线之下运行,表明有越来越多的人愿意以低于最近 10 日平均成本的价格卖出股票,股价自然要下跌。

可见,10 日移动平均线无疑为我们提供了判断大盘或个股短期趋势非常重要的参考标准,即当股价在 10 日均线之上运行,且 10 日均线向上移动时,我们就认为股价的短期趋势向上,股价还会上涨;而当股价在 10 日均线之下运行时,我们就认为股价的短期趋

[注]　单根移动平均线买卖法则,详见《股市操练大全》第二册第 440 页、第 441 页。

势向下,股价还会下跌。因此,10 日移动平均线是指导我们分析、判断股价短期趋势以及指导实际操作时的一个非常重要的客观标准。

从投资策略上来说,激进型投资者将股价站稳 10 日均线视为买进信号,最大的优点是在上升行情的初期即可跟进而不会踏空,即使被套也有 10 日均线作为明确的止损点,损失也不会太大。而稳健型投资者应关注的是市场中长期趋势,故 10 日均线对他们操作参考意义不大,一般只能采取持股待涨但不追涨或持币观望的态度。

30 日均线是沪、深股市大盘的中期生命线。每当一轮中期下跌行情结束指数向上突破 30 日均线,使 30 日均线由下降转为上升,往往会有一轮较大的中期上涨行情。对于个股来说,30 日均线是判断有庄无庄、庄家是否出货以及其中期走势强弱的标准。这是因为 30 日均线有着非常强的趋势性,无论其上升趋势还是下跌趋势一旦形成均很难改变。股价的大涨行情是从 30 日均线由下降转为上升时开始的,黑马股往往也是由 30 日均线呵护而养肥的。在正处于向下移动的 30 日均线之下运行的股票就像在暴风雨下挣扎的小鸟,不可能远走高飞,而在正处于向上移动的 30 日均线之上运行的股票就像在晴空万里中飞翔的雄鹰,才可能展翅高飞。

从投资策略上来说,稳健型投资者将股价有效突破 30 日移动平均线,且使 30 日均线由下降转为上升视为买进信号,是一个风险系数较小的中线最佳进货时机。当然,这里要注意的是,股价向上突破 30 日均线时必须要有成交量放大的配合,否则可靠性就会降低。另外,还要注意的是,如果投资者刚买进不久,出现股价跌破 30 日均线,并且出现 30 日均线向下弯头的情况,特别是股价创新低继续下跌时,那就应止损出局。因为,前期的上涨很可能是一个多头陷阱,真正的跌势尚未结束。

习题 77　张老师说：根据移动平均线设定周期的不同，可分别对股价短期、中期和长期运行趋势进行分析，在实际运用中，我们既可用单一均线，如 10 日或 30 日移动平均线等判断股价短期和中期趋势（前面习题已作过介绍），也可以用几条移动平均线组合分析股价短期、中期和长期趋势。那么，如何以组合均线来判断买进时机呢？这就是接下来我们要重点研究的问题。现在我出一道题，请大家回答。题目是：有人说均线首次粘合向上发散，或均线首次交叉向上发散是稳健型投资者买进时机，均线再次粘合向上发散，或均线再次交叉向上发散是激进型投资者买进时机，你认为这种说法对吗？为什么？

❊❊

参考答案　这种说法不对。正确的提法应该是：均线首次粘合向上发散，或均线首次交叉向上发散是激进型投资者的买进时机；均线再次粘合向上发散，或均线再次交叉向上发散既是稳健型投资者更是激进型投资者买进时机。

为什么这样说呢？因为均线首次向上发散（包括粘合向上发散，交叉向上发散），多方基础并不稳固，如果空方抛压力量很大，或多方上攻力量不足，行情随时都有可能遭到夭折。因此在这种情况下，稳健型投资者为了资金安全起见，应继续观望，不要轻易出击，而激进型投资者可在设好止损位的前提下积极跟进。但均线再次向上发散（包括再次粘合向上发散，再次交叉向上发散）与均线首次向上发散有很大不同，这时多方基础已相对比较稳固，多方主力再次向上攻击，往往是有备而来，股价继续上涨的可能性要比首次向上发散时大得多。此时，稳健型投资者就可主动出击，而激进型投资者在风险系数减少的情况下更加可以大胆地采取积极做多的策略（详见表 28）。

表 28　均线向上发散形操作策略一览表

大盘走势示意图	个股走势示意图			操作策略	
				激进型投资者	稳健型投资者
大盘往上走图形	首次向上发散			适量买进	有股票者可持股待涨,无股票者持币观望
	再次向上发散			积极买进	分批买进
大盘往下走图形	首次向上发散			尝试性少量买进	持币观望
	再次向上发散			尝试性少量买进	有股票者可持股待涨,无股票者持币观望

说明:(1)"——"表示 5 日移动平均线,"……"表示 10 日移动平均线,"－－－"表示 30 日移动平均线。

(2)大势向下,原则上以不买股票为宜,所以本表"操作策略"一栏提示:投资者即使想买股票,也只能尝试性少量买进有人可能要问,为什么均线首次向上发散,激进型投资者和稳健型投资者所采取的投资策略有如此大的不同呢? 因为激进型投资者本来追求的就是在高风险下的高收益,见均线向上发散就觉得机会来了,自然会主动出击,当然,这里面冒的风险也很大。我们可以设想一下:均线首次向上发散后,形成继续向上发散趋势,股价涨上去了,激进型投资者就此能大赚一笔;均线首次向上发散后,很快收敛起来,股价跌下去,激进型投资者即使及时止损,也要遭到一些损失,如果止损不及时,或因接盘很少筹码抛不出去,损失就更大。可见,激进型投资者这样操作,尽管有时会得到较好的投资回报,但所承受的风险和压力局外人是很难体会到的。

习题 78　张老师说:在利用组合均线选股时,有两个均线图形是不能忘记的,这就是"银山谷"、"金山谷"。什么是银山谷、金山谷呢?《股市操练大全》第二册有详细论述[注]。我这里就不讲了。现在我们要重点搞清楚的是:(1)激进型投资者和稳健型投资者看见银山谷、金山谷应如何操作? (2)是不是所有的金山谷技术意义都是一样的? 如果不一样在操作策略上应该如何加以区别?

参考答案　要回答这个问题,先请大家看表 29。

从表 29 可以看出:(1)当日 K 线图中出现银山谷、金山谷时,激进型投资者和稳健型投资者操作策略是不一样的;(2)同样是金山谷,它与银山谷的距离远近、位置高低不同,技术意义也就不相同。通常,金山谷的位置高于银山谷,其强势特征就更加明显;金

[注]　关于"银山谷"、"金山谷"的特征和技术含义,详见《股市操练大全》第二册第 29 页~第 33 页。

表 29 银山谷、金山谷操作策略一览表

大盘走势示意图	个 股 走 势 示 意 图	操 作 策 略	
		激进型投资者	稳健型投资者
大盘往上走图形	↑银山谷	少量买进	持币观望
	该图金山谷的水平位置比银山谷高 ↑银山谷 ↑金山谷	积极买进	分批买进
	该图金山谷和银山谷基本上处于同一水平位置 ↑银山谷 ↑金山谷	适量买进	少量买进
大盘往下走图形	↑银山谷	持币观望	持币观望
	该图金山谷的水平位置比银山谷高 ↑银山谷 ↑金山谷	少量买进	持币观望
	该图金山谷和银山谷基本上处于同一水平位置 ↑银山谷 ↑金山谷	少量买进	持币观望

说明:(1)"——"表示 5 日移动平均线,"……"表示 10 日移动平均线,"－－－"表示 30 日移动平均线。

　　(2)大势向下,原则上以不买股票为宜,所以投资者即使买股票,也只能尝试性少量买进山谷与银山谷距离拉得越开,上升的信号就越可靠。正因为金山谷所处的位置不同,在技术意义上就会表现出很大的差异。所以我们在制定操作策略上也要有所区别。这些在表格中都写清楚了,大家回去可以仔细地加以研究。

第四节　从趋势线图形中寻找投资机会与选股练习

习题 79　张老师说:从技术上把好选股关,我们已经分析了 K 线、技术图形、移动平均线在这中间所起的作用,现在只剩下趋势线还没有讲。我们把趋势线放在最后讲,有压阵的意思。打个比方说,如果你在选择某一股票时,用 K 线、技术图形、移动平均线进行判断都出现了失误,最后还有趋势线这个"老娘舅"在把关。只要它能忠于职守,严格把好关,一般就不会出什么大问题。可见,从这个意义上说,趋势线肩负着比其他技术分析手段更重要的责任。那么,如何用趋势线来把好选股关呢? 这是本节要重点探讨的问题。

趋势线的操作原理、方法,在《股市操练大全》第二册中都讲了[注],这里就不重复了。现在我在这里主要是谈它的实际运用。下面请大家做一道题:据报道最近一段时期,某上市公司的产品在市场上十分走俏,因此,其股价出现了见底回升,日 K 线形态开始向好(见图 50)。有人认为,该股投资或投机机会已经到来,目前正是逢低吸纳的时候。请问,你认为这种说法对不对? 为什么?

[**注**]　"趋势线"操作原理、方法,详见《股市操练大全》第二册第 226 页～第 232 页。

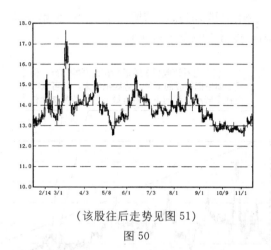

（该股往后走势见图 51）

图 50

参考答案　我认为这种说法不对。理由是：从该股近一年来的日 K 线走势图上看，该股股价一直受长期下降趋势线的压制（见图 51），呈不断盘落态势。虽然，现在该股的股价有所回升，"日 K 线形态开始向好"，但它被长期下降趋势线压制的弱势格局，至今没有得到什么改变，因此，日后股价仍有可能再度下挫 。在这种情况下，贸然买进风险是很大的。

　　再说，关于某"上市公司的产品在市场上十分走俏"的报道，并不一定表明该公司基本面有什么重大变化。因为产品走俏，既可能是技术领先、产品适销对路所致，也可能是以牺牲企业利润低价销售引发的。这里面究竟是由何种原因引起，在上市公司年报或中期报表未公布前，普通投资者是很难知道其真相的。因此，如果仅凭其产品走俏就判断它有投资价值或投机价值，这种想法实在是太幼稚、太轻率了，最后很可能要为此付出沉重的代价。所以，我认为在投资者无法证实上市公司基本面有什么重大变化之前，只能"顺势而为"，按趋势线要求进行操作。对受长期下降趋势线压制的股票，坚决不买。不管舆论说它怎么好,都不要轻易相信(要知道,沪深股市运行 10 多年来,轻信舆论和股评已使很多中小投资者吃足了苦头)。

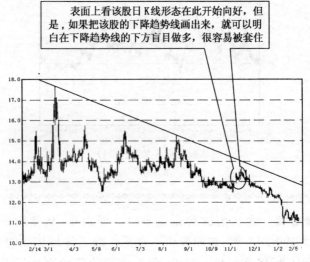

"四川长虹"2000 年 1 月 14 日～2001 年 2 月 9 日的日 K 线走势图

图 51

　　有人可能会说,万一这家上市公司产品走俏,是因为公司基本面出现重大变化所引起的,现在不买不是错过了机会吗?我们说,这个你尽管放心,如果事实果真如此,那势必在股价走势上会有所反映(在股市中比我们消息灵通的人多的是,市场主力也不会放过这个机会的,买的人一多股价自然就会涨上去),投资者可等到其股价有效突破长期下降趋势线并形成上升趋势线时再买进也不迟。否则,只能以"宁可错过,不可做错"的态度待之。

　　习题 80　张老师说:趋势线简单、实用、有效,人们形象地将其称之为"一把直尺闯天下"。但尽管如此,现在很多投资者还不习惯于运用趋势线来判断买卖时机,捕捉投资机会,这又是为什么呢?据我们研究可能有两个原因:第一,有些人做股票习惯于频繁地进进出出,他们没有想到或者不相信趋势线有如此巨大的作用;第二,有些人虽然领教了趋势线的威力,但不知道如何来利用它。正是由于这两个原因,也就直接导致了两种结果:一部分投资者对受长期下降趋势线压制的股票仍情有独钟,不断补仓,结果越套越深,损失惨重;另外一部分投资者对冲破长期下降趋势线,并已形成上升趋势线的股票"逢高派发",将煮熟的鸭子弄飞了,丧失了很好盈利机会。

面对这种情况怎么办呢?我认为要解决这些投资者对趋势线不重视或不会利用的问题,惟一的方法就是要多看多练,只有看多练多才会有感觉,才能熟能生巧。因本书篇幅有限,不可能单独为趋势线出很多练习题让大家去做[注],在这里,我们只能提纲挈领拣主要的同大家一起探讨。下面我就围绕寻找最佳投资机会与选股这个主题,出几道比较有典型意义的题目,让大家练习。以此来加深对趋势线作用的理解。

(1)仔细观察图52,回答后面的问题:该图为沪市"彩虹股

"彩虹股份"1999 年 9 月 16 日～2001 年 5 月 15 日的日 K 线走势图

图 52

[注] 对趋势线有兴趣的投资者可多做《股市操练大全》第二册中的有关习题和测验题。

份"1999 年 9 月 16 日～2001 年 5 月 15 日的日 K 线走势图。一些投资者在投资该股时屡买屡套,你能用趋势线理论分析这些投资者操作失误的原因是什么吗?

(2) 仔细观察图 53,回答后面的问题:该图为沪市"联通国脉"1998 年 7 月 17 日～2000 年 10 月 20 日的周 K 线走势图。请你划出该股的短期、中期、长期趋势线,并简要地说明投资者应如何依据趋势线来操作该股票。

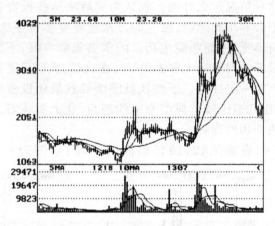

"联通国脉"1998 年 7 月 17 日～2000 年 10 月 20 日的周 K 线走势图

图 53

(3) 仔细观察图 54,回答后面的问题:该图为沪市"联华合纤"1993 年 6 月 25 日～2001 年 5 月 15 日的周 K 线走势图。一些有经验的投资者在该图 A 处重仓买进了很多"联华合纤"这只股票,后来都获得了丰厚的投资回报。你能依据均线和趋势线理论,分析这些投资者选择 A 处买进的理由吗?

参考答案 (1)从图 55 看,该股一直受长期下降趋势线的压制,每当该股反弹触及长期下降趋势线就掉头向下。这说明该股

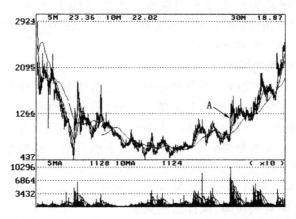

"联华合纤"1993 年 6 月 25 日～2001 年 5 月 15 日的周 K 线走势图

图 54

该股长期下降趋势线如同一剑封喉，把股价压得抬不起头来，做多者屡买屡套，成了冤大头

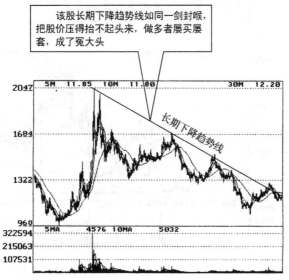

"彩虹股份"1999 年 9 月 16 日～2001 年 5 月 15 日的日 K 线走势图

图 55

的长期下降趋势线对多头力量有巨大威慑作用,面对空方的强大压力,多方只能且战且退。这也就是为什么许多投资者购买该股屡买屡套的一个重要原因。

(2)该股的短期、中期、长期趋势线的画法,见图56。从图中可以看出,当该股突破中期下降趋势线后,很快创出了中期调整的高点,从而形成一条长期上升趋势线,紧接着又继续往上大涨。也就是说,在中期下降趋势线被向上突破后,或在长期上升趋势线形成后跟进的投资者都抓到了该股的一轮大涨行情。这些投资者如能在短期趋势线被跌破后及时卖出,那就可至少获得40%的利润。可见,投资者按趋势线操作既能及时抓住盈利机会,又可及时规避股价下跌带来的风险,保住胜利果实。

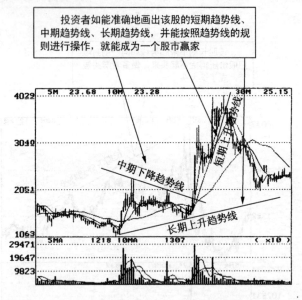

"联通国脉"1998年7月17日～2000年10月20日的周K线走势图

图56

（3）从图57看，这些投资者选择在A处买进是很有道理的，因为该股股价从底部回升到A处时，5周、10周、30周均线已呈再次交叉向上发散状态，成交量开始放大，尤其是它在突破长期下降趋势线后，A处已经形成了一条明显的长期上升趋势线。综合这几方面因素，该图A处对多方来说，确实是一个非常好的买点。

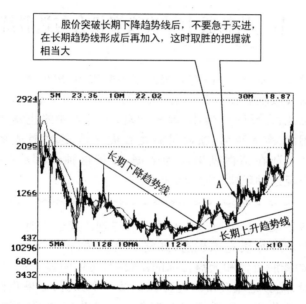

"联华合纤"1993年6月25日～2001年5月15日的周K线走势图

图57

第五章　特殊板块选股练习

第一节　从新股中寻找投资机会与选股练习

习题 81　张老师说：有人提出中国股市中，出现黑马机会最多的就是新股板块。在多头行情中，新股中黑马真可谓此起彼伏，令人眼花缭乱；在反弹行情中，率先启动，一马当先的也常常非新股莫属。因此，有人认为，新股是藏龙卧虎之地，选股首先就要盯住新股板块。现在请你以事实为依据，分析这种说法是否有道理？并说明出现这种现象的原因是什么？

参考答案　我认为这种说法很有道理。我这里有些统计数据可以证明新股板块充满机遇，如能认真筛选，机会多多。例如，从2001 年的新股行情和大盘行情的比较中，可以明显地看出新股(包括次新股)能够跑赢大市。现在我们做一个分析，如果我们把沪市以 6 003XX 代码开始的那些股票作为一个集合的话，那么这个集合可以称之为新股板块。在 2001 年上半年中，我们惊喜地发现这一板块是同期走势最牛的一族，从新股行情和大盘行情的比较中可以得到验证：至 2001 年 6 月 30 日，上证综指相比于年初上扬了6.5％，而同期新股板块的平均涨幅达到 28％。

另外，新股能跑赢大市也可以从新股指数与大盘指数对比中得到证实。我这里有一份股道网(www. stockway. com. cn)编制的新股指数与上证综指作对比的走势图(见图 58)，起始日为 2000 年7 月 4 日，截止日为 2001 年 7 月 4 日，整个时间周期为一年。从图中我们可以看到,新股指数在 2000 年 9 月之前与上证综指基本同步,而从 9 月初开始跑赢上证综指。这说明只要投资者在每一轮行情开始时,挑选技术面和基本面均可以的新股构建一个投资组合,获得同步于大盘甚至超越大盘的绩效是相当可行的策略。

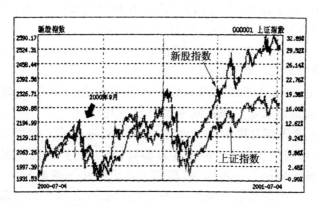

新股指数与上证指数 2000 年 7 月 4 日~2001 年 7 月 4 日的运行对比图
图 58

其实,新股能跑赢大市,最重要的还不是体现在它整体涨幅上,而是体现在个股惊人的飙升行情中。例如:

1997 年上市的"金花股份"首日开盘价为 13.53,经过 6 周交易,股价就涨到 29.18 元,涨幅为 115.67％。

1997 年上市的"天大天财"首日开盘价为 15.28 元,经过 15 周交易,股价最高涨到 41.77 元,涨幅为 173.36％。

1998 年上市的"华资实业"首日开盘价为 7.80 元,经过 33 周交易,股价最高涨到 23.98 元,涨幅为 207.44％。

1998 年上市的"五粮液"首日开盘价为 29.77 元,经过 2 周交易,股价最高涨到 69.80 元,涨幅为 134.46％。

1999 年上市的"清华紫光"首日开盘价为 26.75 元,经过 14 周交易,股价最高涨到了 106.57 元,涨幅为 298.39％。

1999 年上市的"新农开发"首日开盘价为 6.01 元,经过 10 周交易,股价最高涨到 16 元,涨幅为 166.22%。

1999 年上市的"国电南自"首日开盘价为 22.50 元,经过 12 周交易,股价最高涨到 42.60 元,涨幅为 89.33%。

2000 年上市的"东方钽业"首日开盘价为 24.40 元,经过 3 周交易,股价最高涨到 54 元,涨幅为 121.31%。

2000 年上市的"华工科技"首日开盘价为 39.80 元,经过 20 周交易,股价最高涨到 84.62 元,涨幅为 112.61%。

可见,新股中确实蕴藏着较好的投资机会。那么,出现这种现象的原因是什么呢? 概括起来说有以下几点:

(1) 筹码容易集中,主力可在短期内迅速建仓。前面我们已经讲过,一个股票上涨,必定有主力参与,而主力参与的前提是要收集到足够的筹码。一般而言,新股上市之时由于涨幅较大,使大多数一级市场的参与者在新股上市之初均选择获利了结。而大量新股认购"专业户"则更是把新股上市,当作其利润兑现进入下一轮认购的机会。

上述两方面决定了新股上市之初均有巨大的换手率。通常,新股上市当日平均换手率都在 50% 以上。如 2000 年 1 月,新股上市首日换手率为 64.99%,2 月为 44.75%,3 月为 65.72%,4 月为 50.34%,5 月为 40.42%,6 月为 56.79%。这样统计下来,2000 年上半年新股首日平均换手率为 53.84%。就个股而言,首日换手率高的可接近 80%。如"国电南自"首日换手率为 79%,"华工科技"首日换手率为 78.58%,"东方钽业"首日换手率为 77.09%。此外,还有不少新股,二、三天内换手即可超过 100%,如"清华紫光"2 天换手率为 92.05%,3 天换手率为 104.24%;"凯迪电力"2 天换手率为 99%,3 天换手率为 118.49%;"天大天财"2 天换手率为 112%,3 天换手率为 143.50%。新股上市的高换手率,为主力做庄收集筹码创造了极为有利的条件,这是老股所无法比拟的。

（2）公积金高,有较强的股本扩张能力。一般新股在溢价发行中,积累了大量的资本公积金,加上历年结转的资本公积金,新股资本公积金就是一笔不小的数目。这就为今后以转赠股方式进行股本扩张埋下了伏笔。在老股中,已经有不少盘小业绩好的,股本已一再扩张变成为中、大盘股,而业绩不佳的则不具备扩张能力。这样相比较下来,那些公积金高的和盘小的新股优势就十分明显了。

（3）家底厚实,新股未分配利润令人神往。尤其一些上市公司在招股说明书中承诺新老股东共享结转未分配利润,使本来价位不高的新股投资价值就显得比较高了,如 1997 年上市的"南京高科"到 1996 年底的未分配利润高达 4 365 万元,再加上 1997 年的经营利润就十分诱人,而当时其流通盘只有 5 000 万股,公司承诺新老股东分享其未分配利润,投资该公司的股东当然可以满怀期望了。该股最后也没有让投资者失望,1998、1999 年都实施了十分优厚的分红方案,股价也随之翻了几番(以复权计算)。

（4）无上档套牢盘,股质优良。老股上档因有着较沉重的套牢盘,使得上升空间显得相对狭小,而新股由于不存在上档阻力区使其获利空间显得相对宽广。同时,由于历史原因,老股质地一般都比较差,而新股中很多是具有相当投资价值和良好发展前景的个股,两者是不可比拟的。现在股市中行业前景看好,成长高速的股票,如"清华同方"、"复星实业"、"歌华有线"等都是近几年上市的新股。

习题 82　下课后,一位同学跑到教师办公室高兴地说,张老师你讲得太好了,怪不得我买老股老是输钱,今后我只买新股不买老股。新股上市只要价钱不高,我就各买一些。张老师你说这样好不好？张老师听后没有直接回答这个同学,到了课堂上他把这个同学的问题提了出来,问大家:这位同学的想法对不对？为什么？

参考答案　证券班副班长王磊站起来说,这个同学想法很幼稚。其实,新股是一个高风险、高收益的品种,虽然买新股盈利机会很大,但也要冒较大的风险。投资者如果认识不到这一点,就不要买新股。我有一个朋友在 1997 年 6 月买了"浙江富润"、"厦新电子"和"中视股份"3 个新股,不料竟连续踩了三个"地雷",3 个月后已经亏损大半。当时"浙江富润"上市开盘价是 18.50 元,最高至19.85 元,三个月不到仅有 8 元,跌幅为 59.8%;同一天上市的"厦新电子"上市最高价 25 元,仅过一个月,股价只有 11 元,跌幅为56%;还有与前面 2 个新股同一个月上市的"中视股份",上市三个月便从 20.98 元一路下跌到 14 元,跌幅也有 36%。

　　当然,话得说回来,碰到这种倒霉事的人并不多,但是这一事实说明买新股并不是"宝大祥"[注],它的确存在很大的风险。我这里还有一份有关新股的统计资料。2000 年下半年一共上市 86 只新股,如以它们上市首日的收盘价计算,至 2001 年 4 月 6 日(统计日)为止,出现下跌的股票共有 35 只,占 2000 年下半年上市新股总数的 40.7%,其中跌幅最大的已超过 25%。可见,新股中蕴含的风险也是很大的。因此,投资者买新股决不能采取"抓到篮里就是菜"的做法,逢新必买。这样盲目地介入新股,是很容易吃亏的。

　　为什么新股买得不好也要输钱呢? 道理很简单,新股和老股都是股票。既然是股票,它们的本质就没有什么两样。从长远看,股票的价格是由其内在价值决定的;从短期看,股票的价格是由买卖双方的供求关系决定的。在这一点上,新股和老股都是如此。试想,当一个新股本身质地一般,或者卖方力量大于买方力量,这样高开低走或低开低走就是很自然的事。如果我们买新股时,对新股质地,或买卖双方的供求关系都不清楚,闭着眼睛瞎买一气,输多赢少也就在意料之中了。

　　总之,新股中蕴含着机会,也存在着风险。它也和老股一样,

　　[注]　"宝大祥"为上海方言,意即十拿九稳、百分之百。

其涨跌是由买卖双方供求关系决定的。它也和其他证券投资品种一样,其走势必定和市场大多数人预料的相反,当众人看好它时,它就来个高开低走、平开低走,或低开低走;当众人看淡它时,它就来个高开高走、平开高走,或低开高走。因此,我们买新股一定要了解买卖双方的供求关系,洞悉市场大众的投资心理,这样才有可能立于不败之地。

习题 83　张老师说:刚才王磊同学列举大量事实陈述了盲目买新股存在的风险,我基本上同意他的发言。不过,关于他对买新股的投资心理分析,我认为太笼统,给人有一种不好捉摸的感觉,这就像我们平时听惯了"炒股票要高抛低吸"一样,这句话谁都会说,但什么叫"高",什么叫"低"? 这个"高"和"低"究竟如何把握呢? 这就很少有人说得清了。同样的道理,"众人看好的股票就要跌,众人看坏的股票就要涨",这句话大家也听惯了。现在用在新股分析上,原则当然是对的,但具体如何掌握,有没有这方面实例来说明这个问题,让大家仿效呢? 我想,如果这个问题不讲清楚,那么前面这句话说了也等于白说,因为它没有给投资者任何启示。因此,我认为真正要规避投资新股的风险,首先就要把"众人看好的新股不能买"这个问题具体化、个性化,让大家真正"看得见、摸得着",可以模仿学着做。下面请同学们围绕这个问题展开讨论。

参考答案　张老师讲完后,同学们展开了热烈讨论,最后,张老师对这个问题结合典型案例作了深入阐述。张老师说:从我们掌握的资料来看,新股炒作与市场预期反向的特征非常明显。常常是众人看好的个股,刚上市其股价就一步到位,至少短期内难以有较好的表现。

在近年来上市的新股中,这方面特征表现得最突出的当属"浦发银行"。该股上市之前,市场把几乎所有的好话都用在其身上了,但是后来的结果是 29.50 元开盘以后,最高仅上涨到 29.80 元,便一路下滑,该股上市一年半后,价格已跌到 20 元以下,跌幅达 30％以上。而与此同时大盘指数则上涨了 60％,该股成了一个新世纪中典型的牛市熊股。

并且正是由于"浦发银行"的过分引人注目,反而在它的发行和上市地给了市场两次为人作嫁衣裳的机会。1999 年 9 月 23 日是该股的发行日,机构、大户,就连笔者非常熟悉的许多散户,全部调集资金准备申购该股,而当日也正是日后成为一匹大黑马的"凯迪电力"的上市之日。凯迪电力上市之前没做过任何宣传,整个市场都仅仅把它作为一只普通电力股来定位,当时国内几家最著名的咨询机构和券商把它普遍定在 12 至 14 元。而当该股开出 18.08 元价格后,散户抛盘如云,几分钟后股价直探至 16.60 元,最后全天换手率高达 78％,收盘在 18 元。但第二天该股就立马涨停,以后成为长线大黑马。

在"浦发银行"上市的当天,还造就了另外一匹大黑马股,那就是"中原油气"。当日,万众瞩目"浦发银行",有几个人能瞧得起来自河南的一只大盘国企股? 该股 6.89 元开盘后,股价还使劲往下砸,主力又是一次照单全收,在上午进行了高达 60％换手后,下午便开始狂拉,当日最大振幅达到 36％。在这之后经过一个月的洗盘,伴随着国际原油价格的大涨,税收减免,股价扶摇直上 15 元,这就是相反理论在新股炒作中的运用。

同样的情况,如前几年上市的"东方航空"、"一汽轿车"等,以及 2000 年上市的"三九医药"、"亿阳通信"等都无一例外,即被市场过分看好的新股,只得选择高开低走,高位套死大量追新族。

从以上这些事例中,投资者可以得到下面一些重要启示:

(1)主力介入炒作的前提是能够得到较多的低价筹码,而若新闻媒体、股评人士事先对某只新股进行大肆渲染,常造成市场投资者眼睛都盯着该股,给庄家收集低价筹码带来极大的困难。这样的新股上市后很容易出现高开低走的走势。

（2）媒体、股评人士越是对新股的首日开盘价抱乐观的态度，作大胆预测，其上市后的股价走势就越是表现不佳。其因是它把新股持有者的胃口吊得很高，新股上市股价一步到位，封死了日后股价上升空间，这样二级市场就稀有接盘，股价很可能呈现逐级盘下态势。

（3）新股发行或上市前，上市公司借助新闻媒体、网站连篇累牍宣传自己的形象或投资价值，其上市后的走势往往与之成反比，即你宣传得越多，日后走势就越差劲。

（4）在新股发行上市前，宣传工作低调处理，或不被媒体、股评人士看好的个股，或市场大众对其开盘价作出悲观估计的新股，上市后很可能走出自己的独立行情，给投资人带来一个惊喜。

习题 84　张老师说：上节课我们讲了买新股要掌握一个原则："众人看好我不买，众人看坏我才买"。但是，从实战经验看，光凭这一点去炒作新股，仍然存在着很大风险，参与新股还必须关注其上市的时机。新股炒作的时机把握得好，赢钱的可能性就很大；反之，输钱的可能性也很大。请问：如何看待新股的上市时机？怎样利用新股上市时机来获利呢？

参考答案　股谚云：选股一定要选时。股票质地越好，买进的时机越要讲究。否则，选时不当，好股也会吃套，给投资者带来重大损失。新股上市的时机好不好，能否走出上升行情与大盘所处的位置有着密切关系。通常，当大盘指数处在高位时，整个市场的价格体系重心较高，新股首日能获得较高的市场定位，存在价值被高估的可能，短线的机会不多；当大盘指数处在低位时，价格体系重心下移，新股首日定位往往较低，此时新股常会得到大资金关注，相应地就会产生较好的中短线套利机会；当大盘指数企稳向上时，上市新股常能得到及时炒作，短线机会较多。

当然,我们这样笼统地分析新股上市时机,对大家不会有多大的帮助,要使读者真正做到心知肚明,还必须对这个问题作一些详细的分析。下面我们就具体说说投资者应该从哪几个方面把握好新股炒作时机。

(1)投资新股的最佳机会在于一级市场投资人弃之如敝屣,而二级市场投资人避之惟恐不及的时候。历史经验证明,在大盘极度低迷,人们都在探寻底在何方的时候,指明方向带动人气的常常是非新股莫属。在弱市中,一些新股定位已不算高,逐步接近安全投资区域,风险已大大释放,若一两只新股连续走强,很容易起到星星之火可以燎原的带动作用,这是历史多次重复的情形。如1993年3月的"金桥"、5月的"福联",1995年5月的"仪征"、"渤化",1996年1月的"新疆众和",1999年4月的"电广传媒"等,无不给炒新股的投资者带来极丰厚的利润。时移势易,今天不会简单地重复昨天的故事,但其蕴含的机会是相同的。

(2)新股上市恰逢大盘企稳,此时是投资新股的一个很好机会。因为,在大盘反转前夕上市的新股,一旦大盘走强,这一类新股往往成为市场中最为亮丽的一道风景线。原因有二:一是大盘反转前夕,往往是市场最低迷的时候,投资者屡买屡套已全无斗志,新股当然也不例外。加上一级市场投资者兑现心切,这时上市新股定位偏低是必然的。二是正由于新股定位偏低,故一旦大盘走强,则新股板块会首先进入庄家的视野。

例如,1999年5月"福日股份"上市,恰逢大盘止跌企稳时,离大盘"5·19"反转行情启动时间仅差2天。该股上市后股价一直在5元多低位徘徊,而与其行业背景相同的老股"广电股份"、"厦华电子"等,股价都要比它高出一大截,显然,其股价定位是偏低的,正由于上市时价位被低估了,其后随着大盘的大幅走强,"福日股份"率先走出了大踏步价值回归的强劲走势。仅过了一个多月时间股价就翻了一番。

(3)新股上市之际正好是市场人气非常旺盛之时,此时加入新股炒作一定要谨慎。如没有把握,尽量不要参与新股买卖。因为,在强势市场新股上市往往会一步到位,或短炒后便层层走低。这种情况在沪深股市中已屡见不鲜,所以投资者加入新股,一定要考虑市场背景,盲目跟风炒作新股,风险很大。

(4)密切关注新股走势周期性变化,选择最适合新股炒作的时期积极加入。新股走势周期性变化为投资新股开出了一份时间表。新股走势在大盘指数影响下和市场对新股炒作的预期心理的驱使下,呈现出一定周期性变化,其变化规律是:高开高走——高开低走——平开低走——低开低走——低开高走——平开高走——高开高走……周而复始地进行循环。虽然现在的新股运行模式不一定果真如此,但它的确能够反映出一种大致框架。

如1998年下半年上市的"莲花味精"、"东安动力"的低开低走,导致了后续新股"大唐电信"、"申益股份"的低开高走,随后又产生了"黑化股份"、"黑龙股份"开盘后便走高。当然这种运行规律只是一种基本的模式,在行情运行过程中不会真的那么简单,但它所蕴含的思路非常明确,那就是谁都不敢买的时候你去买,谁都想炒的时候也许风险正在加大,也就是"人舍我取,人取我舍"的意思。投资者了解新股走势的周期性变化,对把握新股的买入时间有着重要作用。

例如,当某一时期新股上市呈现高开高走的走势时,我们就要想到以后的新股可能会出现高开低走趋势,这时就不可盲目参与新股的炒作;反之,当某一时期新股上市呈现低开低走的走势时,投资者面对新股屡炒屡败背景下刚上市的新股反而要加以重点关注,因为,当前面的新股呈现低开低走的走势后,后面的新股(一个或数个)就很可能会出现"低开高走"的走势。

习题 85　课堂上有一位同学站起来说:张老师刚才分析了新股上市时机,并详细阐述了投资者如何从中把握好新股的投资机会。对此,我完全赞同。但是,我认为,新股炒作是否成功还同新股发行的中签率、新股发行承销商的实力、新股上市的速度、新股的基本面、新股上市后的技术走势等有着紧密联系。张老师听了这个同学发言后,高兴地说:这个同学的看法很好,很有进一步研讨的意义,下面就请大家对这些问题谈谈各自的想法。

参考答案　同学们对这些问题展开了热烈讨论。张老师最后把大家的想法作了归纳。张老师说:新股上市后走势究竟如何?新股炒作是不是能获得成功? 投资者有无必要买进新股,除了我们前面讲的要学会识别市场投资大众对新股的态度,把握好新股上市时机外,还应该重点关注以下几个方面的问题。

(1)关注新股发行中签率。若新股发行中签率低,表明市场看好的人多,主力收集筹码较为困难,这样的新股无论有多好的题材,一般也难有较佳的表现。我们分析了近几年上市的新股,大凡上市后走势不佳者都是中签率太低的新股,其因是由于中签率低,导致筹码极度分散,这样新股上市后很难大有作为,最多是跟风短炒一把。相反,上市后走势表现良好的个股,有不少是中签率较高的新股,因为市场看好的人不多,反而成为主力人弃我取的猎物,上市后走势就自然好看起来。

(2)看承销商的实力。通常实力强的承销商所承销的新股炒作起来容易成功,其原因就是由于承销商与上市公司关系密切,因此有时承销商就会成为该股的庄家。大机构中以南方证券、申银万国证券、国信证券、海通证券、湘财证券等实力最强。应重点关注这些机构承销的股票。

(3)关注新股上市速度。当扩容节奏较慢时,容易孕育新股行情,反之,当行情炽热时,扩容节奏可能会随之加快,一级市场的利润很高,而在二级市场购买新股往往会成为套牢一族。例如,1997年五、六月份一级市场新股扩容速度加快,在那时参与二级市场新股炒作的投资者,十有八九都输得很惨。

（4）关注新股的基本面。新股的流通盘最好在 1 亿股以下，这种流通盘，最适合庄家做庄。股价最好定位在 10—15 元，翻一倍也不过是个中价股。行业独特，在深沪市场无可比性。因为无可比性容易使股价天马行空，翻了又翻。十大股东中有无著名投资机构，如"新疆德隆"、"哈里实业"，以及各大证券机构，若有可重点关注。

（5）关注少数民族地区的新股。开发大西北是近阶段我们国家的基本国策，股市也必然要反映这一重大政策。而少数民族集聚地往往就是大西北开发的重点地区，因此，投资者要重点关注少数民族地区的新股。再则，这些地方由于上市公司较少，当地政府为树立形象，也常会推出一些利好措施，机构主力也乐于炒作此类新股票，使少数民族概念股股性十分活跃。

（6）关注新股上市后几天内的技术走势。

① 如果是公开发行的新股，一般来说，当日换手率应在 60％以上，若不能达到这个标准，说明庄家实力较差，且可能是短线资金在炒作。而如果是历史遗留股，那么换手则越低越好，因为换手率低说明该股上市前筹码已大部分倒腾到庄家手里。

② 上市二、三天内最好连拉长阳[注]，这一方面说明了炒作机

[注]　值得注意的是，并非所有的主力入驻的新股都要拉出长阳的。如果在新股认购中，因某种原因主力比往常获得了较多的新股筹码，但离做庄需要的筹码还缺了一大截，那么，主力在新股首日开盘时为了多获得一些廉价筹码，往往会采取打压洗盘，致使股价高开走或低开低走，分时走势图相当难看。当这些新股上市后在某一区域连续几天以小阴小阳线作缩量窄幅整理时，投资者如何识别呢？它与那些缺少主力参与的，高开低走，或低开低走的新股有何不同呢？这里我们提出一些鉴别方法供大家参考：

（1）有主力参与的，股价走势虽然难看，但上市后三、五天内，成交量、资金总额、换手率均居股市个股排行榜前列，而无主力参与的，却不会有这种现象出现。

（2）有主力参与的，股价虽然走低，但跌幅不大，日 K 线中有上下影线的 K 线居多，而且 K 线前后重叠率较高；而无主力参与的，股价走低，跌幅相对较大，日 K 线有上下影线的 K 线很少，而且 K 线前后无重叠现象，呈单边向下态势。

（3）有主力参与的，一般经过一、二周时间就会触底回升，而无主力参与的，在经过一、二周后股价仍然会不断创出新低。

构的实力,另一方面说明进去的人都获利,没有套牢盘,为今后上攻打下基础。反之,如果上市头几天,连拉长阴,进去的人全部被套牢,人气全无。通常,在新股不断上市的背景下,除非该股有新的利好,否则新主力决不会介入这类股票,去解放那些上市后被套住的筹码。

③ 上市后三、五天内,成交量、成交金额均居大盘排行榜前列。

④ 启动后如遇利空突袭,盘势坚挺,跌幅不大甚至逆市飘红,即使回调,幅度也有限,抗跌性很强。

上述条件只要有三项符合,就可说明该新股已有大庄家入驻,投资者如适时跟进,就很有可能会捉到一匹黑马。

习题 86　张老师说:随着对新股炒作的深入讨论,大家对如何正确把握新股投资机会问题的认识越来越清楚了。最后,我对参与新股炒作的同学赠送四个字——胆大心细。胆大这个问题不用多说了,心细则有很多文章可做。就说新股换手率吧,一般而言,新股换手率达到 60% 以上,炒作机会就比较大,但有时并不是这样。比如,1997 年 11 月 5 日上市的"东方航空",首日换手率为76%,按理说,该股应该走出上扬的走势,然而,该股上市后竟一路下挫,不到三个月,股价就跌去近 40%。可见,对新股首日换手的问题就要细心捉摸。

这里需要仔细分析一下:新股首日换手率与新股质地有无关系? 什么情况下,新股首日换手率高是好现象? 什么情况下,新股首日换手率高需谨慎对待? 什么情况下,新股首日换手率低仍需密切关注? 等等。下面请同学们就这些问题再展开一次深入讨论。

参考答案　我们小组里的同学非常赞同张老师提出的炒作新股要胆大心细的观点。心细,应该细在哪里呢? 细就要细在对新股走势产生影响的每一个环节都要仔细考虑到,这样才能做到临场不乱。比如,笼统地说新股首日换手率高就是好事,并不能对投资者投资新股提出一个积极的有效建议。要让投资者真正明白,在什么情况下,新股首日换手率高可以加入新股炒作;在什么情况下,不可以加入新股炒作,那就必须对新股首日换手率进行一场"市场细分"[注]。

　　首先,看一个新股首日换手率高是不是好事,就要看新股上市的市场背景和新股的基本面如何。一般来说,新股换手率高只有在市场企稳或市场开始走强、人气尚不是十分旺盛时,才能发挥出它的积极作用,而在弱市中或市场人气极度旺盛时(股价很可能一步到位),就很难发挥什么积极作用。另外,新股首日换手率高对中小盘新股,尤其是小盘新股参考意义比较大,而对大盘新股来说参考意义就不大。像上面举的"东方航空"上市的例子,该股上市首日换手率虽然高达76%,但无奈该股上市时正逢市道低迷,又因该股盘子大,股本扩张能力较弱、业绩差,缺乏炒作题材,这个首日高换手率就说明不了什么。如果有谁贸然看见其首日换手率高就加入其中,一路深套也就在所难免了。

　　其次,新股首日换手率高,要看当日具体时段的换手率的情况如何,才能确定有无主力介入。主力入驻新股的迹象是:

　　(1)开盘换手率不低于5%。一般而言,如果开盘换手率超过5%,就可基本认为有市场主力进驻,如果超过15%,就说明很可能有大庄家入驻。当然,对于一些高市值的新股,开盘换手率接近5%也可大致判断有主力进驻。

　　(2)上午换手率应高于45%,较理想的应在55%以上。如果

　　[注]　市场细分是营销中的一门技巧。其主要内容是:市场各个层面对某一商品的需求是不一样的。因此,销售者在销售前,要对市场各个层面进行细化,从中排出他们对某种商品的需求量。惟有如此,才能使商品适销对路,畅通无阻。现在笔者借用"市场细分"这个营销上的术语,说明只有对新股首日开盘换手率进行细化,才能搞清筹码究竟流向何方。

一只新股上市后,能够在短期内就出现较好的上涨行情,则其首日换手率至少应超过 65%,高的可接近 80%(但不宜超过 80%)[注]。把这个数据简单拆分一下,考虑到新股首日开盘后成交量逐步减少的因素,则其早市换手率应不低于 45%,最好在 55% 以上。其第一小时换手率应高于 30%,理想的应在其开盘 15 分钟内换手率就达到甚至超过 30%。如果出现这个数字,说明进驻的庄家实力不小。

这里我们不妨看看"东方钽业"、"华工科技",上市首日换手率情况,以此来加深对这个问题的认识。"东方钽业"首日开盘 5 分钟换手率为 17.6%,15 分钟换手率为 34.06%,30 分钟换手率为44%,60 分钟换手率为 52%,上午半天换手率为 61.65%,全天换手率为 77.09%。"华工科技"首日开盘 5 分钟换手率为 21.22%,15 分钟换手率为 48%,30 分钟换手率为 56%,60 分钟换手率为63.09%,上午半天换手率为 68.69%,全天换手率为 78.58%。可见这两个新股上市后,一路走牛不是偶然的,在首日开盘就显示出主力在积极建仓。

(3)当日盘中出现连续的大买单。新股首日上市,主力为了抢筹,必然会大手笔买进。因此,上午收盘及下午开盘与收盘时出现连续多笔的 10 万股以上的买单就要密切注意。出现大买单笔数越多越能说明主力在抢筹。

(4)外盘应高于内盘。外盘是累计主动性买盘,内盘是累计主动性卖盘。由于主力可以"做盘",即通过刻意"挂单子"买入或卖

[注]　我们统计了一些上市后走牛的新股,首日换手率高的接近 80%,但没有一个是超过 80% 的。因此,80% 首日换手率可作为一个界限,80% 以下高换手率多数可以视为主力在建仓,但超过 80%,尤其是超过 85% 则就不能简单地认为主力在积极建仓了。出现这种情况可能有两方面原因:一是短线客太多;二是有好几个庄家在抢筹。这两个都是不稳定因素,对日后新股上行会带来很大阻力,由此还可能出现"多杀多",迫使股价大幅下跌。所以投资者对首日换手率超过 80% 以上的新股以暂时不参与为宜,待其股价走稳,方向明朗后再作定夺。

出影响内、外盘的数值,所以我们平时看盘掌握到的内、外盘数值实际意义并不大。而在新股刚刚上市的时候,现行的新股发行方法造成市场原始筹码分散,加上 T＋1 的交易规则,使得主力不太可能在新股首日开盘极度密集的成交之下实施"做盘"行为。在密集的成交量下,任何大的买单和卖单将很容易被吞掉。因此,我们对新股首日开盘,尤其上午半小时内(这个时段最能反映出主力操作意图)的内、外盘情况要密切关注,一旦发现外盘数值大大高于内盘数值(如 2 倍以上),就应想到主力在建仓了。

　　(5) 注意下午开盘半小时成交情况。不管哪一家市场主力想要在新股上"坐庄"成功,都必须预先收集到足够的廉价"筹码"。但因各种因素,如盘中有两个以上的主力在吸筹或原始股东惜售等,使得该主力无法在合适的价位买到预期数量的"货",则该主力通常的做法是暂时放弃吸筹,甚至伺机做空、打压股价,以便在更低的位置继续吸筹。

　　主力花费一上午的时间吸筹后,往往利用中午休市的时间盘点筹码。如发觉手中筹码不足,就会将其在新股认购中得到的筹码抛出,反手做空,那么下午开盘半小时抛盘就会增加,后市走向不容乐观。此时投资者就不宜参与该新股炒作。反之,如下午开盘半小时,抛盘没有增加,而股价走势又较为强劲者,则意味着主力仍在吸收筹码。一般情况下,首日的吸筹将在下午2：00以后进入尾声,一些快节奏的主力常常在尾市即开始拉升股价,投资者应考虑择机买入。

　　(6) 看股价是在分时均价线[注]之上还是之下。判断一个新股上市首日是否有主力买入的另一个重要依据是:当日股价是否绝大多数时间运行在分时均价线上方,在分时均价线或分时均价线

―――――――――――

　　[注]　分时均价线图例,详见《股市操练大全》第二册第 409 页图 469 中的"8",分时均价线的特征和技术含义,详见《股市操练大全》第二册第 411 页、第 412 页。

稍高的价位上受到支撑。如果情况验证下来是的，那就说明该新股有主力入驻了，反之，则说明还没有主力加入，盘中是一些短线客在炒进炒出。

最后，需要提醒投资者的是，由于目前主力炒作手法越来越隐蔽，所以我们不能一概忽视新股首日开盘换手率低的个股。因为有时首日开盘换手率低的个股同样可以爆发短线行情，特别是一些质地较好的首日换手率低，且收出阴线，但日后几天开始走强的新股出现这种情况最多。故我们对它们要密切加以关注。

例如，近年来在这方面比较具有典型意义的个股有："宏图高科"、"福田股份"、"顺鑫农业"、"科龙电器"、"长春经开"、"首创股份"、"洞庭水殖"，等等，这些个股的特点都是首日上市换手率均在50％左右，且当日收出大阴线，但价值明显被低估。因而其中有些个股第二天就出现了涨停，之后就一路走高。

因此，对激进型投资者而言，对符合上述特征的新股，只要首日开盘价不高，为发行价的80％～120％，也就不必拘泥"新股首日换手率要超过60％"这个框框，不妨作些尝试性建仓。稳健型投资者可在其第二天盘中回调企稳之时考虑适量跟进。最稳健的一种买入办法是：当新股上市完成200％换手，并形成上涨趋势后再跟进，如"河池化工"、"凌钢股份"等大牛股，都是在完成200％换手后开始上攻的。

第二节 从基金中寻找投资机会与选购基金练习

习题 87 2000 年岁末，大盘阴雨绵绵，一些同学因股票被套，上课时精神集中不起来。张老师见此情景，提高嗓门说：我现在教大家一个选股绝招，也许能帮助你们创造一些盈利机会。同学们一听精神一下子振奋起来。什么绝招呢？大家看了张老师在黑板上写的字后都傻了眼,原来所谓的绝招,就是做一个与股市风马牛不相及的趣味题。同学们觉得今天张老师怪怪的,不知道他葫芦里卖的是什么药,但张老师却一本正经地指着这道趣味题说:选股绝招就在里面。这真是雾里看花,让人越看越糊涂。现在只好请在座的诸位帮忙解答一下,这道题怎么做(题目见下),它与选股究竟有什么关系?

有奖征答趣味题

请你猜一猜:谁答得对

在一次乘船游览中,母亲、妻子和儿子因游船翻身而同时落水,那么应该先救谁呢?甲说应该先救母亲,因为妻子没了可以再娶,儿子没有了可以再生,惟有母亲今生今世只有一个;乙说应该先救妻子,因为有了妻子便会有儿子,至于母亲已近人生之途的尽头,死也无憾;丙说应该先救儿子,因为儿子年龄最小,尚未体验人生的乐趣,而母亲、妻子则不然。请说出甲、乙、丙三人谁答得对?

参考答案　张老师出这道题很有意思,题中有题,寓意深远,值得玩味。我们先来看题中题,即《请你猜一猜:谁答得对》的答案。甲、乙、丙三人答得都不对,正确的答案是:母亲、妻子、儿子都很重要,这里没有谁比谁更重要。现在当务之急是先救人,谁离你最近就先救谁。

题中题的答案出来了,但这道题中题与选股又有什么关系呢?要回答这个问题我们先作一番联想:游船出事,游人落水,所以才引出一个话题,是先救溺水的母亲,还是先救落水的妻子或儿子。那么,年末岁尾,大盘下沉,满盘皆绿,也会引出一个话题,弱市选股,是优先选"溺水"的新股,还是先选"落水"的老股或基金。

如果题中题的答案是:应该先救离自己最近的人。那么,同样的道理,年末弱势,选股的答案就是:无论是老股、新股还是基金,谁最先能给投资者带来盈利机会就选谁。

根据我国股市的特点,在年末岁尾大盘下沉,满盘皆绿时,风险最小,且最能给投资者带来看得见盈利机会的就是大盘新基金。

为何这样说呢? 因为一般在年末人气低迷时,股票的投资机会很少,此时投资者对股票采取的主要策略就是持币观望。选股也通常要等个股年报出来,对其基本面有所了解后,再根据它当时的技术走势决定是否买进。而基金则不同,到年末投资机会较多,此时投资者对基金的主要策略不是持币观望,而是应该选择一些经营业绩好的大盘基金作短线或中线持有。再则挑选基金也不需要等基金年报出来后,才能了解到其基本面状况如何。每家基金的经营状况如何,都会通过每周净资产值公布的情况,非常清楚地展示在投资者面前。如果投资者发现某基金现在的净资产比年初的净资产增加了很多,而目前该基金的二级市场的价格比其净资产低15%,甚至更低时,就可以大胆买进,而且可以采取越跌越买的策略。在这个时候套住了也用不着害怕,等到来年基金分红就是了。基金分红是用现金形式支付的,经营业绩好的基金分红比例常常会超过 15%,高的可达到 20%、30%。例如,2000 年沪市"安信基金"现金分红就达到了每一基金单位 0.55 元,年投资回报率已超过了 30%(若以基金面值计算,投资回报率超过了 50%)。

说到这里,大家就应该猜出来,张老师所说的选股绝招不是别的,就是要我们买明年有可能进行高额分配的基金。张老师出的这道习题也是够绝的,它用通过母亲、妻子、儿子同时落水,先救谁的故事,暗示在年末大盘下沉,新股、老股、基金满盘皆绿时,投资者也要像救离自己最近的溺水者一样,选择最有可能给投资者带来稳定回报的基金。这真所谓思路一变,眼明心亮,机会多多,投资者在买进好的基金时要当机立断,积极建仓,主动买套,以求来年得到丰厚的投资回报。

有人说,张老师讲选股技巧时,不仅要我们分析国家经济政策和公司基本面,而且要我们分析投资大众的心理面和市场面,还要看其技术走势,"一看、二慢、三通过",谨慎了再谨慎,选一个好股票比找一个理想中的恋人还要难。而年末大盘低迷时,张老师要我们买大盘基金就是这么简单几句话,盯住经营业绩好的基金,越跌越买,态度一反往常,这又作何种解释呢?

其实,张老师对选股和选基金采取不同态度是对的,而对张老师的观点提出疑问的人,是因为不了解股票、基金的特点才会产生这样或那样的想法。比如说,某股票在其年报未公布前,你能说它这一年里公司基本面会有什么变化吗? 恐怕谁都不敢说,因为这里面变数实在太多,所以,我们说选股一定要先看它的财务报表,才能了解到上市公司基本面有什么变化。又如,现在股票业绩好的不一定会涨,业绩差的照涨不误,这其中有题材、热点在起作用,也有筹码到底是集中在主力手里,还是分散在散户手里的问题,你说选股能不研究题材、热点,不分析市场主力的动向吗? 显然不能。而大盘基金的经营业绩情况如何,每周都要公布净资产值情况,是明摆着的事实,想隐瞒也隐瞒不了。还有基金分红的形式是现金,这里面也没有什么送配转赠之类的事,主力想借题发挥也发挥不了。另外,除少数小盘基金外,一般基金的盘子都很大,有二、三十亿份基金单位,这样大的盘子几乎没有一个主力能够炒得动。

综上所述,基金(这里主要指大盘基金)和股票不同,它既缺乏想象,又无题材或热点,更谈不上主力庄家有什么控盘行为在里面。所以,选择大盘基金思路就要简单一些,只要分红日期将近,经营情况很好,就可以选择它。这里不用像选股那样要考虑题材、热点、筹码分散或集中等一大堆的问题,而可以直接采取主动买进策略,越跌越买。据我们市场调查,很多在基金上获得成功的投资者就是这样做的,每到年末岁尾,挑选一些预期现金分红不错的基金买进,在基金分红前或分红后再退出,每年都会有不小的收益。

也许有人会说,上市公司经营业绩好,董事会一纸决议就可以来个当年不分配,投资者只能干瞪着眼,对此无可奈何。那基金经营业绩好,是不是也会有这种情况发生呢?这个你放心,国家有关的政策法规没有规定上市公司经营业绩好一定要分红,所以一些上市公司董事会就会钻政策空子,找一些公司要发展之类的借口,置中小投资者的利益于不顾,明明赚了钱也不分给中小股东,这个问题现在还没办法解决,只能靠以后逐步规范来解决。但基金赚了钱就不一样,它不能不分红。国家有关的政策法规对基金赚了钱一定要分红是作了硬性规定的,基金必须将盈利部分的90%分给基金持有人。正是因为有了这样的硬性规定,人们才普遍认为投资基金的收益比投资股票更有保障。难怪基金每逢分红时常会出现一轮较好的上升行情。

又有人会想,我花了那么大的力气,选购基金到头来只有15%～20%的投资回报,这个投资回报率不是太低了吗?股票市场上每年只要捉到二、三个涨停板就可以超过这个投资回报率,而一年250个交易日,即使碰运气,我也能在股票上碰上几个涨停板,既然如此,我又何必去做什么基金呢?这你又想错了。

首先,你一年200多个交易日,碰运气可以碰上几个涨停板,但同样运气不佳时也可以碰上几个跌停板,此长彼消,你说你一年下来的投资收益是多少呢?

其次,操作股票的技巧要比操作基金的技巧复杂得多,你如果在选股上和买卖股票上不具备一定的素质和功夫,要想每年获得超过购买投资基金所获得的收益,恐怕也很难办到。

第三,买卖股票的费用要比基金高,多了一个印花税,如果你做短线,一年股票买进卖出的交易成本费用就是一笔很大的数目。这样你也可以算算,扣除交易费用,你一年还能赚多少。

当然,我们这样说,并不是要大家不去做股票,专门去做基金。如果是这样,那我们何必又要在书中和大家谈那么多选股技巧呢?我们的意思是:投资者在参与证券市场时,既应该看到有了正确的选股思路,踏准了市场节拍,买对了股票会给我们带来丰厚的投资回报,因此投资者必须对一些行之有效的选股技巧要多学习、多练习、多研究,并做到融会贯通,运用自如;同时我们又要看到在大盘低迷,股票投资机会较少时,购买基金也不失为一个很好的盈利方式。另则做股票不顺利,可以转而做基金,买对了基金同样可以获得很好的投资回报。

从根本上来说,从"基金中寻找投资机会"是对"从股票中寻找投资机会"的一个有益的补充。因此,作为一个聪明的投资者,对选择基金的技巧也必须像对选股的技巧一样予以足够的重视。

习题 88 张老师说:通过上节课的讲解与练习,大家对"从基金中寻找投资机会与选购基金练习"有了比较深的认识。但我觉得仅仅把选购基金技巧看成是选股技巧的有益的补充是不够的,因为把钱投资在基金上,对相当一部分投资者来说是致富的主要手段。这正如美国著名的证券投资大师威廉·欧奈尔[注]所说:"对

[注] 威廉·欧奈尔,是美国著名的证券投资大师。他在选股、选择共同基金以及选择股票和基金买卖点上都有独到见解,并屡获成功,现在已成为美国家喻户晓的传奇人物。

1962—1963 年,他通过克莱斯勒、Syntex 等二、三只股票的交易,把投入的原始本金——500 美元,增加到了 20 万美元。60 年代初,正当而立之年的欧奈尔用在股市中的收益为自己在纽约证券交易所购买了一个席位,并成立了一家以他名字命名的专门从事机构投资的股票经纪公司——欧奈尔公司。该公司在市场上率先推出跟踪股市走势的计算机数据库。目前,该公司不仅为 600 多家大机构投资者服务,而且向 30 000 多位个人用户提供每日股市分析图表及大量的基本面和技术面的分析指标。

1998 年,欧奈尔将他的投资理念写了一本书——《如何在股市中赚钱》。该书第一版销售量就超过了 40 万册,后来还进行了几次再版。该书被著名的网上书店——亚马逊书店评为"五星级"。此外,欧奈尔还创办了新美洲基金,该基金的资产目前已经超过 20 亿美元。

于许多个人投资者来说,共同基金是最好的投资方向。"现在请同学们从威廉·欧奈尔的著作(如手头没有他的书可到图书馆里去寻找)中,找出威廉·欧奈尔介绍的"如何在共同基金上赚到百万"的方法,并以此方法绘制一张切实可行的投资证券基金实现百万富翁目标的计划表。

参考答案 美国证券投资大师威廉·欧奈尔说:投资共同基金的成功秘诀只有一个,但不是每个人都能理解和有耐心去实行的。其实很简单:永远不要卖出一支分散投资于国内成长型股票的基金,你可以一直持有到你不在人世的那一天。为什么呢?因为美国股市200年的图表显示,随着人口、经济和生活水准的持续增长,美国股市也持续增长。就像其他任何事情一样,你在共同基金上的投资也会有低谷。但这是无关紧要的,因为由职业投资人管理的分散的投资组合,会随着经济的复苏而及时走好。由于不断地再投资,一个经过精心挑选的基金的价值可能每隔五到六年就翻番。

如果你以 5 000 美元起步,那么在五、六年之后,你的资产就可能变为 10 000 美元。下一个五到六年,你的基金将不会以5 000 美元的金额增加,而是增长 10 000 美元。接下来你可以看到 20 000 美元变成 40 000 美元,然后变成 80 000 美元,依此类推。

现在我们根据威廉·欧奈尔所介绍的"如何在共同基金上赚得百万"的方法,不妨也来设计一张建立在实战基础上,既有操作性,又切实可行的小额投资者如何通过证券投资基金实现百万富翁目标的计划表(见表 30)。

小额投资者购买基金实现
百万富翁目标计划表(草案)

对象:30 岁左右的投资者。

投资经历:未做过股票,或做股票几年下来收益不大甚至亏损。

条件:有 3 万元积蓄,主要用来防老。

投资对象和目的:开始计划用这 3 万元来购买保险,后来听了专家建议,打算在退休前依靠这 3 万元积聚百万财产,使自己的晚年生活更加富有和幸福。

投资方式:选择一家或几家经营业绩良好的证券投资基金长线持有。

投资计划:将 3 万元全部投资于证券投资基金,大约 26 年以后,也就在自己退休前,跨入"百万富翁"的行列。

具体操作方法如表 30 所示。

表 30

年　份	投　资　额（元）	利　润　率	总　金　额（元）
第 1 年	30 000	15%	34 500
第 2 年	34 500	15%	39 675
第 3 年	39 675	15%	45 626.25
第 4 年	45 626.25	15%	52 470.19
第 5 年	52 470.19	15%	60 340.72
第 6 年	60 340.72	15%	69 391.82
第 7 年	69 391.82	15%	79 800.60
第 8 年	79 800.60	15%	91 770.68
第 9 年	91 770.68	15%	105 536.28
第 10 年	105 536.28	15%	121 366.72
第 11 年	121 366.72	15%	139 571.72
第 12 年	139 571.72	15%	160 507.47
第 13 年	160 507.47	15%	184 583.59
第 14 年	184 583.59	15%	212 271.12
第 15 年	212 271.12	15%	244 111.78
第 16 年	244 111.78	15%	280 728.54

（续上表）

年　份	投资额（元）	利　润　率	总金额（元）
第 17 年	280 728.54	15%	322 837.82
第 18 年	322 837.82	15%	371 263.49
第 19 年	371 263.49	15%	426 953.01
第 20 年	426 953.01	15%	490 995.96
第 21 年	490 995.96	15%	564 645.35
第 22 年	564 645.35	15%	649 342.15
第 23 年	649 342.15	15%	746 743.47
第 24 年	746 743.47	15%	858 754.99
第 25 年	858 754.99	15%	987 568.23
第 26 年	987 568.23	15%	1 135 703.46

说明：(1) 现在国内一些成绩突出的基金，近年来年收益都在 20% 以上。因此选择一家优秀基金，逢低买进，将年收益率定在 15%，是不难办到的。当然，最理想的做法是投资者善于把经营不善的基金及时换成经营最好的基金，以确保始终持有的基金是当时最优秀的基金，早日跨进"百万富翁"的行列。

　　(2) 必须将从基金中获得的投资收益作为再投资，继续购买证券投资基金

　　习题 89　张老师说：上两节课我们讨论了怎样从基金中发掘投资机会，其中既议到了如何在年末股市低迷时，选择基金作短线或中线持有，以此来获得较好投资回报的问题，又提出了如何长线持有一家优秀投资基金，将小钱变成大钱，向百万富翁目标进军的课题。在讨论中同学们畅所欲言，原来不清楚的问题现在清楚了。但是，我们在讨论中发现，不论你出于何种动机购买基金，始终存在着挑选什么样的基金、何时买进这两个关键问题。如果我们现在不把这两个关键问题议深议透，购买投资基金就会存在很大的风险。所以，下面请同学们围绕这两个问题继续进行深入讨论。

　　参考答案　同学们对这两个关键问题进行深入讨论后，张老

师作了归纳总结：

（1）买进基金最佳时机，是基金接近甚至跌破面值的时候。基金跌破面值，在我们国家公开发行新基金后出现过两次。一次是公开的，时间在 1998 年 12 月，当时基金受到大盘下跌的牵连，很多大盘新基金都接近或跌破了面值。还有一次是隐蔽的，即当时市场中的基金价格并没有跌破面值，但根据它预期分红公告所说的现金分红数目，到时除权下来也就接近或跌破面值了，这一次时间是在 2001 年 1 月。这里不管是公开的还是隐蔽的，一旦基金跌破面值，都会面临着这样一个严峻的问题：以后新基金包括开放式基金还要不要发行？这个道理很简单，当市场上挂牌的基金大部分都跌破面值了，再发行新基金谁来买单呢？显然，新基金发行受阻是违背国家要大力发展机构投资者这一政策的，它对股市健康发展极为不利。因此，凭我们对国家政策的认识和理解，可以肯定这种情况的出现是短暂的，要不了多久，基金价格会很快回升到面值之上[注1]。

（2）当基金处于较大折价[注2]状态时，是购买基金的良机。美国阿拉巴马大学的财务学教授安德森就主张，当基金出现大幅折价时就买进，等到折价缩小到一定程度时就卖出。他曾对美国 20 世纪 60 年代、70 年代、80 年代三个时段的基金作过详细分析，发现每到基金折价情况严重时，买进基金都会有较大获利机会。我国基金发展的历史虽然不长，但大家同样可以看到，有些基金折价比

　　[注1]　这里需要说明的是：股市发展初期，国家要大力发展机构投资者，就会在政策上扶植基金，这就不大可能出现许多基金跌破面值（这里不包括少数几个基金跌破面值）的现象。当然，随着股市的发展，和基金规模的不断扩大，国家对股市和基金的政策都会作出调整。到那时，经营不善的基金出现跌破面值的现象就不足为奇，如果那时投资者再去购买跌破面值的基金就存在很大的风险。

　　[注2]　折价是指基金的净资产值高于当时基金的市场价格，比如某基金的净资产是 1.50 元，而当时它的市场价格是 1.20 元，这就是说该基金折价为 0.30 元，折价比例为 20%。

例大了,就会被市场无形之手拉回,直到两者比例处于相对合理范围之内。现在,一般认为大盘基金折价比例大于 15％ 就可以认为折价过头了,这时投资者就可择机买进;小盘基金折价比例只要小于 5％,就可以认为折价过头了,投资者如能趁机买进,同样可获得不小的收益。

(3)市场行情十分低迷时,也是购买基金的良好时机。在这里,问题的关键是投资者能不能够较为准确地判断出当时市场处于其运行周期的哪一阶段。关于对这个问题的研判,投资者应该广泛地收集信息,综合运用基本分析方法和技术分析方法,力图作出尽量可靠的结论。当然,投资者也不能将此问题绝对化,即非得等到底部才进场吸货。我们认为,只要你觉得基金价格适中,上升的可能性大于下降的可能性,你就可以果断地作出购买决策。

(4)大行情初期阶段是买进基金的一个很好机会。当投资者发现市场突然活跃起来,指数节节攀高,成交量不断放大,个股中涨停板多起来的时候,你就应该意识到大行情要出现了。这时候你如果不知道买什么股票,那么你就赶快买基金,因为随着行情不断发展,基金的价格也会不断上升。虽然你在大行情中没有机会抓到大黑马,但你可以通过基金分享到市场的平均利润,这比牛市中瞎碰乱撞,最后赚了指数不赚钱的情况要好得多。例如,1999 年"5·19"大行情中,在行情初起时买进基金的人,后来都获得了不菲的投资收益。

(5)选择基金要以业绩为标准[注]。现在基金的名称真多,什么成长型基金、指数型基金、价值型基金等等,其实名称不是主要

　[注]　选择基金要以业绩为标准,主要是针对大盘新基金说的。小盘基金因为盘子小,主力会把它当成股票进行炒作,故而小盘基金涨跌就不一定同业绩进行挂钩。但是基金发展趋势表明,盘子过分小,抗风险能力差,将逐步退出历史舞台;盘子大才有抗风险的能力,市场中唱主角的是大盘基金。随着时间的推移,炒作基金的现象会越来越少,以业绩作为标准来选择基金将会越来越深入人心。

的,你总不能以基金的名称,判断出基金的业绩究竟如何。至于成长型基金、指数型基金、价值型基金等到底有什么区别,它们各自的发展前景如何,局外人很难作出评判。因此,对普通投资者而言,选择基金时最主要的还是要看基金的业绩怎样。虽然基金的运作不会像莎士比亚《暴风雨》中安东尼奥所断言的那样,"过去就是现在的序幕",但是,基金过去的业绩仍应是投资者选择基金的重要参考因素。另外,美国基金的实践经验也表明,避开总是处在业绩排行榜后面的基金的做法是较为理智的行为。这是因为一旦一个基金连续几年出现经营不善导致业绩下降,就说明基金管理人投资策略出了问题,对这样的基金还是离开远一点为好。

在分析基金的投资业绩时,投资者应注意以下几点:

① 投资者不仅要分析基金的总的收益,而且要对基金收益的各个组成部分进行分析。基金的收益一般由两部分组成:利息和资本利得(即资本增值的部分)。只有对基金投资收益进行结构分析,投资者才能判断它是否符合我们的需要:是靠利息,还是靠资本增值,抑或两者兼而有之。

② 投资者不仅要分析基金的年收益,而且要分析基金的季度收益和月度收益。这样,投资者才能判断基金的收益是否稳定。投资者不仅要分析一年的收益,而且要分析多年的收益。只有这样,投资者才能得出较为可靠的结论。因为对美国基金的研究表明,只有那些经营业绩持续稳定的基金方能在较长时期内保持不败的纪录。所以,我们在挑选基金时,要把经营业绩连续几年(至少两年以上)高于其同类基金经营业绩的基金作为优先选择的对象。

③ 分析基金收益的变化时,要紧密结合当时的市场环境。市场环境有时对某种基金的收益起着至关重要的作用。例如,当某一年资产重组股风行一时时,那么,资产重组基金显然会取得不俗的投资业绩,但是,这种业绩往往不会持久,因为,这只是表明,基

金管理人的运气较好，而不是他的才能所致，当市场发生变化时，它的业绩也会跟着变化。

（6）购买基金应坚持分批买入原则，并应参照当时的技术走势，选择好买点。我们发现一些人初次购买基金时，就一次投入所有资金，这样操作风险是很大的。正确的做法是：投资者投资基金是一个较长时期的渐进的过程，如果你不是一个非常老练的投资者，就应该有计划、有步骤地分批买入基金，逐步达到理想的投资规模。这种方法虽然不能使你因市场暴涨而获取暴利，不过，它能使你避免因市场暴跌而深套其中。

第六章　选股难题分解练习

第一节　短线黑马、中线黑马、长线黑马的识别与选股练习

习题 90　张老师说：我们发现有的股票涨起来气势汹汹，跌起来凶猛异常；有的股票像鸭子在水里打圈圈，隔三差五总要表演一番；有的股票平时涨跌貌不惊人，但几年下来小树苗长成了参天大树。请问：这是怎么回事？你能说出这些股票的特征是什么吗？

参考答案　在股市中人们把涨幅大，能远远跑赢大市的股票称之为黑马。如果以黑马跑赢大市的程度和持续时间的长短进行区分，我们可以把黑马分成短线黑马、中线黑马和长线黑马三类。

什么是短线黑马呢？短线黑马是指只能在一段时期内远远跑赢大市，而且持续时间不长，通常不超过 3 个月，甚至几个星期、几天的一种黑马。正因为短线黑马持续时间短，所以它涨起来气势汹汹，一旦完成了短期升势，就会见顶回落，跌起来也凶猛异常。

什么是中线黑马呢？中线黑马是指能经常远远跑赢大市，股价涨跌呈周期性特点，寿命短则半年至 1 年，长则 3—5 年的一种黑马。由于中线黑马涨跌具有周期性这一特点，所以其上涨和下跌

时就像鸭子在水里打圈圈,隔三差五总要表演一番。

什么是长线黑马呢？长线黑马是指在一个较长时期内能远远跑赢大市的黑马。尽管从短时期看,它有时可能表现不佳,但长线黑马能几年、十几年,甚至几十年地为投资者带来丰厚的回报。正因为长线黑马有这样一个特点,所以它涨时犹犹豫豫,跌时也不显山露水,但几年累计一算涨幅非常惊人,这样就会出现平时涨跌貌不惊人,几年下来小树苗长成了参天大树的现象。

上面我们介绍了何谓短线黑马、何谓中线黑马、何谓长线黑马。下面我们再来看看它们各自的特征是什么。

1. 短线黑马的特征：

（1）一般股票质地比较差,多为绩差股,发动初期价位大多比较低；

（2）过去曾经沉寂了很长一段时期,被市场视作冷门股；

（3）因股权变动、资产重组等原因酝酿出一个新题材；

（4）在技术形态上有足够的上涨空间；

（5）在朦胧题材刺激下,股价步步走高,当消息公布后,股价即开始回落；

（6）题材常有哗众取宠之感,而无实质性的内容；

（7）股价飙升时容易吸引钟爱低价股的散户和炒手追涨；

（8）投资者如不是快进快出,见好就收,盲目追涨很容易吃套；

（9）一旦股价出现快速回落,就会有很长一段时期沉寂,重新沦落为冷门股；

（10）庄家炒作短线黑马的基本规律是：吸货——连拉阳线——派发——急拉——大量出货——砸盘或釜底抽薪,股价像自由落体一样快速回落。

在海外成熟的股市中短线黑马究竟有多少,我们无法知晓。但在我们的沪深股市中,至少有一大半以上的股票在某一时期充当过短线黑马的角色。短线黑马的大起大落,只为极少数能把握短线黑马特征,并能熟练地运用技术分析手段进行操作的投资者提供了暴富机会,而绝大部分投资者因为不了解短线黑马的特征,又缺乏技术操作的手段,因此他们在追逐短线黑马过程中都遭遇过不同程度的伤害,有的深度套牢,有的血本无归。

2. 中线黑马的特征:

(1) 股票质地比较好,向上发动时,股价常处在整个股市的中价位置上;

(2) 常会周期性跑赢大市,在某一个时期走在大势前头,后来慢慢冷下来,过了一段时期,又会跑在大势前头,周而复始,直到潜在的题材用尽;

(3) 因股本结构、行业、地域等特殊原因,其题材不断地被主力利用;

(4) 在技术形态上有足够的上涨空间;

(5) 受题材刺激股价不断上升,而当消息公布时,股价炒作往往到位;

(6) 题材虽有实质性内容,但一次次被主力利用,似有"旧瓶装新酒"之嫌;

(7) 股价上升时,对炒手和新的投资者的吸引力远比对老的投资者大;

(8) 一轮炒作后在高位追涨经常发生"吃套",只有等到其"梅开二度"时才有解套和获利机会;

(9) 股价回落后,要盘整筑底较长时期,等题材被主力重新发掘(如再一次有人收购),才会展现昔日雄风;

(10) 庄家炒作中线黑马的基本规律是:吸货——洗盘——拉高——派发——再拉高——再派发——股价较快回落。

中线黑马可能是我国新兴股市的特有产物。在沪深股市中,约有 5% 左右的股票一直在充当着中线黑马的角色。例如,上海、海南、四川地区的股票中，就有不少个股长期在一个固定的箱子里作周而复始的波动(如从 10 元左右涨到 20 元左右，最后再回到 10 元左右，几年下来，走了数个来回)，中线黑马是较好的投资品种，曾经给一些稳重的投资者创造了较大的获利机会。沪深股市中有些投资者掌握了中线黑马起伏的规律，来来回回在它们身上赚了不少钱。

3. 长线黑马的特征：

(1) 有鲜明的主营业务和过硬的拳头产品(包括资产重组后获得新生的那部分个股)；

(2) 在行业竞争上始终处于领先地位，市场占有率越来越大；

(3) 有股本高速扩张的能力，并且经营业绩随股本扩张同步增长；

(4) 净资产收益率和每股收益都名列上市公司的前列；

(5) 随着股市规模扩大，人们投资理性化，追逐它的人越来越多；

(6) 每当大市发动，都可能冲锋在前，有一段可观的涨幅；

(7) 上涨时无需很大的成交量，筹码锁定性较高；

(8) 主力炒作不是图一时之快，有长期作战的打算；

(9) 股价上去了不易回落，大势下跌时，呈较强的抗跌性；

(10) 主力炒作长线黑马的基本规律是：吸货(小阴小阳不断，股价上下徘徊)——拉升(阳多阴少，阳线实体加大，股价呈多头排列)——短期回调(回调幅度一般不超过升幅的三分之一)——再拉升，直至创出历史新高——高位震荡出货——股价缓慢回落，但总的说来股价已有可观涨幅，上了一个新台阶。

在中外股市中，真正具有超常规发展的长线黑马并不多，通常只占到整个股市的 1％左右。在美国，"微软"公司、"可口可乐"公司、"伯克夏"公司(见图 59)等都是典型的长线黑马，它们已经十多年甚至几十年地跑赢大市，至今还看不出什么衰退的

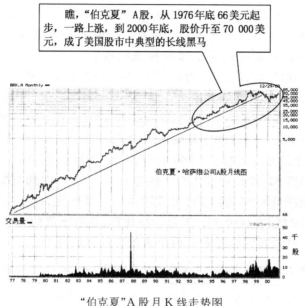

瞧，"伯克夏"A股，从1976年底66美元起步，一路上涨，到2000年底，股价升至70 000美元，成了美国股市中典型的长线黑马

伯克夏·哈萨维公司A股月线图

"伯克夏"A股月K线走势图

图59

迹象。

　　当然，目前要在我们股市中发掘出像"微软"、"可口可乐"、"伯克夏"这样经得起长期历史考验的长线黑马还很难做到。这是因为：一来中国股市发展历史还很短，究竟哪家上市公司真正具有长期持续发展能力，还需要经过市场不断重新洗牌后才会显露出来；二来中国经济还没有同世界经济完全接轨，所有的上市公司将来都要在同世界经济接轨中经受检验，谁胜谁败，现在尚不能下定论。但尽管如此，在我们沪深股市十多年的历史中，已经出现了不少阶段性的长线黑马。

　　例如，沪市的"老八股"、"四川长虹"，深市的"深发展"、"深宝安"、"深科技"，等等，它们走牛，少则有几年的时间，多则已有 10 年以上的历史。其中涨幅少的有几十倍,多的已有几百倍。面对这样的事实,你能否认这些股票在某一阶段时间内曾经是长线黑马吗?当然不能,因为它们的的确确在某一时间段内为投资者带来过极为丰厚的投资回报。

现在我们以"深发展"为例,假定你 1987 年 4 月投资 1 000 元购入"深发展",历经数年牛熊更替,从未抛售,也未再购,仅是领取股息和不断投资配股,换言之,你从未向券商交过一分钱的手续费和向国家交过一分钱的印花税。10 年后结账,你当时投资 1 000 元购股,加上历年配股投资共 66 116.20 元,得股息 35 163.80 元,相抵后共投资 31 952.40 元(不计利息)。10 年后,你拥有"深发展"104 654 股(见表 31、表 32),每股成本约 0.305 元,以 1997 年 4 月 30 日"深发展"收盘价 36.75 元一股计算,共合市值约 384.6 万元,这是什么样的投资收益啊!每个人都可以计算一下。

表 31 "深发展"历年送配股统计表(截止 1995 年 12 月 31 日)

年度	送股率	送股(股)	配股率	配股(股)	总股数(股)	息率(元/股)	股息(元)	配股价(元/股)	配股资金(元)	备注
1987					1 000					股金 1 000 元
1987	—	—	10:6	600	1 600	0.10	100.00	1.00	600.00	
1988	10:5	800	10:5	800	3 200	0.35	560.00	2.00	1 600.00	
1989	10:5	1 600	10:1	320	5 120	0.50	1 600.00	3.56	1 139.20	
1990	10:4	2 048	10:3	2 150	9 318	0.30	1 536.00	12.00	25 800.00	按送股后股数配股
1991	10:5	4 659	—	—	13 977	0.20	1 863.60	—	—	
1992	10:8.5	11 880	10:1	1 397	27 254	0.20	2 795.40	16.00	22 352.00	
1993	10:5	13 627	10:1	2 725	43 606	0.5	13 627.00	5.00	13 625.00	
1994	10:2	8 721	—	—	52 327	0.3	13 081.80	—	—	
1995	10:10	52 327			104 654					
合计	—	—			104 654		35 163.80		65 116.20	

表 32 "深发展"历年资产、利润增长统计表(截止 1995 年 12 月 31 日)

年度	总资产 (万元)	同比增长 (%)	税后利润 (万元)	同比增长 (%)	股本 (万股)	同比增长 (%)	备 注
1988	无数据	—	2 558	—	1 300	—	均折为 1 元面值 1 股
1989	168 166	—	4 302	+68.18	2 650	+103.85	
1990	291 919	+73.60	7 088	+64.76	4 850	+83.12	
1991	435 446	+49.17	9 707	+36.95	8 975	+85.05	
1992	752 284	+72.76	17 211	+77.31	13 463	+50.00	
1993	932 322	+23.93	24 524	+42.49	26 942	+100.00	
1994	1 548 798	+66.12	35 634	+45.30	43 107	+60.00	
1995	2 031 248	+31.15	43 151	+21.10	51 728	+20.00	
总计	—	+1 107.88	—	+903.05	—	+1 852.00	以 1995 年底数据与 1989 年相比

毋庸讳言,这几年"深发展"衰弱了,不再是什么牛股了,而成了典型的牛市熊股,从 1997 年以后买"深发展"的人都输得很厉害。但是我们不能因为它现在的衰弱就否认其在前一阶段曾经是长线黑马的事实。"深发展"先扬后抑的历史,揭示了中国股市长线黑马先天不足的一面:当规模很小的时候,依靠企业个人的智慧和政策的支持把蛋糕做大是可以的,但规模一大,管理或技术跟不上,就会在市场上触礁,像"泰坦尼克号"撞上冰山一样慢慢地往下沉,从此就会陷入"壮士此去路漫漫,跌跌不休不知底"的熊坑里不能自拔。"深发展"是如此,"四川长虹"不也是这样吗?可以说这些阶段性长线黑马给早期与其攀亲的投资者带来的是幸福、欢乐,从中也造就了不少百万富翁、千万富翁,但给后期与其结亲的投资者带来的却是伤心和眼泪,漫漫的无休止的价值回归,使他们损失惨重。这就是现阶段中国股市长线黑马的一个特色。

根据这个特色,投资者在捕捉长线黑马时应该制定一个正确的策略,这就是:在长线黑马没有失宠之前,尤其在其早期,应尽量亲近它,与它攀亲。在其失宠后,不要被其以前的辉煌迷住眼睛,对这些过去是天使、美女,现在是人老珠黄的徐娘,应该坚决离开它,离得越远越好。日后如果它能东山再起,再和它"复婚"也不迟,否则,就永远不要理睬它。

有人会问:今后中国股市有没有可能出现像国外股市中跑赢大市几十年的长线大黑马呢?我说完全有可能,中国长线黑马的先天不足,只是反映了现阶段中国经济发展不成熟的一面。我们相信,随着中国经济的稳步发展和中国股市的不断壮大,特别是在中国加入 WTO 后,中国长线黑马的先天不足,一定会在世界经济大潮的冲击下,最终得到彻底改变。到那时中国就会出现类似"微软"、"可口可乐"、"伯克夏"那样长盛不衰的长线黑马。谁如有幸能慧眼识宝,和其长期攀亲,那一定是个股市大赢家。

习题 91 一位同学说:听张老师这样一介绍,我眼前一下子豁然开朗起来,原来沪深股市的很多股票都是有品相的。能跑赢大市的股票,就有短线黑马、中线黑马、长线黑马之分,这也就是说,投资者不论是做短线、中线,还是长线都有机会获利。既然如此,那么为什么市场上对做短线好,还是中线、长线好的问题会争论不休呢?比如:有人说短线是银、长线是铁;有人说短线是癌、长线是金;又有人说短线、长线均不好,惟有中线才是宝。据说这还不是一般人之间的唇枪舌战,市场上一些权威人士也往往为此各执一词,争得面红耳赤。请问:你对这个问题是如何看的?作为中小投资者究竟是应该选择做短线呢,还是做中线或长线呢?

参考答案 我觉得市场对短线、中线、长线的不同评价,尤其是一些权威人士的看法绝不会是空穴来风,肯定是他们有了某些亲身体会,或接触了某一部分投资者后的真实感受。但经验告诉我们,具有真实感受的事情也不一定可靠。

这里我不妨同大家讲一个故事:有一天,为了做骨头移植的研究,科学家吩咐手下的一个实验人员将几只兔子后腿骨搞骨折了,然后在那骨折的部位上绑上石膏。兔子骨折后,实验人员便在骨折的部位里注入 P^{22} 的渗透液,然后就仔细地观察骨折部位的各种病理变化。但当后腿上了石膏后,兔子感到万分痛苦,拼命地用嘴撕扯腿上的石膏,想挣脱这石膏的桎梏。但这种挣扎实在是徒劳的。可是,这些兔子一味地死不买账,扯不掉还是不停地扯,又不吃东西,渐渐地体力衰退,终于垮下去了,最后这项实验宣告失败。于是这个实验人员得出结论:用兔子来做骨头移植的研究方法行不通。

但科学家并不同意这个实验人员的意见。因此,科学家又找来另一个实验人员,并另外给了他几只兔子进行实验。而这个实验人员在做实验时发现,这几只兔子性情很温和,虽然,它们在刚上石膏的半天里也同样撕扯石膏,想获得行动的自由,但是折腾了一段时间,好像知道这是徒劳无益的,就停止挣扎,慢慢心平气和起来,开始吃放在面前的豆腐渣与胡萝卜,最后实验成功了。于是这个实验人员得出结论:用兔子来做骨头移植的研究方法完全行得通。

那么,为什么这两个实验人员对做的同一个实验会得出截然相反的结论呢?科学家揭开了这个谜:原来第一个实验人员做实验时用的兔子都是雄性,第二个实验人员做实验时用的兔子都是雌性,由于雌雄兔子的性格不同,所以会出现两个完全相反的实验结果。

这一故事告诉我们一个道理:在世界上,尽管有些事情感受到是真实的,但是因为它只反映了事物的某一部分而不是全部,因此由这个感受得出来的结论是不可靠的。由此可以推论,现在市场上对短线、中线、长线谁是谁非的评价,尽管确有其事,但也只是反映了股市中某一方面的事实,犹如只看到雄兔子骨折后的表现,而没有看到雌兔子骨折后的表现,或者只看到雌兔子骨折后的表现,而没有看到雄兔子骨折后的表现,其结论同样是不可靠的。

我这样分析,有人可能不同意,觉得把科学家做兔子实验的故事,同市场上关于短线、中线、长线谁是谁非的争论扯在一起进行类比,实在有些牵强附会。在某些人眼中,短线、中线、长线这几种操作方法,总有个谁好谁坏,或者谁好谁更好的问题。因此,他们心里总希望能通过相互之间的争论,最后争出一个结果来。这些投资者的想法很好。但恕我直言,世界上有很多事情,你无论怎样争论都不可能争出一个结果来。

例如,夫妻的感情纠葛、婆媳之间不和,你说能争得清楚吗?往往是公说公有理,婆说婆有理,谁是谁非就很难争出一个结果来。因此,社会上才有清官难断家务事之说。

又如,关于野狼要不要捕杀的问题,向牧民、动物保护主义者、生态学家征求意见,这又是一个争论不清楚的问题。拿这个问题问牧民,牧民会说要杀、杀得越多越好。因为在牧民看来,野狼少了,他们放牧才有安全感。拿这个问题问动物保护主义者,动物保护主义者会说,不该杀,野狼也得保护。因为在动物保护主义者看来,在地球上,动物和人类一样都有生存的权利,人类不能太自私,擅自剥夺动物的生存权利。拿这个问题问生态学家,生态学家会说,只有当野狼侵犯到你,对你生命造成威胁的时候才能杀,除此之外,就不能杀。因为在生态学家看来,随便捕杀野狼会造成生态不平衡。野狼杀光了,草原上的野羊、野鹿等,就会在缺少天敌的威胁下大量繁殖,最后非得把草原上的植物啃光不可。

可见,对野狼要不要捕杀的问题,牧民、动物保护主义者,生态学家态度大不一样,这三方面谁的意见对呢?依我看都有道理,不存在谁对谁错的问题。他们的观点之所以不同,是因为他们各自站的立场、观察问题的角度存在着很大的差异。现在你硬要把他们的意见统一起来,显然是行不通的。退一步说,即使他们为这个问题争上一千年,最终也不会争出一个谁对谁错、谁是谁非的结果来。

如果你仔细地回顾一下股市的历史,你就会发现股市上很多事情不也是这样吗?譬如,投机投资问题、利多利空问题、市场要不要题材问题,等等,各人立场不同,对这些问题的看法就不同,而关于短线好,还是中线、长线好之间的争论,仅是其中一例。股市各方面对这个问题的评价,我们完全可以想象得到。在短线中获利的人,会说短线是银;在短线操作中吃了苦头的人,会说短线是癌。在长线中赚钱的人,会说长线是金;在长线中随着股价上上下下来回乘电梯的人,会说长线是铁。如此等等。故而说句公道话,无论谁说短线好,或者中线、长线好的理由有多么充分,实际上他的意见只是反映了股市中一部分人的想法,对这部分人来说这种感受是真实的,对另一部分人来说,这种感受就是错的,相互之间永远也甭想找到一个统一的结论。

其实回过头来想一想,这个问题有没有结论对投资者来说又有什么关系呢? 这里关键的问题不是要不要有一个结论,而是投资者能不能根据自身的素质和条件来"量身定性",找到一个适合自己的操作方法。如果你量身定性下来觉得自己做短线比较适合,那你就做短线;如果觉得自己做中线比较适合,那你就做中线;如果觉得自己做长线比较适合,那你就做长线。一旦操作方法定下来,你就要努力学习它、钻研它、实践它。千万不要忽而做短线,忽而做中线,忽而做长线,操作方法不断变来变去,最后会把投资股市的钱也变没了,这样的傻事不要去做。

说到这里,一些投资者很想知道如何来量身定性,从而为自己找到一个准确的定位——究竟是做短线,还是做中线、长线。遗憾的是,关于如何对投资者量身定性的问题,迄今为止还没有看到有关这方面内容的权威报道。这说明对投资者量身定性的问题,目前还是一个有待开发的研究课题。那么面对这样的情况怎么办呢? 显然要等到权威部门把这个问题研究结果拿出来,不知道要等到什么时候。现在只好由我们来越俎代庖,把我们尚不成熟的研究成果(见表33)奉献给读者。为了不误人子弟,我们在此作个"郑重声明":

（1）按照科学严谨的态度,任何研究成果都必须在成熟后公布。现在我们公布尚不成熟的研究成果,违反了这个规定,这不是我们有意要这样做的,是因为市场太需要这方面资料,是不得已而为之。其中,有什么错误还请大家多多包涵。

（2）本表为投资者设计的量身定性的内容,对股龄不长的普通投资者可能比较适用,而对股龄长,或对市场某一方面有特殊感悟的投资者来说就不一定适用。

（3）在使用本表格时,不要把表格内容绝对化,只要大致对上号就可以了。譬如,在年龄一栏,我们说短线适合青年人,但是,如果实际情况反映的是,你年龄偏大但思想活跃、反应敏捷,那么你也可以把自己量身为"年轻人"。

（4）在量身定性后,经过一段时间实践,如感觉好就应该坚持下去,如感觉不好就应暂时放弃,或者再重新为自己作一次量身定性,试一试再说。

表 33 投资者"量身定性"自我测试一览表(草案)

操作方法	性格[注1]	血型[注2]	性别	年龄层次	*对事物反应能力	*对事情处理能力	抗风险能力	耐力	数学计算能力	*对技术指标运用能力	*对个股潜质分析能力
短线	A型	A型 AB型	以男性居多	青年	灵敏	果断	很强	较差	很好	很好	一般
中线	D型	B型	男女兼有	中年	一般	一般	较强	一般	良好	一般	良好
长线	B型	O型	以女性居多	老年	较差	较差	一般	很好	一般	较差	很好

[注1] 科学家为了便于对性格进行分类和研究,把性格分为五种类型:

A型:具有这种性格的人,雄心很大,有进取心,但易急躁,对周围环境适应性较差,人际关系不甚融洽,他们的行为常引起人们的注意或议论。

B型:具有这种性格的人,能力一般,但社交适应性较好,遇事丢得下,想得开,不耿耿于怀。

C型:具有这种性格的人,感情内向、好生闷气、反应慢、较孤僻、好幻想、情绪焦虑,极小生活事件便可引起焦虑不安,心情总处于紧张状态。

表 33 说明：

（1）人类性格有 A、B、C、D、E 五种类型。一般认为 C 型、E 型的人心理消极因素较多，不太适宜做股票，所以本表未将其列入。

（2）上面 11 项指标中，打＊为重点指标。一般而言，当投资者在性格、年龄等方面与本表中某一栏的 2/3 以上指标（尤其是重点指标）相对应时，就大致可以确定究竟是适合做短线，还是中线、长线。

（3）"对事物反应能力"是测试适合做短线，还是做中线、长线的一个极为重要指标。"灵敏度"高低可以用仪器进行测试，如没有专门仪器也可以用下列方法对受试对象作出反应能力的鉴别。方法是，让受试人往前走，在他们不注意的情况下，突然在其身后倒一盆水（既安全又有响声），当水落地发出响声后，能马上作出反应，迅速跑到旁边去的为"灵敏"；回头看了一下，再作出反应离开的为"一般"；而回头看了后，仍旧站着不动的为"较差"。这个实验自己不能做，可以由家人或朋友帮着做。

（4）本表最后一栏"对个股潜质分析能力"，对短线、中线、长线都提出了不同要求。该栏对短线操作要求并不高，"一般"就可以了。因为短线只重视眼前，不会去问将来如何。短线操作策略是打得赢就打，打不赢就走。该栏对

（续上注）

D 型：具有这种性格的人，情绪稳定、感情外向、为人活跃开朗、善于交际、周围人际关系较好、有组织领导才能，所以又叫管理者型。

E 型：这类性格的人，多具消极情绪，常逃避现实。

[注 2]　据一些医学专家研究，除少数意志坚强者外，血型对多数人的性格、情绪和心理活动等具有很大的影响。从世界范围来说，通常只有 O 型血、A 型血、B 型血和 AB 型血这四种血型。在人群中，O 型血的人最多，约占全世界人口的 46％，其中棕色人种最高，白色人种次之，黄色人种最少。在我国，O 型血的人超过了全国人口的 1/3，远高于其他血型的人在全国人口中所占的比例。一般认为，O 型血的人意志坚强、冷静、实干，但行动较为迟缓，因而较适合做长线；A 型血的人，情绪波动剧烈，热得快，凉得也快，做事缺乏计划性，因此一般只能以短线操作为宜；B 型血的人，坦率、明朗、行动爽快，但遇到困难往往不能坚持到底，做事耐力不及 O 型血的人，因此，适宜做中线；AB 型血的人，下决心快，行动迅速，好逞强，注意力容易集中，记忆力也较强，但做事不能持之以恒，因此，这种血型的人最适宜做短线买卖，炒投机股。

中线操作要求就要高一些，一定要达到"良好"的标准。因为中线是认定一个股票是循环股(作周而复始的上下波动)后才决定参与的，否则一切就无从谈起。该栏对长线操作要求就更高一些，一定要达到"很好"的标准。因为能不能认准一个股票的潜力，这对长线投资者来说是一个性命攸关的大问题。例如，1993 年你用一万元买"中百一店"、"金杯汽车"，至今还是亏损的，而你同样用一万元买"爱使股份"、"飞乐音响"，到现在股价(以复权价计算)已经翻了几十倍。

习题 92　张老师说：通过上节课，大家明白了在股市中，无所谓短线好，还是中线、长线好，关键要看自己究竟是适合做短线，还是适合做中线、长线，只有通过量身定性，找到适合自己的操作方法，在股市中才能取得良好业绩。讲到这里我觉得有一个问题需要进一步讨论一下，即投资者在股市中要真正做到潇洒自如，就必须充分了解短线操作方法、中线操作方法、长线操作方法有什么区别。下面请同学们对这个问题谈谈自己的看法。

◆◇◆

参考答案　我们也学张老师的样子，设计一张表格，这样短线、中线、长线在操作方法上有什么区别，一看就清楚了。下面我们给这张表格起一个名字，叫短线、中线、长线操作方法区别一览表(见表 34)。虽然，这张表格设计得比较粗糙，错误在所难免。但我们绝对保证：该表的内容都是我们综合自己和股市成功人士操作经验的体会拟成的。同时，该表也是我们股市操作强化训练班全体学员的"智慧结晶"。如果这张表格对你日后操作有什么帮助的话，请不要忘了光谢老师，也得谢谢我们这批热心为你服务的同学。

表 34　短线、中线、长线操作方法区别一览表(草案)

	选股依据	个股入选条件	主要参考技术指标	买入时机	卖出时机(包括止损)
短线操作要领	以个股技术形态为主	(1) 短期内在技术上有上升空间的个股; (2) 强势股,尤其是强势股中的领头羊; (3) 大盘指数处于强势状态(30日均线向上移动)	(1) 日 K 线; (2) 5 日、10 日均线; (3) 短期趋势线; (4) 技术图形	(1) 日 K 线出现买进信号; (2) 日 K 线走势图中,5 日、10 日均线出现黄金交叉; (3) 短期上升趋势线已经形成; (4) 在日 K 线走势图上出现双底、头肩底、潜伏底、圆底等技术图形,股价已冲出颈线位	(1) 日 K 线出现见顶信号; (2) 日 K 线走势图中,股价跌破 10 日均线,且 10 日均线向下弯头,或 5 日、10 日均线出现死亡交叉; (3) 短期上升趋势线被击穿
中线操作要领	(1) 以个股技术形态为主; (2) 曾有过一次或数次在某一箱形中作上下波动的历史	(1) 从顶部回落至少在半年以上,回落的低点已经接近上一轮循环的低点; (2) 大盘指数处于强势状态(30日均线向上移动)	(1) 日 K 线、周 K 线; (2) 5 日、10 日、30 日均线或 5 周、10 周均线; (3) 中期趋势线; (4) 技术图形	(1) 周 K 线出现买进信号; (2) 日 K 线走势图中,5 日、10 日、30 日均线出现多头排列; (3) 周 K 线走势图中,5 周、10 周均线出现黄金交叉; (4) 中期趋势线已经形成; (5) 在周 K 线走势图上,出现双底、头肩底、潜伏底、圆底等技术图形,股价已冲出颈线位	(1) 周 K 线出现卖出信号; (2) 日 K 线走势图中,股价跌破 30 日均线,且 30 日均线向下弯头,或 5 日、10 日、30 日均线出现空头排列; (3) 周 K 线走势图中,5 周、10 周均线出现死亡交叉; (4) 中期趋势线被击穿; (5) 股价接近上一轮循环的高点

（续上表）

选股依据	个股入选条件	主要参考技术指标	买入时机	卖出时机（包括止损）
长线操作要领	以个股基本面为主、技术形态为辅	(1) 股价被严重低估； (2) 大盘指数处于强势状态（30日均线向上移动）	(1) 日K线、月K线； (2) 5日、10日、30日、250日均线或5月、10月均线； (3) 长期趋势线	(1) 月K线出现买进信号； (2) 日K线走势图中，5日、10日、30日均线出现多头排列，且250日均线处于向上移动状态（走平、向下移动都不行）； (3) 月K线走势图中，5月、10月均线出现黄金交叉； (4) 长期上升趋势线已经形成； (5) 在月K线走势图上，出现双底、头肩底、潜伏底、圆底等技术图形，股价已冲出颈线位	(1) 月K线出现卖出信号； (2) 日K线走势图中，股价跌破30日均线，且30日均线向下弯头，或5日、10日、30日均线出现空头排列，或250日均线出现调头，开始向下移动； (3) 月K线走势图中，5月、10月均线出现死亡交叉； (4) 长期趋势线被击穿； (5) 股价创出历史新高[注]

说明： 表34中所提到的技术指标，在《股市操练大全》第一册、第二册里均有详细论述。K线、技术图形详见《股市操练大全》第一册，均线、趋势线详见《股市操练大全》第二册。

第二节　投资价值、投机价值的区分与选股练习

习题 93　现在市场上投资力量不敌投机力量，做短线的人越来越多，但频繁进出、追涨杀跌，带给中小散户的损失远大于收益。

[注]　据资料统计，约有2/3以上的长庄股，在创出历史新高后都出现过一轮调整走势。

对此老王看在眼里记在心里,觉得自己性格内向不适合投机,想找一个安全的方法进行投资。去年他看到某权威咨询机构按照美国《财富》杂志编制世界 500 强的方法,以经营业绩编制了沪深股市 50 强企业,于是他选了其中几个股票进行组合投资。他原以为自己的投资方法找对了,但不料一年下来,仍和大多数人一样,落得个赚了指数赔了钱的结局。对此,老王百思不得其解。他想:连上市公司 50 强都没有投资价值,这叫咱们中小散户该怎么办呢?现在,你能为老王解释心中的疑团吗?并告诉他如何分析上市公司的投资价值?

参考答案　某权威咨询机构仿效美国《财富》杂志编制上市公司 50 强,引导大家进行投资,这是一件有利于市场健康发展的好事。这对崇尚投资,希望通过中长线持有股票来获得稳定投资回报的中小散户来说,买股票时有了一个重要的参考资料。

平心而论,按年报主营收入排名的上市公司前 50 强,大多数是很优秀的上市公司。举例来说吧,2000 年 50 强企业主营收入增长 24.42％,净利润增长 7.9％,平均每家实现主营收入 76.9 亿元,净利润 3.83 亿元。尤为难得的是,50 家中每股收益 0.40 元以上的绩优股有 17 家之多,比例超过三分之一。股市三甲(每股收益超过 1 元)前两名均出自 50 强。不仅如此,50 家中有 48 家提出分红方案。这就是说,50 强不仅总体业绩良好,对股东有回报,成长性也相当不错。另外,2000 年年报统计数据表明,50 强上市公司共实现主营业务收入 3 845.23 亿元,占沪深股市 1 100 余家上市公司约 1.1 万亿元主营收入的 34.96％,实现净利润 191.64 亿元,占市场的 23.4％。

但是,大大出乎人们意料的是:50 强上市公司如此优异的业绩,却得不到市场的认同,股价表现令人失望,市价总值(不含 H 股)才 6 275.39 亿元,仅占同期两市总市值约 5.2 万亿元

的 12.1%。就股价而言,两市平均股价(加权,下同)13.56 元,
50 强 8.45 元;就市盈率而言,两市按 2000 年盈利计算的平均
市盈率约 57 倍,50 强的平均市盈率为 33 倍,仅为市场的 58%。
概言之,中国股市 50 强企业总体上以 6 折贱卖了。这也难怪投
资 50 强企业的股民大多数都处于套牢状态。那么,为何会出现
这种情况呢?

　　首先,从行业看,50 强以传统行业,如钢铁、石化、家电企业居
多。其中,50 家企业中钢铁企业就有 14 家,这是 50 强中权重最
大,业绩水平相对较好的一个群体。14 家企业主营收入平均增长
16%,净利润增长 27%,14 家中有 9 家市盈率仅 20 来倍甚至更低。
那么如此好的业绩和这么低的市盈率,竟然不被市场所重视,又作
何解释呢?原因很简单:钢铁行业前景不为投资人看好。

　　其次,50 强都是大盘股,平均总股本 16.84 亿股,A 股流通股
3.03 亿股。其中权重最大的 14 家钢铁股,平均总股本和流通股更
高达 26 亿股和 4.6 亿股。大盘股较难炒作且股本扩张能力差,在
投机性较强的沪深股市中不受青睐。

　　再次,50 强中 95% 为国有控股公司,而且国家股持股大多在
51% 以上,扣除 H 股,流通股仅占总股本的 23%,也就是说,有
77% 的股份不能流通。这样的股本结构至少带来三大弊端:

　　(1) 一股独大,一锤定音,公司治理结构存在先天缺陷,每逢增
资配股,国家股不是弃配就是拿出一些实物资产充数,公司发展壮
大主要依靠中小股东,但其权益却常常得不到保障。

　　(2) 大部分公司系剥离一块"优质资产"而非整体上市,会计信
息存在不同程度的失真,这种剥离上市的做法极易产生关联交易,
以及大股东占用上市公司资金等违规现象。

　　(3) 在相当长一段时间内面临国有股减持压力。

　　正因为有上述三个原因,所以表面上看来很有投资价值的 50
强上市公司,但从深层次分析,它们的投资价值仍然值得人们怀

疑,这就难怪这些强势企业的股票在市场上倍受冷落。这样老王买进这些股票,亏钱也就在所难免了。

　　说到这里,投资者应该明白一个道理:一个上市公司是否有投资价值仅看其经营业绩、市盈率是远远不够的,公司的行业前景、公司的资产质量、公司的核心技术竞争能力、经营者的素质、股本大小和结构,等等,都是构成其投资价值的重要因素。忽略这些,就无法对上市公司的投资价值作出恰如其分的评判。可见,投资者在选择绩优股,尤其是50强上市公司的股票进行长期投资时,一定不能草率从事。下单前把所要投资的上市公司各种潜在的缺陷研究透彻,看准了再买进,看不准宁可错过,也不要随意买进。至于如何才能看得准确,在本书其他习题中已作过介绍,这里不再重复。

　　习题94　张老师说:刚才我们分析了老王根据"沪深股市上市公司50强排行榜"选股出现的亏损原因,使大家知道了上市公司50强≠有投资价值。但是这样又产生了一个新的问题,为什么美国《财富》杂志编制的世界500强企业,能给投资者以正确的投资指导,而我们某权威机构按照其方式编制的沪深股市50强企业,却起不到这样的作用呢? 如果投资者不能根据上市公司50强选择有投资价值的股票,那么,又应该从什么地方去寻找这方面较为可靠的参考资料呢?

　　参考答案　对这个问题我是这样看的,我国国情与美国这些发达国家的国情不同,我国企业的素质和海外发达国家的企业素质也不一样。例如,世界500强企业不仅强在规模大,而更主要的是强在掌握了先进的管理技术和高、精、尖的核心技术。而我们的50强企业只是强调规模大,并没有突出管理和技术,就像有些上市公司销售额可以做到同行业全国第一,但高、精、尖的核心技术仍掌握在外国人手里。说得难听一点，我们一些企业是在为外国洋老板打工，这种情况在家电类企业当中表现得尤为明显。同样卖一台电视机，由于国外企业掌握了彩电核心技术，他售出一台电视机能赚上几千块钱，而我们卖掉一台电视机，能赚几百块钱就不错了，赚几十块、几块钱也是司空见惯的，差的只能赔本赚吆喝。可见，只讲规模、只讲销售、只讲主营收入并不能真正反映上市公司的获利能力。上市公司 50 强之所以不具备真正的投资价值，其原因也就在这里。

但是，同样是编制上市公司 50 强，另一家投资咨询机构就做得比较好。投资者根据它去选股，赢钱的机会比较多。为什么呢？因为，该投资咨询机构[注]编制的"沪深股市中最具发展潜力上市公司 50 强"，着眼点并不是上市公司的规模，而是它的成长性和持续发展的能力。他们在编制 50 强时，一共设了财务状况、核心业务、经营能力、企业制度、管理层素质、行业环境六大指标。据统计，在它列出的前 20 名上市公司中，你只要是在相对低位买进，大多可以获得较好的投资回报。

当然，我们这样说，并不是讲该咨询机构提出的沪深股市 50 强上市公司就肯定有投资价值了。我们只是想告诉投资者，现在报纸上关于介绍上市公司基本面的参考资料很多，有的确实很有用处，有的作用不大，甚至会给投资者带来误导作用。因此，投资者在选择这些参考资料时，一定要睁大眼睛，多做比较，选择最能反映市场实际情况的资料作参考。千万不能只要看到是权威机构编制的上市公司基本面参考资料，就不管它有多大用处，拿来就用，这样，很容易给自己的投资带来不必要的损失。

习题 95 张老师说：关于怎样看待股票的投资价值和投机价

[注] 指"上海亚商企业咨询股份有限公司"。

值,是市场上争论得最多的问题之一。如果这个问题不搞清楚,就会直接影响到我们准确选股。因此有必要对它进行一番深入研究和探讨。下面我问大家几个问题:什么是股票的投资价值? 什么是股票的投机价值? 投资者如何来区分股票的投资价值和投机价值?

◇◇◇◇◇◇◇◇◇◇◇◇◇◇◇◇◇◇◇◇◇◇◇◇◇◇◇◇◇◇◇◇◇◇◇◇◇◇◇

参考答案　现在有很多人,包括一些市场分析人士,一讲到上市公司的投资价值,就讲它每股收益多少,市盈率多少,似乎上市公司每股收益高、市盈率低就有投资价值,反之就没有投资价值。我认为这个看法是片面的,我们承认每股收益和市盈率是衡量上市公司投资价值的一个重要指标,但它决不是衡量上市公司有无投资价值的唯一指标,更不能以此作为标准,来评判上市公司的投资价值。这跟考试成绩是衡量学生掌握知识程度的一把尺子,但我们不能以分数高低来确定学生将来是不是有用之才的道理是一样的。

例如,最近教育界对韩寒现象的讨论就很能说明这个问题。韩寒在上海某郊县一个普通中学读高中一年级时,他 6 门功课不及格,但能写一手好文章。他的文章在全国新概念作文大赛中获得一等奖,但他语文考试成绩却常常红灯高挂。用他自己的话说,他不知道语文课本中主、谓、宾、定、状、补是什么意思,学这个东西有何用处,但他写出来的文章构思巧妙,文句优美[注],连一些教了几十年语文的老师都自叹不如。像这样一个与传统教育标准格格不入,而在写作上大有建树的少年作者,你能说他不是一个有用之才吗? 市场也许能说明一切,现在他写的《三重门》、《零下一度》等书已成为当前最畅销的文学作品之一。

　　[**注**]　著名文学评论家曹文轩先生在阅读了韩寒的《三重门》后评论说:"《三重门》是一部由一个少年写就,但却不能简单划入儿童文学的一般意义上的小说。在我的感觉上,它恰恰是以成熟、老练,甚至以老到见长的。这番成熟,首先表现在思想的锐利上。一个少年对社会、对人世、对人生、对周围的一切,常能发出一些直抵要害的见解来,既使人感到可怕,又使人感到惊羡。"

我们从韩寒现象中可以得到启发，一个很有发展前途的上市公司，目前经营上出现困难，业绩很差，甚至出现亏损，你能说它没有投资价值吗？显然，我们不能这样说。因此，简单的以上市公司的每股收益多少、市盈率高低来评判一个上市公司有无投资价值是没有道理的。

这使我想起了一些老牌绩优公司在二级市场表现十分差劲，股价逐波走低，而一些绩差甚至亏损的上市公司股价如芝麻开花节节高，这是不是说明股市中也有韩寒现象呢？人们看重的不是上市公司的业绩，因为这些股价连连走高的上市公司业绩可能差得一塌糊涂，和韩寒考试成绩6门功课不及格没有什么两样，而看重的是这些公司未来发展前景，就像社会上承认韩寒是个有用之才的道理是一样的。韩寒用特殊才能来塑造自己，拓展自己的人生发展空间。作为投资者也应该认识到有些绩差公司因为有着"特殊才能"，发展的前景是美好的，这样的上市公司就比单纯的每股收益高、市盈率低而没有"特殊才能"的上市公司更有投资价值。这个问题看明白了，对市场上出现的有些绩差公司股价高了还有人买，而有些绩优公司股价低了仍无人问津的现象就可以理解了。

当然我们这样分析并不是说绩差公司就有投资价值，这正如不能因为出现了韩寒就说功课不及格的人就是有用之才的道理是一样的。如果有谁作出这样的判断，一定会让世人笑掉大牙！说到这里，我们对如何评价上市公司的投资价值问题就可以进行一下概括：

（1）不能用形而上学的观点来看待上市公司投资价值。业绩好、市盈率低只是衡量上市公司投资价值的一个方面，而更重要的是要看它的发展前景。

（2）当一个上市公司在某些方面具有别人所不及的优势，如流通股本很小，或获得了政府特殊政策的支持，或在地理上、资源上有独特的优势，等等。像这类上市公司在一定时期内都有较大的投资价值。

（3）一个上市公司有没有投资价值还要看企业的综合素质如何。这里面包括上市公司的财务状况，经营人员的素质，有没有核心技术等，这方面的资料可从年报中查阅，也可从《中国证券报》和上海亚商企业咨询股份有限公司评定的"中国最具发展潜力上市公司50强"等有关资料中获悉。

（4）看一个上市公司有无投资价值，还要看其股价如何。一位投资高手说，再好的股票经过狂炒后，也会失去投资价值。这就是说，有些上市公司发展前景确实很好，但经过狂炒，股价高企，它已经把未来的发展前景都透支了，这时你就不能认为它有什么投资价值了。

（5）看一个上市公司有无投资价值，还要看他给股东回报如何。有的上市公司业绩很好，发展前景也不错，但是，它从来不给股东回报，只知道向市场圈钱，一会儿高价增发新股、一会儿高价配股，对这些一毛不拔的铁公鸡式的上市公司是否具有投资价值，你要多打几个问号。

通过上面的介绍，现在投资者已经知道了从哪些方面来衡量一个上市公司的投资价值。那么，又如何来看待上市公司的投机价值呢？我们也可以概括地讲几点：

（1）如果一个上市公司具有多种概念，或是某一种能引起市场充分想像的概念，那么，这个上市公司就有了投机价值。

（2）市场供求矛盾发生了新的变化，资金扩容远大于筹码扩容，这时很多股票都会因供不应求而形成投机价值。这种情况在以往沪深股市中曾多次出现。例如，1992年的冬季行情、1996年、2000年的多头行情，包括2001年的春季B股行情都是如此。

（3）股价狂跌后，客观上出现了反弹和见底回升的要求，这时股票也会具有投机价值。

（4）即使很差的股票（除非要摘牌），只要股价已经很低，跌无可跌,这时也会具有一定的投机价值。

当我们知道了如何辨别上市公司的投资价值和投机价值后,也不要将两者完全对立起来。因为从辩证法的观点来看,投资价值和投机价值没有绝对的界限,它们在一定条件下可以相互转化。譬如,原来一个被市场看好的上市公司,一旦基本面发生恶化,这时其投资价值就会向投机价值转化。反之,一个原来不被市场看好的上市公司,如果前期炒作仅是因它具备某种虚幻概念,或者价格较低等优势而被市场追捧,但后来,该公司基本面出现了重大改变,这时其投机价值就会向投资价值进行转化。

习题 96 在上一节课中,我们讨论了什么是投资价值,什么是投机价值,以及它们之间有什么区别? 现在我们把这个问题进一步引向深入,请你以某一个上市公司为例,说明你是如何判断出这个上市公司是有投资价值的? 又是如何判断出那个上市公司失去了投资价值的?

参考答案 我以大家熟悉的"四川长虹"这个股票为例来说明这个问题。在 1997 年春节之前可以用投资的眼光来选择它,在它每次回落时,买进它将来都会有获利的机会。作出这样判断的依据是:

(1) 当时,该公司经营业绩在沪深上市公司中是最好的,利润增长幅度名列沪深股市前茅,每股收益更是处于排名榜首。

(2) 给股东的投资回报十分丰厚,连续几年分了几次现金红利,又送了几次股,每次除息、除权后都填满了权。

(3) 能不断推出新产品,市场占有率逐步提高,市场形象较佳。

(4) 财务状况良好,产品未见滞销、压库。

(5) 股价未经狂炒,价位适中,市盈率较低。

(6) 股价长期走势一直在上升通道中运行。

　　但这个股票在 1997 年 5 月见顶回落后,形势就发生了逆转。它带给投资者不再是欢乐,而是接连不断的灾难。为何会出现这样的局面呢?原因是该股票已失去了投资价值,所以股价才会连连走低。当时看清楚这个问题的投资者都离它远去,避开了很大的风险,而仍痴迷"长虹"美好远景,买进或长线持有"长虹"股票的投资者,日后都输得惨不忍睹。

　　那么,一些投资者是如何知道该股已失去了投资价值的呢?他们主要是根据以下几个方面作出判断的:

　　(1)该公司基本面发生了变化。利润首次出现负增长,每股收益大幅下降,财务状况逐渐恶化,产品出现滞销、压库,新产品推出速度变慢。

　　(2)市场形象开始变差。该公司的电视机在山东济南遭到拒售,一个上市公司的产品被一个地方的大中型百货商店公开罢卖,这在全国还是首例。

　　(3)该股在 1997 年夏季分红除权后,第一次出现了贴权走势。

　　(4)股价经过狂炒后,主力筹码派发现象严重,长期上升通道的走势已被破坏。短期均线、长期均线都出现了空头排列。

　　可见,分析一个上市公司有无投资价值,一定要紧紧抓住它的基本面,仔细分析它的财务状况,新产品开发情况,产品销售情况,等等,也要注意它在市场中的形象,是变好还是变坏了。另外,对其股价走势也要进行密切关注。如果把这些问题分析清楚了,你就可以大致知道这个上市公司究竟有没有投资价值了。

　　习题 97　张老师说:关于如何来判断上市公司的投资价值问题,越讨论越清楚了,一个上市公司失去投资价值,与它基本面向淡有着密切关系。但是当投资者真的了解到上市公司基本面有什么不好的变化时,股价已经跌了一大截,这时出逃损失也比较大。那么能不能在获悉上市公司基本面变坏前,就知道股票已经失去了投资价值呢？如果投资者能做到这一点，就可早作准备，投资风险也会大大降低。这个问题谁来回答。

参考答案 张老师提出这个问题后，大家把目光注视到心理医生马明身上。马明是股市强化训练班的学习委员，学习很认真。他是1995年进入股市的，入市后买的第一只股票就是"四川长虹"。在"长虹"冲上60元高位时，他发现情况不妙，将"长虹"股票悉数抛出，这一抛出还真的让他逃了一个大顶。其实，他当时并不知道大红大紫的"长虹"基本面变坏了，也不懂得什么技术分析。之所以他能在高位将"长虹"抛掉，凭的就是他的职业敏感。现在马明见同学们目光注视着他，也就当仁不让地站起来回答了张老师提出的问题。

马明说，我原来是非常看好"长虹"的，因此我在1995年买进"长虹"后就一直捂着不动，但到了1997年5—6月份我就发觉"长虹"有些不对劲了。不对劲在哪里呢？

（1）市场方方面面对"长虹"已到了痴迷程度。当时"长虹"被公认为中国股市第一绩优股。上上下下都对它赞不绝口。报纸上不断发表介绍它投资价值的文章，股评人士在多种场合反复向投资者推荐这个股票，大户、中户、散户中很多人都以拥有"长虹"为荣。市场上甚至出现了这样的顺口溜："养儿防老，不如买'长虹'防老；一旦拥有'长虹'，今生别无他求"。

（2）"长虹"头面人物亮相越来越频繁，说话的口气也越来越大。一会儿提出用若干年时间冲进世界500强，创办世界一流企业；一会儿又提出要将市场占有率提高到多少，达到垄断市场的目的。

（3）在买"长虹"就是买放心的市场氛围下，中小散户对"长虹"股票也形成了一种买"长虹""不怕套，套不死"的思维定势。"长虹"股票在二级市场不断受到追捧，呈加速上扬态势。

当时市场围绕着"长虹"出现的这些现象，很多人不以为然，我凭自己的职业敏感，觉得问题比较严重。虽说当时"长虹"的业绩在沪深股市中没有一个上市公司能与之匹敌，但"长虹"的销售额、"长虹"的利润同世界上大企业相比是小巫见大巫，微不足道。既然如此，市场有必要对它如痴如醉吗？市场经济的本质是一种竞争经济，没有竞争就没有市场经济。在中国经济逐渐融入世界经济的格局下，"长虹"管理层竟然想当然地提出要垄断市场。这种经营思路的大倒退，不是在为自己设置发展障碍吗？在市场中还没有只涨不跌的股票。大家都在争当"长虹"股东，不顾一切地在抢夺"长虹"股票，整个市场都在为之疯狂。西方有句格言："上帝要它灭亡，先要它疯狂"。这是不是预示着"长虹"将要遇到一场前所未有的突变呢？

总之，市场上围绕着"长虹"出现的这些现象，使我对"长虹"的前景感到担忧。虽然我不能判断"长虹"在什么时候会结束他的辉煌，但遵循"君子不立危墙之下"的古训，我决定将自己捂了几年的"长虹"股票都抛出去。真想不到，我竟然抛在了该股的历史顶峰上。

总结自己这段时间的操作经验，我认为看一个上市公司有无投资价值，要注意以下三个问题：

（1）要看市场对它评价如何。当市场对它一边倒，都说它好时，你就要逆向思维，保持一份警惕。

（2）骄兵必败。这是被历史反复证明了的真理。因此，即使一个上市公司做出了很大成绩，在大众面前仍然应该保持谦虚谨慎的态度。对一些稍有成绩就说大话的上市公司，投资者一定要与它保持一段距离。

（3）行情在欢乐中结束。当越来越多的人不顾一切地追逐某一股票为之疯狂时，这说明该股票见顶时间快到了。投资者应及时退出，不妨留点鱼尾给他人吃。

习题 98　张老师说:我们从马医生的精彩发言中,不难得出心理分析在判断股票的投资价值方面能起到相当大的作用。这点希望引起大家重视。现在我想再问大家几个问题:当一个股票失去投资价值后,是不是说它今后就不可能再有投资价值了? 一个股票没有投资价值时,可不可以有投机价值? 如果有,又如何判断它的投机价值呢? 投资者碰到这种情况应如何操作?

参考答案　张老师说完后,大家希望马医生能继续回答这些问题。在同学们的一致要求下,马医生又向同学们缓缓道来:现在我仍以"四川长虹"为例来回答张老师提出的这些问题。我们先来分析"长虹"近两年来的走势,"长虹"在失去投资价值后,走上了漫漫熊途。这说明,一个股票在失去投资价值后,没有几年时间(除非得到政策的特殊支持),是很难恢复其投资价值的。当然,这也不是说,失去投资价值的股票就再也不会恢复投资价值了。至于能不能恢复,何时恢复投资价值,归根结底要看这个上市公司基本面有无好转,股票价格的泡沫是不是已经挤干净了。

就拿"四川长虹"来说,如果它的主营业务利润增长不再是负数,而变成了一个正数,并呈连续上升趋势:产品销售、新产品开发、核心技术的研究都走上了良性发展轨道,这说明"长虹"投资价值恢复有望了,当然这时还应该看其股价停留在什么位置上。此外,考虑到"长虹"是一个大盘国企股,流通盘又很大,其动态市盈率理应要比同类板块的个股平均市盈率要低。只有当以上这些条件都满足后,才可以考虑它的投资价值。但到目前为止,我们还看不出"长虹"基本面有何明显的变化,因此,现在考虑这个问题还为时过早。

一个股票失去投资价值不等于它也失去了投机价值。事实上,任何股票都有涨跌的机会,因此,一个股票只要不摘牌,它的投机价值始终是存在的,只是何时投机的成分多一些,何时少一些而已。

"长虹"从 1997 年 6 月份见顶以来,出现了几次反弹行情,每次反弹都给投资者带来投机机会。1999 年 5 月,当"长虹"跌到 12 元附近时,这时我就隐隐约约意识到"长虹"的投机机会来了。为什么当时我能意识到投机"长虹"的时机到了呢?因为,"长虹"股价自见顶回落后,跌幅已达 70%,超卖现象十分严重。再说,市场对"长虹"也彻底失去了信心,人人对它敬而远之。股谚说:行情在绝望中产生。我想"长虹"可能到买进的时候了。当我看到"长虹"在低位成交量开始逐渐放大时,这时我觉得把握比较大了,于是就在12～13 元的价位分批买了一些"长虹"。果不出所料,"长虹"在不到 2 个月的时间内,就在主力资金推动下,逐波上行。当股价冲到 18 元价位时,我觉得自己手中的"长虹"应该出手了。因为我考虑到,一个大盘股投机炒作时,上升空间超过 50% 就进入了高风险区,于是,我就在 18 元、18.5 元分两批把"长虹"股票都卖了出去。尽管在这波行情中"长虹"涨到过 25 元。但我觉得这次以投机眼光炒作"长虹"还是比较成功的。如果我能早一点阅读《股市操练大全》,我就会按照书中的提示,在股价见顶回落信号出现时再卖出手中的"长虹"股票,或许能卖出一个更好的价钱。

通过对"长虹"的投机炒作,我感到对一个已失去投资价值的股票,何时才能判断它有投机价值,怎样操作,要把握好以下五点:

(1)跌幅已经很大,至少要超过 60% 以上;

(2)市场对其普遍失去信心,成交量出现了极度萎缩;

(3)买进时机应选择在低谷回升,成交量放大,均线系统开始向好时;

(4)捞一把就走,不能长期持有,获利后要及时了结;

(5)在股价涨幅超过 70% 以后,原则上只出不进,切忌在高位追涨。

这里需要注意的是:通常情况下,一个经过了狂炒的股票,在大幅反弹之后,至少要隔上二、三年时间(除非上市公司基本面有了实质性的重大改变),并且股价从其反弹高点算起,再下跌60%以上,同时满足以上"(2)、(3)"两个条件后,才会再次显示出其投机价值。

习题99 张老师说:刚才马医生对一个股票失去投资价值后,仍然存在着投机价值这个问题回答得很好,我基本上同意他的看法。这里我再补充说明一点,因为这些股票积弱很久,即使有投机价值,股价也不会一下子上去。其底部构造形态比较复杂,一般不会是V形底,而多数是以双底、头肩底、潜伏底等形式出现,而且这些股票往上突破时,多数情况下对颈线都有个回抽确认过程。因此,投资者应在股价回抽颈线再往上时买进,这些在《股市操练大全》第一册中都有详细交代,这里就不多说了。为了把股票的投机价值和投资价值相互转化的规律进一步弄清楚,现在我再提一个问题:请同学们举一个大家比较熟悉的股票,说明一个原来只具有投机价值的股票是怎样变成有投资价值的? 投资者碰到这种情况应如何操作?

参考答案 我们来看"龙头股份"这个股票。"龙头股份"是沪市早期上市的上海本地股,大家都比较熟悉,该股在1998年之前,可以说只有投机价值而没有投资价值。其原因是行业前景暗淡,公司基本面恶化,当时你如果要买入该股,只能采取投机的态度,炒一把就走。但该股基本面在1998年发生了重大变化,1998年上半年上海的"龙头股份"在上海市政府的扶持下完成了资产的"大搬家"。一夜之间其业绩从每股收益0.002元提升到每股收益0.30元左右。市盈率一下子也从几千倍下调到二、三十倍。投资者手中所持的股票名称没有变,但它已发生了质的变化。"龙头股份"重组的开始,标志着管理层已全方位地参与到上市公司的重组之中。重组不仅仅是经济利益的驱动,同时已受到行政力量的推动。特别是它完成了增发新股后,资产质量有了明显的提高。

这时该股的投资价值开始显现出来,也就在这个时候,投资者已不能把它作为投机股看待了,而应采取逢低吸纳,中长线持有的投资策略。虽然该股因增发新股使盘子扩大,除权后的股价走势表现不佳。但如从投资角度来分析,在五、六元价位买进,长期捂着已相当值得。假如你当时就懂得怎样判断一个股票的投资价值,肯定会在它低位买进后一路持有。之后,该股在主力资金的加入下,股价逐波走高,1999年最高股价升到了18.5元。

此时,该股经过短期大幅炒作,主力获利丰厚,投资价值的成分在减少(其当时的市盈率已超过了同类国企大盘股的市盈率),投机价值的成分在增加。因为,该股仅凭当时的业绩已很难让股价在高位长期运行。如果投资者在该股狂炒后再来说它有多少投资价值,就会从一个极端走向另一个极端。所以,投资者应在股价出现滞涨时分批派发。

习题 100 张老师说:按照传统观念,一个股票的投资价值是由上市公司的基本面决定的。因此,如果某股业绩优良,成长性好,出现(上市公司)价值低于(二级市场)价格的现象时,该股票就有了投资价值。除此之外,股票的炒作,只能归在投机之列。但熟悉沪深股市历史的人发现这一个观点并不正确,在沪深股市中,除了从基本面可以分析出该股票有无投资价值外,至少还可以从其他几个方面(与上市公司基本面无关)能够分析出它有无投资价值。请问,你同意这种说法吗?为什么?

参考答案 我非常赞同这种说法。因为,张老师提出这个问题很有现实意义,一个股票有无投资价值并不只表现在一个方面,可以从很多方面表现出来。如果我们把这个问题弄清楚了,思路就会开阔起来,就不会坐井观天,错失投资良机。那么,除了从公司的基本面分析股票的投资价值外,还可以从哪些方面分析出股票的投资价值呢?

第一,小盘低价股是沪深股市中最具有投资价值的一个板块。它给股东带来的投资收益要比因公司基本面趋好带来的投资收益高得多。在沪深股市中有很多企业自股票上市以来 10 多年中,股价涨了成百上千倍,但查查其历年来公司的经营状况,并无什么突出表现。

就拿沪深股市"老八股"中的"爱使"来说,10 多年来股本扩张了几百倍,股价除权后不断填权,给那些一直持有"爱使股份"的股东带来上千倍的投资收益,这样高的投资回报,在世界股市中也极为罕见。投资者持有爱使这个股票,取得这样高的投资回报,靠的就是它成立股份公司时盘子很小(为当时沪深股市中盘子最小的一个股票),股本扩张快,再加上其股本结构特殊,为全流通股。要说爱使公司本身的经营业绩,在沪深股市中,10 多年来一直处于中下游水平,也未见它有什么新产品、新技术问世。很显然,爱使股票之所以有如此大的投资价值,一切都是因为它原来只是个低价小盘股。

沪深股市实践证明了一个真理:只要是小盘低价股,价位处于相对低位时就有投资价值,逢低买入,长线持有,往往会得到意想不到的回报。

第二,具有政策支持的股票具有较高的投资价值。我们在第一章"从国家经济政策取向中寻找投资机会与选股练习"中对此已作了详细分析,现在我们再概括地说一说,无论是什么股票,只要受到政策的支持,它就会显现出投资价值。政策扶持的力度越大,它的投资价值就越大。

譬如,在 1996 年末,人们见到垃圾股就敬而远之,而在 1997—2001 年,很多垃圾股都变成了香饽饽,原因是这段时期,这些垃圾股受到政策的大力支持,纷纷进行资产重组。尽管它们的业绩很差,但重组时能得到资产置换、债务豁免、融资等各方面的政策优惠,因此,它们的壳就很值钱了[注]。有了政策方面的优势,这些垃圾股就比一般绩优股容易受到市场的关注,更具有投资价值。又如,信息产业是国家大力扶植的高新技术产业,国家在政策上给予很大的支持。从减免税赋、资金安排、支持上市等方面给了各种政策优惠,因此,这个产业板块的股票就比其他产业板块的股票更有投资价值。

第三,诞生于经济发达地区和经济活跃地区的股票也具有较大的投资价值。从沪深股市历年的资料统计中发现,上海、北京、深圳、海南等地股票的价格,比其他地区同类质地的股票的价格要高出一截。其中,上海本地股表现得特别明显。这就告诉我们,在分析股票的投资价值时,要看它的出生地,出生地好,股票内在价值就高一些,反之就会低一些。这正如买房要看地段一样,地段好的房子价格高,地段差的房子价格低,两者之间的道理是一样的。

[注]　这里要提醒投资者的是:随着股市的规范和发展,退出机制的逐步确立,特别是中国加入WTO后,管理层的政策也会作出相应的调整。到那时,垃圾股的壳就会贬值。投资者应密切注意这方面的政策变化。

结 束 语

　　写到这里,我们为您设计的场景式选股讨论将告一段落了。我们所以用这种方式介绍选股思路和选股技巧,目的是让行文活泼流畅、生动有趣,使阅读本书的投资者能够读得进、记得住、用得上。书中场景设计如有欠妥之处,还请读者能予以谅解。

　　现在,我们重点讲三个问题,作为本书的一个总结。

　　第一,不要孤立地看待本书的习题,而要把书中每一节的习题串连起来,作为一个整体来看待。本书每一节都设计了若干练习题,每一个练习题阐述一、二个观点或一、二个问题,习题与习题之间在内容上有着紧密联系,并且有一个由浅入深,由表及里的逻辑顺序,环环相扣。因此,读者在阅读和做本书习题时,不要把习题割裂开来看,而要前后连贯起来分析,只有这样,才能全面正确地理解本书所阐述的选股思路和选股技巧。这里我们以本书第一章第一节"从国家经济政策取向中寻找投资机会与选股练习"为例,向大家作些具体说明。

　　该节一共安排了 4 道练习题,其习题的设计原理和逻辑顺序是:

　　习题 1 主要是针对市场上一部分投资者做股票从来不知道要关心政策、利用政策,或虽然在这方面有了些认识但又不知如何学习政策而设计的。读者通过该习题练习可以了解到:(1)任何一个新兴股市都离不开政策调控,作为社会主义市场经济组成部分的中国股市更是如此。因此,学习政策、掌握政策、利用政策是每一位投资者的必修课。"学好了,大有益"。(2)现在参与股市的投资者大多缺乏经济学方面的专门知识,面对纷繁复杂的经济形势和各种各样的经济政策,不知应该从何学起?这是一个很现实的问题。在习题1中笔者向大家介绍了两种学习党和国家政策的方法:A.自我研读法:即把证券大报头版上刊登的领导人讲话、重要新闻及评述,集中起来反复阅读研究,就可及时了解到党和国家及股市管理层颁布的一些重要政策。这种做法对选股很有帮助。B.借脑法:借专家的脑子来学习、理解党和国家的政策,其中听经济专题讲座是一种既简单又实用的办法。习题1通过赵先生炒股先输后赢的故事,反映出好的经济专题讲座,确实能大大开拓投资者的投资思路,对日后投资者选股有很重要的指导作用。这条经验希望引起大家重视。

习题2的内容,又深了一层。它告诉读者的是:对政策仅仅从字面上加以理解是远远不够的,如果投资者以这样的认识水平去选股,十有八九要翻船。习题2以市场熟知的ST股票为例,阐述了深入理解政策的重要性。因此,作为一个聪明的投资者要学会用政策选股,就必须深入到政策里面去,把政策的出台背景、实质搞清楚,这样才能大大提高选股的命中率。读者可以借此举一反三,在学习其他政策时,也能做到知其然,知其所以然。

设计习题3时,我们确立了这样一个主题:很多投资者并不是不想了解政策的背景和实质,但最终因方法不对常常无功而返。那么如何对政策进行由表及里、由浅入深的分析呢?该习题向大家介绍了一种问话技巧——"追问法"。用追问法剖析政策很实用,也很有效。追问法实际上是一种缩小问话范围的技巧,它类似于公安机关的侦察,不断地缩小圈子,最后将目标锁定在很小的范围内。为了使大家对追问法的技巧有个直观、形象的了解,习题3以市场上资产重组热门话题为例,具体地介绍了该技巧的使用方法。

世界上万事万物都在变化之中。在学习政策寻找投资机会时,投资者必须考虑到政策的变化,因为无论什么政策,它都只适用于某一特定范围和特定的对象,并具有一定时效性。那么如何来了解政策的变化呢?政策变了我们该怎么办?为此,我们特地安排习题4这道练习题,以便读者能感悟到:政策是在不断地变化的。投资者只有不断地学习,才能提高自己对政策的敏感性和执行政策的自觉性,从而为自己寻找到更好的投资机会。

本书其他章节的习题设计方法,和以上所介绍的"从国家经济政策取向中寻找投资机会与选股练习"的几道习题设计方法基本相同。因此,我们希望读者阅读和做本书习题时,要前后连贯起来分析,并要按着顺序进行,不要挑题目,更不能倒着做,否则,就有可能对本书阐述的选股思路和选股技巧发生误解,直接影响到学习效果和投资者的自身利益。

第二,投资者选股要有原则。这是投资者约束自己,减少风险,争取赢利的一个重要法则。无数事实证明:一个成功的投资者在投资前都会为自己定下一套原则,并严格遵守执行。例如,选潜力股的原则是:一看政策面或公司基本面;二看市场面;三看技术面。选投机股的原则是:一看技术面;二看市场面;三看心理面。可见,选潜力股和选投机股的原则是不同的,两者不能混淆。比如你想选潜力股,而实际上是在按选投机股的原则进行操作;或者你想选投机股,而实际上是在按选潜力股的原则进行操作,那么效果一定不会理想,输钱在所难免。又比如你打算作长线投资,常常去买已涨得很高的股票,当看见别人炒投机股赚钱的时候,你便心动也想参加,那么就会破坏你原来的投资意愿,到亏钱的时候你肯定会后悔。

有些人在选股前会定下一些操作原则,如规定选股要"一看、二慢、三通过",可是,当真的选股时,却认为这样做太麻烦了,一冲动就买了,完全忘记了自己早已订下的原则。到后来,甚至不相信自己的分析和智慧而去跟风炒作,甚至彻底改变了原来的主意,认为原则可有可无,想怎样操作就怎样操作。这样,虽然有时可以赚到点小钱,但常常会输掉大钱,最后吃亏的还是自己。

第三,要充分认识"方法是投资者的第一财富"。本书重点阐述的是选股方法,而不是具体的个股。书中所列举的个股都是为举例用的,不能作为投资者将来选股时的参考对象,因为股市的变数很多,某个股票在此时此地可能是一个牛股,但在彼时彼地就有可能变成一个熊股。因此,投资者初学选股技巧时,主要精力要放在选股方法上,而不是具体个股上。我们采访过一位成功人士,他在介绍自己成功经验时坦言:方法对了,就能选好股票,散户可以变成大户;方法错了,就会选错股票,大户也可以变成散户,甚至会被赶出股市。因此,正如一位哲人所说:方法是投资的第一财富。

本书所介绍的选股方法,都是从实践中来并经过实践反复检验的,对投资者有一定的参考价值。其中,有些选股方法是我们自己的操作体会,但也有相当一部分,是我们研究国外、国内股市高手操作经验后,觉得某个方法很好,经过一番整理改造后借用到书中的。我们这样做是为了把目前收集到的最好选股方法奉献给读者,以此来报答读者对我们的厚爱。当然这仅是我们主观的愿望,效果究竟如何,还有待读者来评判。

读者在学习、使用本书选股方法时,要特别注意以下几点:

一、学习选股方法不能浅尝辄止,而要钻进去进行深入研究,吃透其精神。开始研究不求多,能把二、三种方法研究透就很不错了。研究好后就可以进行模拟操作,看看自己的本领究竟如何?待有把握后再进入真刀真枪的实战。

二、在股市实战中,无论采用哪一种选股方法最后都要看它的成功率。如果使用某种方法,做 10 次对 7 次,就说明这种方法对你是适用的,可以继续使用下去;如果使用某种方法,做 10 次仅对 5 次,甚至更少,那就说明这种方法对你不适用,应该马上更换,重新找一种选股方法进行试用。

三、选出来的股票在技术走势上一定要得到验证。技术走势通不过，先不要买，看一看再说。如果万一买进后不涨反跌，到止损位就要及时停损离场。

末了，我们想对读者说的是：《股市操练大全》第二册开辟的"选股经验漫谈"，本书没有继续开设。其原因是本书整个格式是用场景式对话方式展开的，很多经验、教训都在习题中谈到了，如果再来个"选股经验漫谈"，内容就会显得重复。细心的读者还会发现，本书与前面二册不同，少了综合练习和测验。这是因为《股市操练大全》作为丛书，每一分册的篇幅都要大致相当，而本书介绍的选股方法内容较多，虽经大幅删除，但写好后已接近一本书的篇幅限制。如果再增加综合练习、测验，正文势必还要进一步压缩，一些非常重要的选股方法就得删除，这样一定会对读者全面、正确理解选股方法带来困难。故此，经再三考虑，我们决定将选股综合练习和其他方面的操作练习，统统放到即将出版的《股市操练大全》习题集中。

在本文结束时，我们这里以对联形式奉送大家一个选股秘诀，上联是：基本面、市场面、技术面、面面俱到；下联是：天下事、行业事、公司事、事事关心；横批是：稳操胜券。最后祝大家学有所成，投资成功，让机会和盈利与你永相伴。

附　录

《股市操练大全》丛书特色简介

　　《股市操练大全》丛书是上海三联书店出版的重点品牌书。它全面系统、易学易用，是国内图书市场中首次将股市基本分析、技术分析、心理分析融为一体，并兼有学习、练习双重用途的炒股实战工具书。作为学习，它全面地、详尽地介绍了炒股的各种知识、运用技巧，以及防范风险的各种方法；作为练习，它从实战出发，设计了一套有针对性，并具有指导性、启发性的训练题，引领投资者走上赢家之路。

　　《股市操练大全》无论从风格与内容上都与其他股票书有很大的不同。因此，大凡阅读过此书的读者都有耳目一新之感。很多读者来信、来电称赞它通俗、实用，贴近实战。有的读者甚至说：他们看了几十本股票书都不管用，但自从看了《股市操练大全》就被迷上了，天天在读，天天在练，现在已经反败为胜了。他们认为，《股市操练大全》是目前图书市场上最有实用价值的股票书。其实，有这样感受的读者不是少数，而是相当多，这可以从全国各地读者寄给出版社的大量来信中得到证明。

　　也许正因为如此，沪深股市连连走熊时，证券图书市场也进入了"冬眠"状态，但《股市操练大全》却一版再版，各册累计重印次数已超过了200次，总发行量超过了270万册（注：国内一般的股票书发行只有几千册，多的也只有几万册，发行量超过10万册的已属凤毛麟角。目前，《股市操练大全》发行量已远远超过了其他股票书），创造了熊市中股票书旺销的奇迹。

　　迄今为止，《股市操练大全》丛书一共出版了两大系列11册书，其中基础知识系列5册，实战指导系列6册（含1册习题集）。每册书都介绍了一个专题（专题内容详见下页），它是一套完整的炒股学习、训练工具书。另外，《股市操练大全》的每册书（除习题集）都是精装。装帧精美，这也是这套书的一个亮点。

《股市操练大全》丛书一览

以上图书全国各地新华书店有售，如书店缺货，可直接向上海三联书店出版社邮购（地址：上海市都市路4855号10楼，邮政编码：201100，电话：021-24175971）。

《股市操练大全》第三册读者信息反馈表

姓　　名		性　　别		年　　龄	
入市时间		文化程度		职　　业	
通信地址					
联系电话			邮　　编		

你认为本书内容如何？（欢迎附文）

你希望我们能为你提供哪方面的服务？

读者如有信息反馈给我们，电子邮件请发至：Logea@sina.com，来信请寄：上海市中江路879号9座3楼，徐冰小姐收，邮编：200333，转《股市操练大全》创作中心收。联系电话：021-33872558。

沿线撕下

图书在版编目（CIP）数据

股市操练大全. 第3册 / 黎航编著. ——上海：上海三联书店，2022.7 重印

ISBN 978-7-5426-1624-1

Ⅰ.①股… Ⅱ.①黎… Ⅲ.①股票—证券交易—基本知识

Ⅳ. F830.91

中国版本图书馆CIP数据核字（2001）第071676号

《股市操练大全》第三册
——寻找最佳投资机会与选股练习专辑

主　编 / 黎　航
策　划 / 朱美娜

特约编辑 / 宏　达　叶　蕾
责任编辑 / 郭　毅
装帧设计 / 新世纪工作室
监　制 / 姚　军
责任校对 / 彭华倩

出版发行 / 上海三联书店
　　　　　（200030）中国上海市徐汇区漕溪北路331号A座6楼
邮购电话 / 021-22895540
印　刷 / 上海展强印刷有限公司

版　次 / 2002年1月第1版
印　次 / 2022年7月第53次印刷
开　本 / 850×1168　1/32
字　数 / 300千字
印　张 / 11.75
印　数 / 417001-422000

ISBN 978-7-5426-1624-1

F·339 定价（精）28.00元